漫畫圖解

古代マヤ・アステカ不可思議大全

不可思議的馬雅古文明

還有阿茲特克

芝崎みゆき——圖、文　江裕真——譯

MAYA CIVILIZATION

前言

馬雅！阿茲特克！

聽起來多麼教人興奮萬分啊！

對於愛好遺跡、喜歡古代文明的人而言，一聽到這些字眼，腦子裡就會流出香甜的多巴胺，內心雀躍不已吧。

只是，它們和羅馬或埃及比起來比較小眾，而且事實上是什麼文明，也好像不太有人知道……

我們都記得，在學校裡曾經學過的四大文明，但馬雅文明在教科書裡出現過嗎？它大概是什麼時代呢？是在南美洲吧？和什麼納茲卡（Nazca）、印加的一樣嗎？

我想差不多是這樣的情形吧。

至於略知一二的朋友，大概會說出：「他們好像會有活祭，就是把人家的心臟拿出來，嗜好很獵奇、血腥的那種對吧～是一群著迷於觀察時間或星星的人對吧～總之就是有金字塔對吧～在叢林裡對吧～」之類的話吧。

我以前也是這樣，在看到或聽到馬雅文明、阿茲特克文明這些字眼的時候，就會隱隱約約覺得好興奮。但實際去讀關於這些文明的著作時，卻又會發現一些出乎我意料的事實。

不光是馬雅或阿茲特克而已，那一帶的一些文明，也有趣到讓我訝異（我是個沒什麼知識的人，因此對於大家理所當然知道的事情，都能讓我驚呼連連）。

最嚇我一跳的是，他們的想像力真棒，怎麼能想得出那些東西來呢？美洲大陸一直到十六世紀西班牙人到來之前，都屬於完全未受外界影響的特有文化。

原來，他們的文化在完全沒受到歐洲影響時，可以奇特、可愛到這種地步呀！

對此，我一次又一次感到驚訝。

★事實上，公元十世紀左右，維京人（Vikings）就已來到美洲大陸北端了，雖然他們沒有來到美索亞美利加（mesoamerica，即中部美洲）。

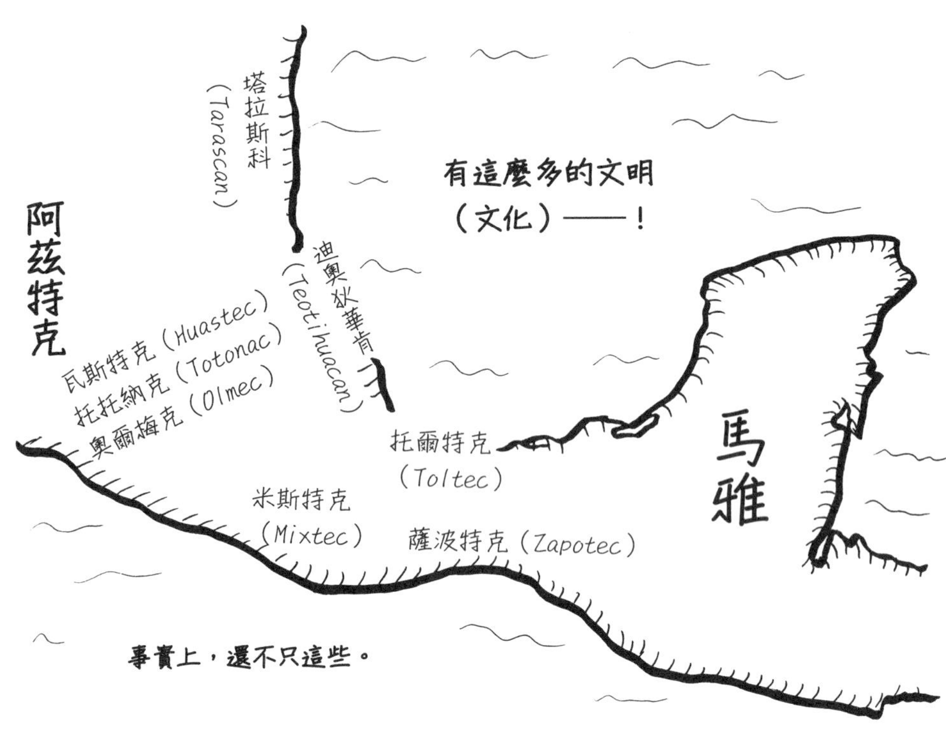

本書是為了那些大概只聽過馬雅或阿茲特克這兩個字眼的朋友而寫的，內容則是這些文明讓我感到興奮驚嘆的不可思議之處，以及有趣之處。

雖然書名的標題打上了「馬雅」、「阿茲特克」沒錯，但書中不只有介紹它們，也會一一介紹曾在美索亞美利加輝煌過的其他文明。

在西班牙人到來前，這塊地域在文化上稱為「美索亞美利加」。

這裡雖然也有「古代文明」之稱，但是和四大文明或是歐洲文明中的「古代」並不相同。

或許各位會覺得「咦，這樣不是應該叫近代嗎？」但是把十六世紀西班牙人在這裡展開統治前的時代稱為「古代」，似乎已成為一種慣例了（雖然最近有人主張要重新評估這個說法）。

或許有朋友會覺得：「欸?!我只想知道馬雅！其他的我沒什麼興趣～什麼薩波特克的，我也是第一次聽到」。

不過，這些地區的文明，彼此之間都有很密切的關係。人們會到處遷徙、會相互混雜，他們的文化也有許多共通之處。

大家很容易會用「謎一般的馬雅文明」這樣的說法，只鎖定馬雅、認為只有馬雅才是充滿最多謎團的民族。但事實上，除了留下文獻的阿茲特克之外，幾乎所有文明都是個謎。

和迪奧狄華肯以及奧爾梅克比起來，已有許多文字解讀出來的馬雅文明，已經有如「帳單細目清清楚楚、服務又好、女孩子又可愛、下星期還想再來的餐廳」了。馬雅，不過只是充滿謎團的美索亞美利加文明之一而已。

由於已經了解馬雅文明不少事情，它所占的頁面，或多或少會比其他文明要來得多。如果從這個角度看待「謎」的話，馬雅出乎意料會比其他文明來得無趣。滅亡的也不是只有馬雅文明而已，很多地方都是「謎一般地滅亡了」。

在我們小時候，就有各種歐洲文明的事物進入了我們的生活。我們的腦海中，或多或少自然而然記了一些歐洲人名，就連俄國人那麼長的名字，我們也都裝進腦子裡。相較之下，美洲大陸的人名啦、地名啦等各式各樣的名稱，如果不是那種父母格外愛好古代文明，或是父母是學者的小孩，幾乎不會有接觸，因此，一開始看這本書的時候，腦子可能會有點排斥吧。就算告訴各位「卡庫・伊皮雅忽・強・卡烏義魯」（K'ak' Yipyaj Chan K'awiil，某個王的名字）之類的字，各位大概也記不起來吧。

在本書裡，我會盡量為馬雅國王取個好記的綽號。至於其他艱澀的名字，只要交給我來處理，我想各位應該慢慢地就會習慣，就有辦法裝進腦子裡的。

好了，如果我拉拉雜雜講得太多，或許會害好不容易產生興趣的朋友，滿心的熱情都冷卻了。

最後，請各位務必好好享受，美索亞美利加文明的演進、它們的有趣之處，以及謎樣的程度。

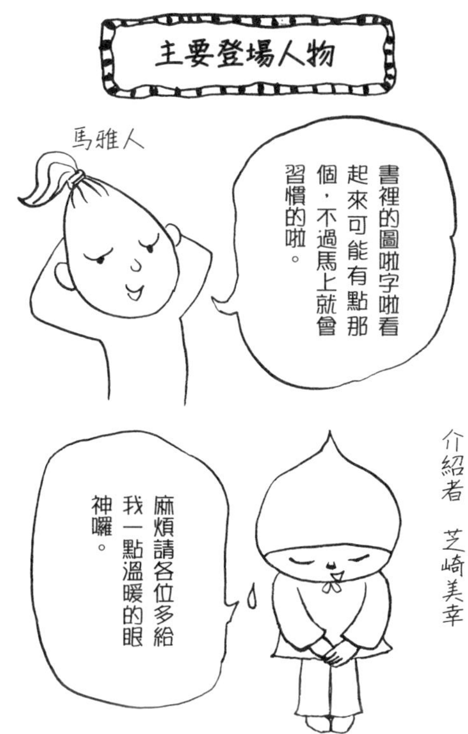

美索亞美利加文明的共通之處
美索亞美利加內部到底有多密切呢？
曆法一樣
1
0 1 2 3 4
5 6 7 8 9
10 11 12 13 14
15 16 17 18 19
對天文學很有熱情
他們的天文知識不輸現代，已經能正確掌握從太陽、月球開始，一直到金星及其他重要星座的運行。目前，也有許多天文觀測所已經出土了。
天體觀測者（祭司）
取自《馬德里抄本》（Madrid Codex）
主食都是玉米
因此他們對玉米的尊敬非同小可！
有這麼多都是一樣的唷。
球類競技
球類競技場雖然有一些地方不同，基本上形狀都是一樣的。他們在各地猛蓋個沒完。
無大型家畜
NO使用輪子的交通工具
不過因為玩具車的出土，他們是知道原理的。
無鐵器

有使用活祭

或是切砍自己身體的流血儀式

他們認為血可以滋養神

取自《梵諦岡抄本(B)》(Codex Vaticanus B)

神

各地的神名不同，但本質幾乎相同。或許可以看成希臘諸神與羅馬諸神間那樣的關係吧。

← 席卷美索亞美利加全土、出現頻率最高的兩種神 ←

① 羽蛇神

好像眼鏡蛇身上長滿羽毛一樣。

蛇身上長了羽毛?!

這樣的組合讓人覺得好厲害，但如果想成是龍一般的東西，就沒有那麼不可思議了。它有各種名稱，像是在墨西哥那一邊稱作「奎茲爾科亞特爾」(Quetzalcoatl)，在馬雅稱作「庫庫爾坎」(Kukulcan)。

② 雨神

在墨西哥中部被稱為特拉洛克(Tlaloc)

祂總是戴了個圓圓的眼鏡，真的是……他們到底是怎麼想的，想出這種裝飾眼睛的東西來呢……？祂在瓦哈卡(Oaxaca)叫做科西赫(Cocijo)，在馬雅叫做恰克(Chaac)。

關於世界的構成，馬雅與阿茲特克也是一樣的

天國十三層

地上

地獄九層

看起來不正經，卻很可愛的畫！

取自《納塔爾抄本》(Codex Zouche-Nuttall)

大概就是這樣吧。最後這點雖然比較主觀，但就算只粗略列舉一下，也有這麼多的共通要素。還有一些其他共通的要素，我會在本書中一點一點慢慢談到。

猫加敦半島
Yucatan Peninsula
墨西哥灣
Gulf of Mexico
吉貝爾查頓 Dzibilchaltun
依薩馬爾 Izamal
馬雅潘 Mayapan
奇琴・伊察 Chichen Itza
科巴 Coba
烏希馬爾 Uxmal
圖魯姆 Tulum
卡巴 Kabah
拉布納 Labna
科蘇美島 Isla Cozumel
愛斯納 Edzna
香波東 Champoton
錫卡蘭哥 Xicalango
瑟羅斯 Cerros
卡拉克穆爾 Calakmul
瓦沙屯 Uaxactun
庫耶卓 Cuello
拉文塔 La Venta
艾爾・米拉朵 El Mirador
阿爾頓哈 Altun Ha
哇卡 Waka
拉馬奈 Lamanai
帕倫克 Palenque
提卡爾 Tikal
納蘭赫 Naranjo
聖巴爾多羅 San Bartolo
托尼納 Tonina
塔亞薩爾 Tayasal
雅修基蘭 Yaxchilan
卡拉酷 Caracol
恰帕德科爾索 Chiapa de Corzo
波南帕克 Bonampak
塞依巴爾 Ceibal
阿瓜提克 Aguateca
現為貝里斯
坎昆 Cancun
道斯皮拉斯 Dos Pilas
扎庫流 Zaculeu
基里瓜 Quirigua
烏塔特蘭 Utatlan
米修克・別霍 Mixco Viejo
伊西姆切 Iximche
伊薩帕 Izapa
科潘 Copan
現為宏都拉斯
卡密拉胡育
Kaminaljuyu
塔卡利克・阿巴赫
Abaj Takalik
艾爾・鮑勒 El Baul
蒙提・亞托 Monte Alto
現在的瓜地馬拉 Guatemala
現在的薩爾瓦多 El Salvador

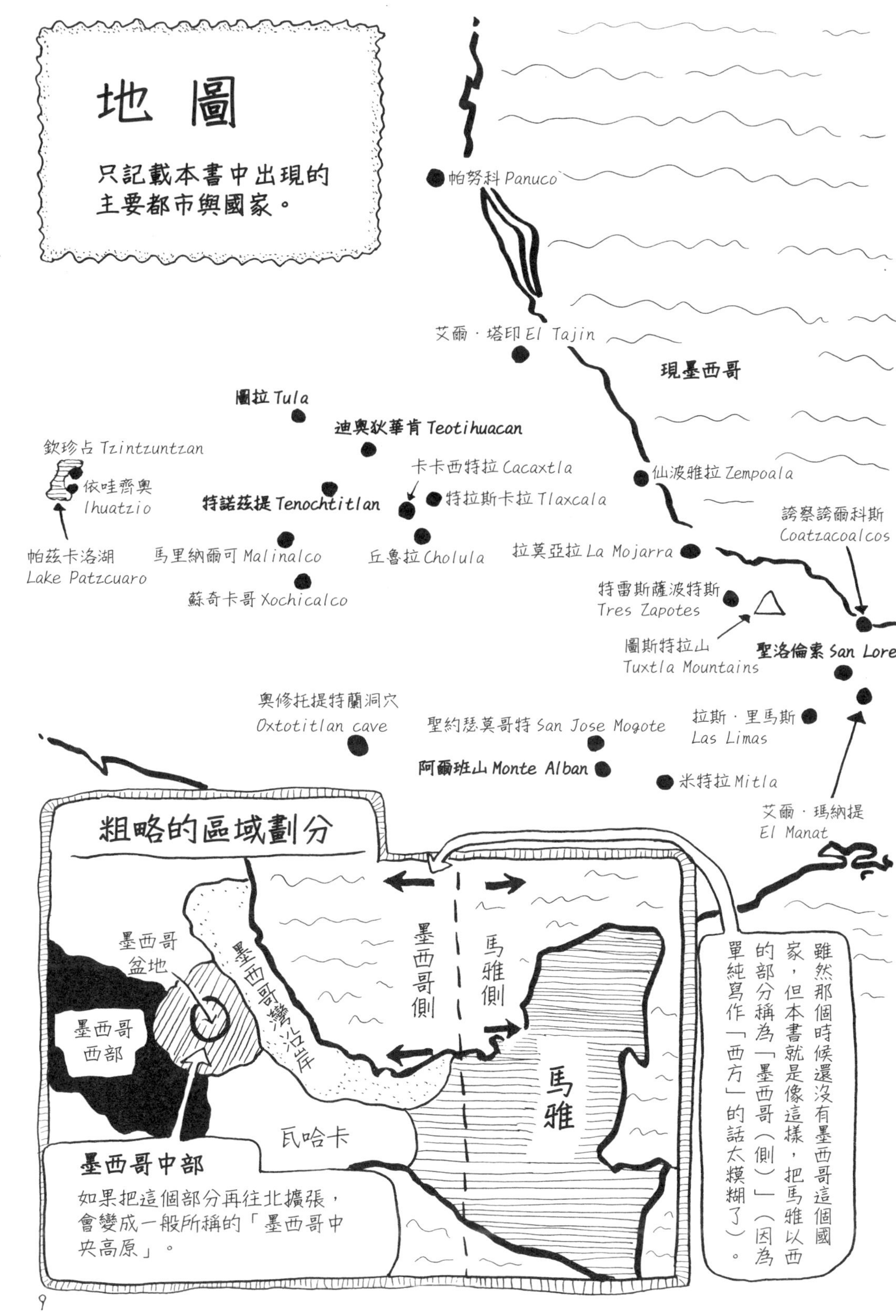
地圖
只記載本書中出現的
主要都市與國家。
帕努科 Panuco
艾爾·塔印 El Tajin
現墨西哥
圖拉 Tula
迪奧狄華肯 Teotihuacan
欽珍占 Tzintzuntzan
依哇薺奧
Ihuatzio
卡卡西特拉 Cacaxtla
仙波雅拉 Zempoala
特諾茲提 Tenochtitlan
特拉斯卡拉 Tlaxcala
誇察誇爾科斯
Coatzacoalcos
帕茲卡洛湖
Lake Patzcuaro
馬里納爾可 Malinalco
丘魯拉 Cholula
拉莫亞拉 La Mojarra
蘇奇卡哥 Xochicalco
特雷斯薩波特斯
Tres Zapotes
圖斯特拉山
Tuxtla Mountains
聖洛倫索 San Loren
奧修托提特蘭洞穴
Oxtotitlan cave
聖約瑟莫哥特 San Jose Mogote
拉斯·里馬斯
Las Limas
阿爾班山 Monte Alban
米特拉 Mitla
艾爾·瑪納提
El Manat
粗略的區域劃分
墨西哥
盆地
墨西哥灣沿岸
墨西哥側
馬雅側
墨西哥
西部
馬雅
瓦哈卡
墨西哥中部
如果把這個部分再往北擴張，會變成一般所稱的「墨西哥中央高原」。
雖然那個時候還沒有墨西哥這個國家，但本書就是像這樣，把馬雅以西的部分稱為「墨西哥（側）」（因為單純寫作「西方」的話太模糊了）。

前言 3
全體地圖 8

第一章 最早的美洲人 13

前往人類足跡未到之處 14
最早的美洲人與日本人 16
遷徙的浪潮 17
與亞洲分離 18
美索亞美利加 19

第二章 奧爾梅克文明 23

聖洛倫索 25
拉文塔 25
奧爾梅克藝術 28
奧爾梅克，從遭人冷落到變成明星 36
奧爾梅克文明的擴散 37
謎一般的終結 38
文字始於奧爾梅克嗎？ 39

第三章 薩波特克文明 41

阿爾班山 42
米斯特克文明 46

第四章 迪奧狄華肯文明 49

迪奧狄華肯的規畫相當縝密 51
迪奧狄華肯的諸神 58
迪奧狄華肯的文化 59
迪奧狄華肯的的地理位置與軍事活動 60
走向滅亡 61

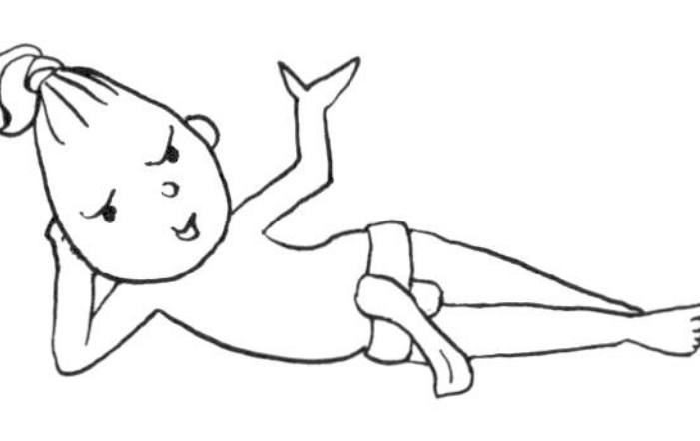

這本書大致是按照年代順序寫成的。不過要是有興趣的話，從哪開始閱讀都可以啦。

第五章 馬雅文明 63

馬雅神話《波波爾・烏》 65
馬雅的世界觀 90
馬雅的諸神 91
馬雅的曆法 93
馬雅文字 99
馬雅的歷史 106
前古典期 107
古典期（提卡爾111、帕倫克126、科潘135） 110
古典期馬雅的滅亡 145

第六章 托爾特克文明 155

托爾特克傳說 159
圖拉遺址 167
難解的托爾特克問題 170
托爾特克的結局 174

第七章 猫加敦的馬雅文明 175

托爾特克，歡迎光臨！ 177
伊察人 182
馬雅潘建國 187
短紀曆真討厭 189
後古典期的南部馬雅 192

第八章 阿茲特克文明 201

阿茲特克，報到！ 203
阿茲特克神話（五個太陽的傳說、維齊洛波奇特利誕生的故事、阿茲特克的諸神） 217
阿茲特克社會「①活祭品 ②占卜 ③教育 ④阿茲特克的讀寫 ⑤市民生活 ⑥國王的生活」 238

第九章 西班牙人、入侵 257

渴望取得龐大的財富 258
科爾特斯 259
阿基拉爾 260
瑪琳切 262

與阿茲特克的第一次接觸 263
莫克提斯馬二世的苦惱 264
托托納克人來訪 265
科爾特斯破釜沉舟 266
特拉斯卡拉國 267
丘魯拉國 268
進入特諾奇提特蘭 269
莫克提斯馬二世異常客氣 271
悲傷的夜晚 274
再次挑戰 277
委託監護制 281
後來的科爾特斯 283
後來的瑪琳切 284
後來的阿基拉爾 285
征服馬雅 285
馬雅最後的都市塔亞薩爾 287
終結 291
結語 292
索引 294

專欄

與南美的類似之處 48
國王的工作 133
聖泉 184
馬雅人的生活 193
幾個做傻事的傢伙
①布拉速魯神父的解讀 104
②傳教士蘭達 198
③勒普朗根 200

迷你專欄

星星的戰爭 118
馬雅的稱號 139
馬雅的球類競技 142
巧克力 255

第一章
最早的美洲人

不說別的，先從創造出輝煌文明的這些人的根源講起

前往人類足跡未到之處
人類的足跡第一次踏上美洲大陸，是在最後一個冰河期的時候，差不多是一萬四千年前左右的事。
雖然一開始就若無其事地把這件事寫出來，但這可是確確實實足以進入「人類十大新聞」的一件大事！出發自非洲的人類，歷經十萬年的漫長旅程，最後終於來到這麼大片的大陸，這可是值得紀念的一瞬間呢。
嘿呀！
咚
亞洲
美洲
哇呀—
嗯嗯
在那之前，連直立人或南方古猿都沒有到過美洲大陸。
以前就連類人猿也沒有唷。
倒是有猴子。
就算以「人科」（Hominidae）的角度來看，也是「最早」。
啪啪啪啪啪
恭喜～
嘿，大總統！
沙沙沙沙
由於海面凍結、海平面上降，在現在隔開亞洲與美洲的海峽之間，形成了一個陸橋。
雖說是陸橋，卻不是長這樣子的陸橋。
波浪拍打
我本來以為一定是這種陸橋呢！

而是這～～麼大的陸橋。

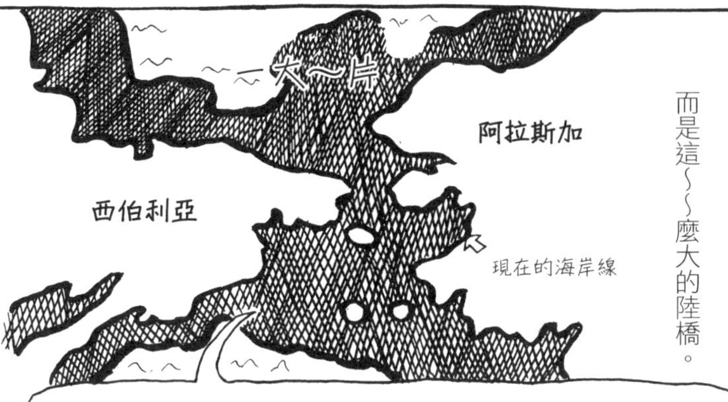

這裡 ▨ 的部分全都是陸橋（南北長一千到兩千公里、東西最長的地方有四千公里寬）。就是這樣，完全不能說是橋了，因為已經大到足以容納不知道幾個日本了。陸橋出現過好幾次，又消失好幾次。據信，這座陸橋大約是在兩萬五千年前形成的。

陸橋也因為正處於冰河期，從緯度以及目前的風土民情來看，是個讓人覺得很寒冷的地方。不過以前許多地方都有草原或森林的存在，也有湖泊，以及潺潺流過的河川，並且有動物棲息。

人類恐怕是在追逐長毛象之類的獵物時，踏上了美洲，就這樣留下來了吧。

在這期間，美洲大陸的北部（約莫現代的加拿大所在地），雖然為巨大的冰河覆蓋，

但因為地球變暖，出現了一條大通道（大約一萬兩千年前）。

西伯利亞
陸
橋
阿拉斯加
冰
冰

這裡也不是什麼狹窄的通道，據信寬度有二十五公里以上（最寬的地方有一百公里）。

不過也有人否定這條通道的存在，它畢竟只是一種假說。

長毛象和人類都經過這條通道往南前進。

像這種從亞洲出發、所有行程都以「徒步」方式完成的說法雖然最廣為流行，但也有人認為人類是「乘船來的」。

陸橋

↑乘船說就是像這樣沿著岸邊行駛。唔，但是在冰河時期航海的寒冷程度可不是鬧著玩的，跟自殺沒兩樣……

我個人是覺得，「徒步」的方式浪漫多了！

是哦？

事實上，「乘船抵達」的說法，比較「好用」。由於它不像白令海峽陸橋以及前面所講的通道，會受到年代的限制，因此可以不必處理年代對不上所產生的各種問題。

最早的美洲人與日本人

分散到南北美洲的這些最早的美洲住民，和日本人一樣同屬蒙古人種（Mongoloid）。

從DNA分析也可以得知，他們和日本人的基因很接近，到兩萬年前為止都和日本人屬於同族。

上面的門牙內側，像這樣凹陷呈鏟形的人，占了美洲原住民的九成以上。白人的話，只有區區八%是長這樣。黑人也只有十二%。如果是東南亞人或愛奴人、繩文人，比例提高到二〇%至三〇%。不過，如果是日本人全體牙齒，數字則又向上躍升到七〇%。

如果從臉部輪廓的深度來看，會覺得東南亞人的輪廓比較接近美洲原住民，實際上日本人更接近。

你們的門牙內側又是長怎樣呢？

遷徙的浪潮

雖然都是蒙古人種，但就像亞洲人有千千萬萬種臉型一樣，在美洲大陸也是如此，有些人之間，無論從外觀這種主觀印象來看，或是從基因遠近來看，臉型都有很大的差距。

美洲原住民給人的印象是，北邊的有著像蒙古人一樣，較平緩單純的臉型；愈往南走，臉型的輪廓就愈深。

目前，從原住民的牙齒、基因、語言等層面所做的比較研究發現，如果用極為粗略的分類方式來看，進入美洲的蒙古人種，大致可以分為三大族群★。從這樣的結果，又誕生了一種說法，就是「由亞洲往美洲遷徙，共有三波大規模的行動」。

★也有很多原住民無法歸為這三大族群，而且也有說法認為，根據粒線體（mitochondria）的鑑定，應該分類為四個族群，因此這是一個用普通方法很難處理的棘手問題……

最早來的那群人，往美洲深處推進，在中南美定居下來。第二波是原先住在北美洲大陸西北海岸一帶，即所謂印地安人，而最後一群則是停留在最北部的因紐特人（Inuit），即愛斯基摩人。

根據人類學家巴塞爾的說法，最早進入美洲的是一群介於高加索人種（白人）與蒙古人種之間的族群（愛奴人也被定位在這個位置上），而第二波、第三波的族群，則比較接近日本人。

可是！由於又發現了（據信是）蒙古人種以外的骨頭，事情變得複雜起來。

一九九六年（時間還算近的！）在美國華盛頓州找到的人骨，引發了「搞不好最早的美洲人是白人」的話題。

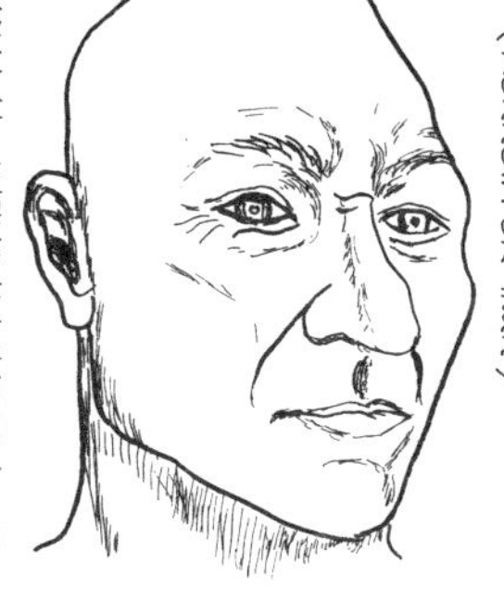

人稱「肯納威克人」（Kennewick man）

根據放射性碳定年法測定，約為九千五百年前左右的人（經面部復原後的樣子）

除此之外，據說也有幾具帶有白人特徵的人骨出土。

唔，我是覺得，這位先生應該是巴塞爾學說中，那種具有高加索人種特質的蒙古人種啦……

★由於一九九〇年美國通過的《美洲原住民墓地保護與文物歸還法》（Native American Graves Protection and. Repatriation Act），不能隨隨便便想調查就調查，必須先徵得原住民的同意才行。

此外，也有這樣的頭骨。

這是在巴西出土的，一般稱她為露琪亞（Luzia Woman）。

這個的年代更早，是在一個約莫一萬三千五百年前的遺跡中找到的。

她的外觀看起來酷似澳洲原住民（Aborigine）以及尼格羅人種（Negroid），因而成為大家討論的話題。她的頭蓋骨大小，似乎與蒙古人種的並不相符。

因為還無法為這兩個頭骨做DNA鑑定★，如果只以頭蓋骨大小的統計，或是外觀上給人的感覺來討論，還很難做出具體的判斷。

不過，除了白令海峽陸橋，可能還有其他管道可以進入美洲呢～雖然可能性都很低就是了……

但在五、六萬年前，人類確實也曾經乘船從東南亞前往澳洲過，因此也不能斷言絕對不可能有那種不怕死、愛冒險的傢伙成功從海上進入美洲。

以巴西的這個遺跡為首，在南美洲也找到了一些遺跡和遺物，應該也同樣屬於「北部完全被冰覆蓋、無法南下」的時期。為了說明這樣的現象，再加上又有露琪亞頭骨的問題，也有人提出這樣的說法：比如說，最早的美洲人是乘船由澳洲來的澳洲原住民，

這個部分，也可以用16頁提到的「乘船前來」的論點來說明。

後來他們才遭到來自北方、為數眾多的蒙古人種所殺害，或者是逐漸融入蒙古人種之中。

與亞洲分離

隨著地球氣候變暖，白令海峽陸橋漸漸沉入海中，大約在一萬年前變成了現在的樣子；美洲也成為一個與其他大陸沒有往來（姑且不論是否有人乘船前來）、無人知曉的大陸了。

在陸橋消滅前後，長毛象等大型哺乳類動物絕種了，原因可能是氣候的急遽變化，或是牠們遭到獵殺殆盡。
後來由西班牙人帶來的馬匹，使得原住民們飽受驚嚇，可是這些馬匹，據說是原產於北美的。
這也太諷刺了吧！
駱馬、羊駝，則在南美洲存活了下來。
要說到大型家畜，大概就是我們了吧。
其間，人們四散而去，曾幾何時，一小批一小批地都定居了下來。
呼！我已經受夠遷徙了！
美索亞美利加
這個區域北為沙漠、南有叢林，形成天然要塞。要想突破這些自然屏障，需要極大的精力與體力。
現今的美國
沙
漠
美索亞美利加
哈欠
非比尋常的
叢林
現今的哥倫比亞
總算要講到這本書的主題啦。

由於天然條件的限制，這個區域成為一大片相連的土地，基本上大家都擁有同樣的文化。
那些暫且定居下來的人，在這個區域內大致可以滿足所有的需求，因此不會想要往北或往南突破，到其他地方去；也不會有客人前來，與這個區域以外的地方幾乎都沒有交流。
中美洲的「車輪」與中安地斯山區的「駱馬」之間，一直未能相見。
——賈德．戴蒙（Jared M. Diamond）
《槍炮、病菌與鋼鐵：人類社會的命運》
沒有大型家畜，是美索亞美利加文明的最大特徵！
在陸上無論交通方式或是搬運，全都靠人力唷。
這個區域最重要的作物是，
玉米!!
轟
一開始只有能長六至十粒的野生品種，但經過幾百年的改良再改良，玉米已變成教人垂涎欲滴的漂亮食物了。
野生品種的玉米已絕種了。
如果沒有人類，我們早就絕子絕孫了。
在哥倫布到來之前，美洲大陸以外的人，誰也不知道玉米的存在。現在它已是超級大宗的作物了。
公元前五千年左右
約2.5公分
公元前三四〇〇年後
5至7公分
公元前一五〇〇年左右
15公分
現在也有那種超過45公分的玉米了。

沒有什麼比得上他們對玉米深刻的愛，以及感謝的心情。

他們不但創造了玉米之神，而且馬雅人物的頭都會畫成玉米頭。

即便如此，有人認為，玉米也是造成當地文明較晚開花結果的原因。

在美索不達米亞以及埃及等文明較早開始的地區，主食中都有小麥。小麥從野生時期開始就是完美的食物，也不必花什麼工夫培育（最古老的是野生品種，大約一萬年前就有了；而在已出土的部分，用來栽培的品種最早有八千五百年前的）。玉米成為目前的樣子，約為公元前一五〇〇年左右的事，這種主食上的差異，據說也使得文明成熟的時間產生落差。

本來還以為，文明成熟的原因在於人類，因美索亞美利加的人是最晚才結束旅行、定居下來的。

不過，最早經由人工培育出來的植物是葫蘆。

這是用來汲水的必需品。

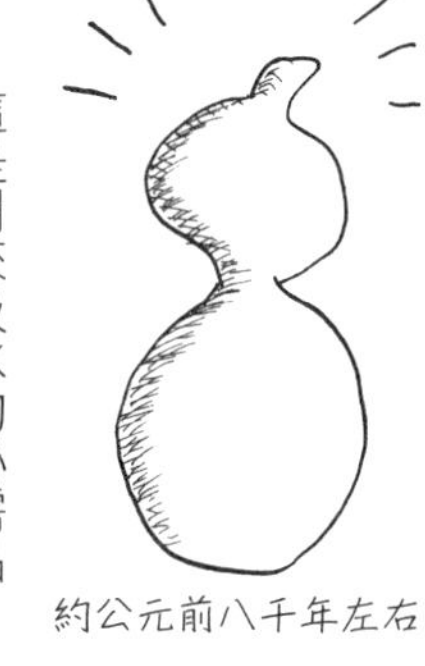

約公元前八千年左右

美索亞美利加原產的作物

南瓜

四季豆

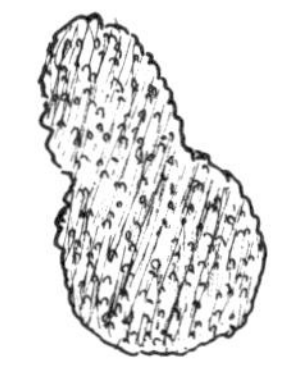

酪梨

辣椒

不過，南瓜與四季豆在南美也是原產哦。

嘖

順便一提，最早在圖畫中畫到抽菸的是馬雅。因此，我會很想把菸草也列到這裡面，只可惜它似乎是南美原產的，因此很遺憾地要排除在外。

不過，像這樣把菸草當成奢侈品，可是我們「最先」的唷。

㊟非洲也有葫蘆，並非只有這裡才有。

還有可可豆!!
直接長在樹上
謝謝您！真是神的恩寵呀。
即便如此，一樣也是可可豆「原產於南美」的說法較占優勢。
不過，把它當成食物好好栽培的，只有在美索亞美利加。
中美洲特有的家畜，只有火雞而已。
還有就是人類的好朋友——狗，這裡的人也會飼養。
墨西哥無毛犬和墨西哥吉娃娃，正如其名，都是墨西哥原產的。
沒有毛的狗
那裡會當成食物的動物有，
山豬
鬣蜥
鹿
狗等等
呼—
兔子
犰狳
此外，講到動物就順便提一下，也有一些看起來很有趣的動物，包括大地獺（Megatherium）、巨水獺（Castoroides ohioensis）等，是在此地絕種的。
大地獺體長有6到8公尺，巨水獺則有2.5公尺
哇嗚—
墨西哥國立人類學博物館的模型
好了，人們漸漸放棄流浪、駐留在一塊土地上，開始建設村落（公元前二〇〇〇年到公元前一五〇〇年左右）。後來，村落發展為都市，逐步發展出文明來。
怎樣，你有什麼意見嗎？

第二章
奧爾梅克文明

美索亞美利加文明之母？（公元前一二〇〇年～公元前四〇〇年）

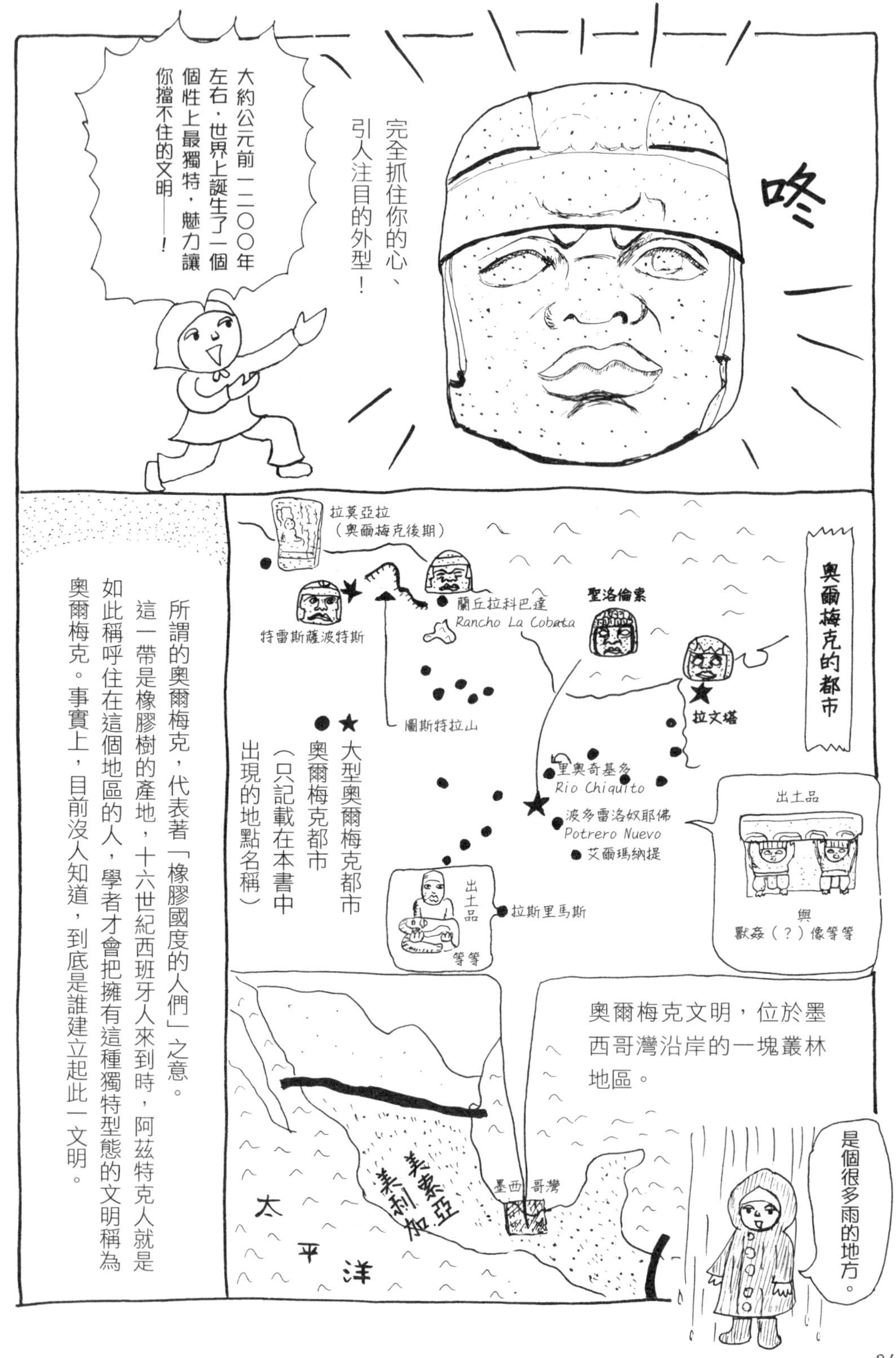
大約公元前一二〇〇年左右，世界上誕生了一個個性上最獨特，魅力讓你擋不住的文明——！
完全抓住你的心、引人注目的外型！
咚
所謂的奧爾梅克，代表著「橡膠國度的人們」之意。這一帶是橡膠樹的產地，十六世紀西班牙人來到時，阿茲特克人就是如此稱呼住在這個地區的人，學者才會把擁有這種獨特型態的文明稱為奧爾梅克。事實上，目前沒人知道，到底是誰建立起此一文明。
奧爾梅克的都市
拉莫亞拉
（奧爾梅克後期）
特雷斯薩波特斯
蘭丘拉科巴達
Rancho La Cobata
聖洛倫索
拉文塔
圖斯特拉山
★ 大型奧爾梅克都市
● 奧爾梅克都市
（只記載在本書中出現的地點名稱）
里奧奇基多
Rio Chiquito
波多雷洛奴耶佛
Potrero Nuevo
艾爾瑪納提
拉斯里馬斯
出土品
等等
出土品
與
獸姦（？）像等等
奧爾梅克文明，位於墨西哥灣沿岸的一塊叢林地區。
墨西哥灣
美索亞美利加
太平洋
是個很多雨的地方。

聖洛倫索

公元前一二〇〇年左右～公元前九〇〇年左右

奧爾梅克的各個都市都是帶有宗教性的地點，也是政治經濟的中樞。既有水渠，也有道路，基礎設施全都興建得很完備。

奧爾梅克最古老的都市，現在叫做聖洛倫索。這是把高五十公尺的山丘頂端鏟掉，再堆土形成一個台地，才建設的。

到目前為止，在聖洛倫索出土的石製巨頭共有十座（最多！二四頁那個巨頭像也是這裡出土的），石雕也有約一百三十座，並找到據信為宮殿的建築物。

大約公元前九〇〇年左右，這裡的都市活動結束了——

但是，經過挖掘，卻發現這裡後來（公元前六〇〇年～公元前四〇〇年）還建了一座球類競技場。雖然處於半被拋棄的狀態，似乎還是零星有一些人們活動的痕跡。

但人類活動的氣息，也在公元前四〇〇年時完全消失了。

拉文塔

公元前九〇〇年左右～公元前四〇〇年左右

就在聖洛倫索突然停止運轉的公元前九〇〇年左右，奧爾梅克的活動中心，轉移到距離約八十公里的拉文塔。

這個興建於浮在濕地上約五平方公里小島上的都市，是奧爾梅克文明最大的都市，而且是依照細膩的都市計畫興建的。

特徵① 有金字塔！

土製

高34公尺

這是美索亞美利加最古老的金字塔!!

溝道是很有規則地加上去的，是其獨特之處。也有人認為這是「仿照火山建的」。

② 柱狀墓

目前共發現五座墓，其中一座像這樣以玄武岩柱覆蓋住。

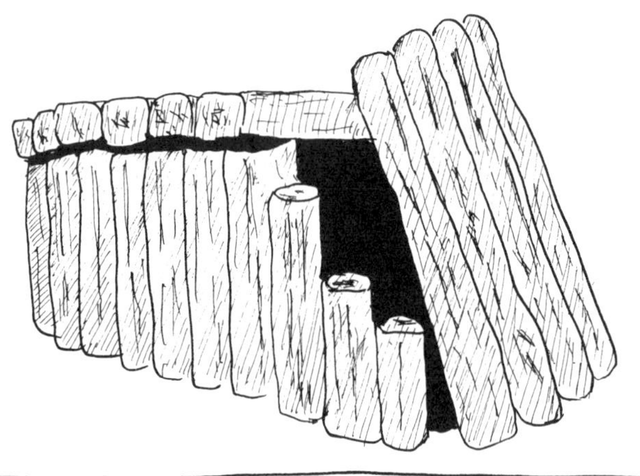

裡頭有翡翠、裝飾品等大量奢侈品作為陪葬物，以及兩個畸形的嬰兒。

③ 開會中（？）的人偶群

平均身高約十七公分的十六個小小人！

美索亞美利加的共通文化「頭骨變形」也是從這裡開始的。

每個人的表情都很耐人尋味

美索亞美利加的共通文化！

頭骨變形

所有人物的頭骨都會像這樣弄成扁平狀。至於怎麼弄，後面的部分會提到。不過也有一些地方沒有這麼做，像是阿茲特克等。

請看！這些既令人毛骨悚然又可愛的人偶!!

這些人偶在當初埋起來時，就是維持著這種有如站著開會般的狀態。由於一開始就是用來埋葬用的，因此據信應該是供品的一種。它們似乎是很重要的東西，甚至在埋進土裡後，還要特別察看它們是否在裡頭好好的（因為找到了窺探用的小洞）。

這到底是什麼樣的人偶，它們又在做什麼呢？實在很讓人好奇。

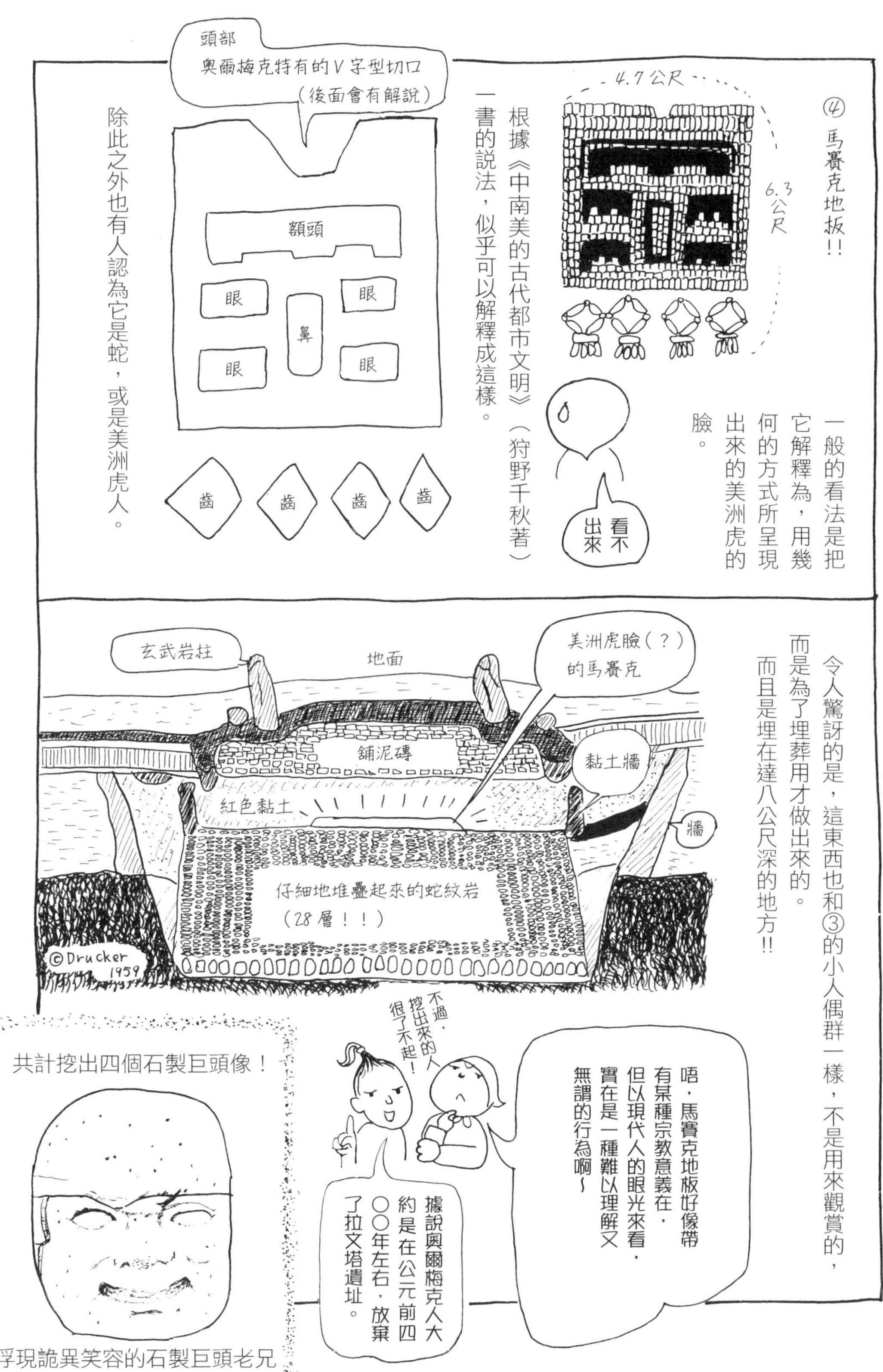

④馬賽克地板!!
4.7公尺
6.3公尺
一般的看法是把它解釋為，用幾何的方式所呈現出來的美洲虎的臉。
看不出來
根據《中南美的古代都市文明》（狩野千秋著）一書的説法，似乎可以解釋成這樣。
頭部
奧爾梅克特有的V字型切口
（後面會有解説）
額頭
眼
眼
鼻
眼
眼
齒
齒
齒
齒
除此之外也有人認為它是蛇，或是美洲虎人。
令人驚訝的是，這東西也和③的小人偶群一樣，不是用來觀賞的，而是為了埋葬用才做出來的。
而且是埋在達八公尺深的地方!!
玄武岩柱
地面
美洲虎臉（？）的馬賽克
鋪泥磚
黏土牆
紅色黏土
牆
仔細地堆疊起來的蛇紋岩
（28層！！）
©Drucker 1959
唔，馬賽克地板好像帶有某種宗教意義在，但以現代人的眼光來看，實在是一種難以理解又無謂的行為啊～
不過，挖出來的人很了不起！
據說奧爾梅克人大約是在公元前四〇〇年左右，放棄了拉文塔遺址。
共計挖出四個石製巨頭像！
浮現詭異笑容的石製巨頭老兄

奧爾梅克藝術

—關鍵字是へ型嘴—

一講到奧爾梅克，別的先不講，就是**石製巨頭像!!**

目前來說，在四個地區共計挖出十七個。

這些巨頭像平均有八噸重（以大象來算的話是一點二隻了），最大的一個重得不得了，達二十四噸。

出土處距離採集得到這種石頭（玄武岩）的圖斯特拉山，最遠達一百三十公里之距，究竟是怎麼搬運來的呢？

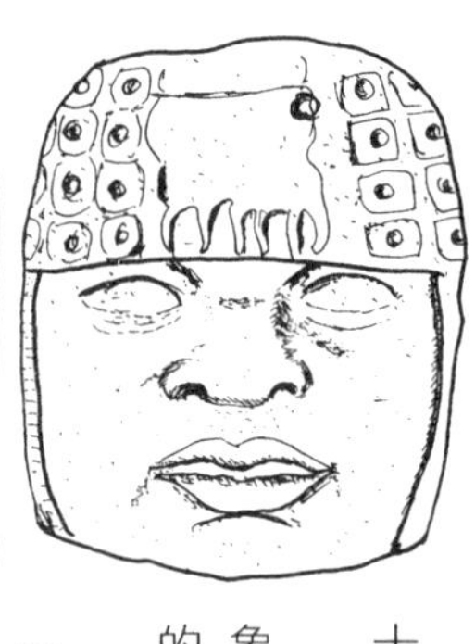

在聖洛倫索出土的

外界認為「經由河川以木筏搬運」是最不花力氣的方式，而這種說法也最多人認同。不過，最近我看了一個檢驗此一說法的電視節目，發現明明已經動用許多人力，但光是要把石塊搬動一公尺，就已經夠棘手的，而且一把它放到木筏上，就會因為重量而動彈不得，最後無法搬運，到頭來一切都是白費力氣。

唔，古代人或許會投注更多熱情，如果動用相當人力的話，或許不管陸路或水路都搬運得了吧。只是，不惜賭上這麼龐大的努力，也要把石頭搬過來製作的這些巨頭像，究竟是代表著誰，又帶有什麼意義呢？

每個巨頭像的表情都略有不同，但可以說都是描繪同一個人物。

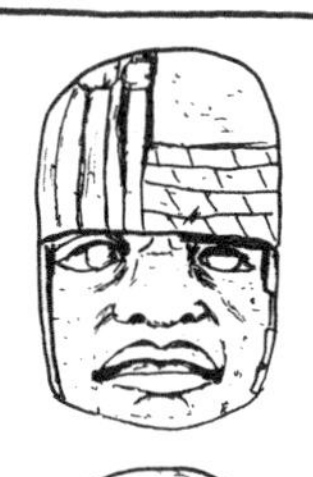
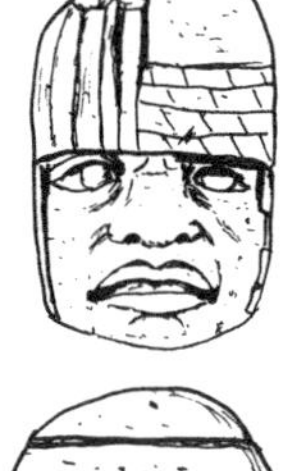

這幾個全都是出土自聖洛倫索

雖然現在已經脫落，但過去它們都是上了色的。

而且，它們是從最興盛年代互不相同的四個地點出土的，這一點很不可思議。

難道他是一位受人崇敬達幾百年的大英雄嗎？或者，他是一位運用暴力掌握權力的統治者？

或者，會不會是世世代代的統治者一族都長著同樣面孔呢？

不同地點的巨頭像也有一些差異。

高3.4公尺，是目前最大的石製巨頭像！

在蘭丘拉科巴達出土的這個，讓人覺得「好像哪裡怪怪的」

由於巨頭像都戴著有如美式足球頭盔般的東西，也有人認為是球類競賽的選手。

★原文為「Out-Of-Place Artifacts」，指考古學上在不應該出現的年代、地點所出現的遺物（因此有些人認為背後有超乎當時文明的存在），可縮寫為「OOParts」，故這類的遺物又稱「歐帕茲」。

最重要的是，它們看起來像尼格羅人種，因此姑且不論考古學會說的「啥？黑種人從非洲跑到這裡來了?!」，就連那些研究「古代超文明遺物」★的人士，也都投以熱切的眼光。

不管怎樣，這種猩猩臉般的長相，就算不是黑種人，每個亞洲國家大概都存在一定比例。日本人當中，這種長相的人，一般來說也不少……

考古學會的人差不多

這是蒙古人種的特徵變形後的產物

馬修・史特靈（發現奧爾梅克文明的大功臣）

也抱持著類似的想法。

在奧爾梅克地區，並未發現任何一具尼格羅人種的遺體，也沒有任何物證可以證明，他們曾經在這個地區生活。唔，不過，雖然機率不高，但是也無法斷言，過去沒有人從非洲漂流到這裡來。

事實上，以《康提基號海上飄流記》一書聞名的作者索爾・海爾達（Thor Heyerdahl），就曾經從摩洛哥乘著蘆葦船，抵達西印度群島。近年（一九九〇年代）也有這樣的事件，有非洲的漁船遭遇了海難，三星期後漂流到巴西去。本書第十八頁的露琪亞也是一個例子，沒人知道什麼時候會冒出什麼東西來推翻一切。

另外，這種巨頭像還有一個獨特之處，就是它們每一尊在深埋在地底下之前，就已經有好多處人為損傷。

這恐怕是在都市面對終結時，人們才把它們埋起來的吧。研究者認為，人們可能是為了去除頭像的力量，或是為了把它們封起來，才像這樣鑿了洞。

正面

背面

與其說是損傷，用「鑿了圓圓的洞」形容會更貼切。
好像是拿球一丟再丟所弄出來的坑坑洞洞

阿茲特克等等後代的人，應該不知道有這麼有趣的東西存在吧，實在好可惜呀。

還有美洲虎人
這是一種難以名狀的生物，看起來就好像是帶有美洲虎特徵的人。他們全都是幼兒，沒有性別。有各種不同的形態，也有人把他們分類為「美洲虎神像」、「祭司像」等類別。
最常見的基本形
有的包著像是埃及法老王頭巾般的東西
不過，也有一些是戴著頭飾的
也有演奏樂器的
怎麼樣！
或許衝擊沒有像巨頭像那麼大，但應該有十二分的獨特性吧！
抓到感覺了嗎？
美索亞美利加的共通文化！
美洲虎信仰
美索亞美利加最強的動物，美洲虎。
在這種姿態優美又漂亮，卻又兇猛的大貓身上找出神性、予以崇拜，也是美索亞美利加的共通文化之一。
確實如此！貓科動物都很有威嚴的吶。
就算小小一隻也散發出在上位者的氣質
鞠躬
早安
我現在都出於本能侍奉貓咪了。
轉身

★現今學者們的共識是，它們雖然看起來是祭壇，但事實上應該是王座，在重要典禮或儀式時，統治者會坐在上頭。

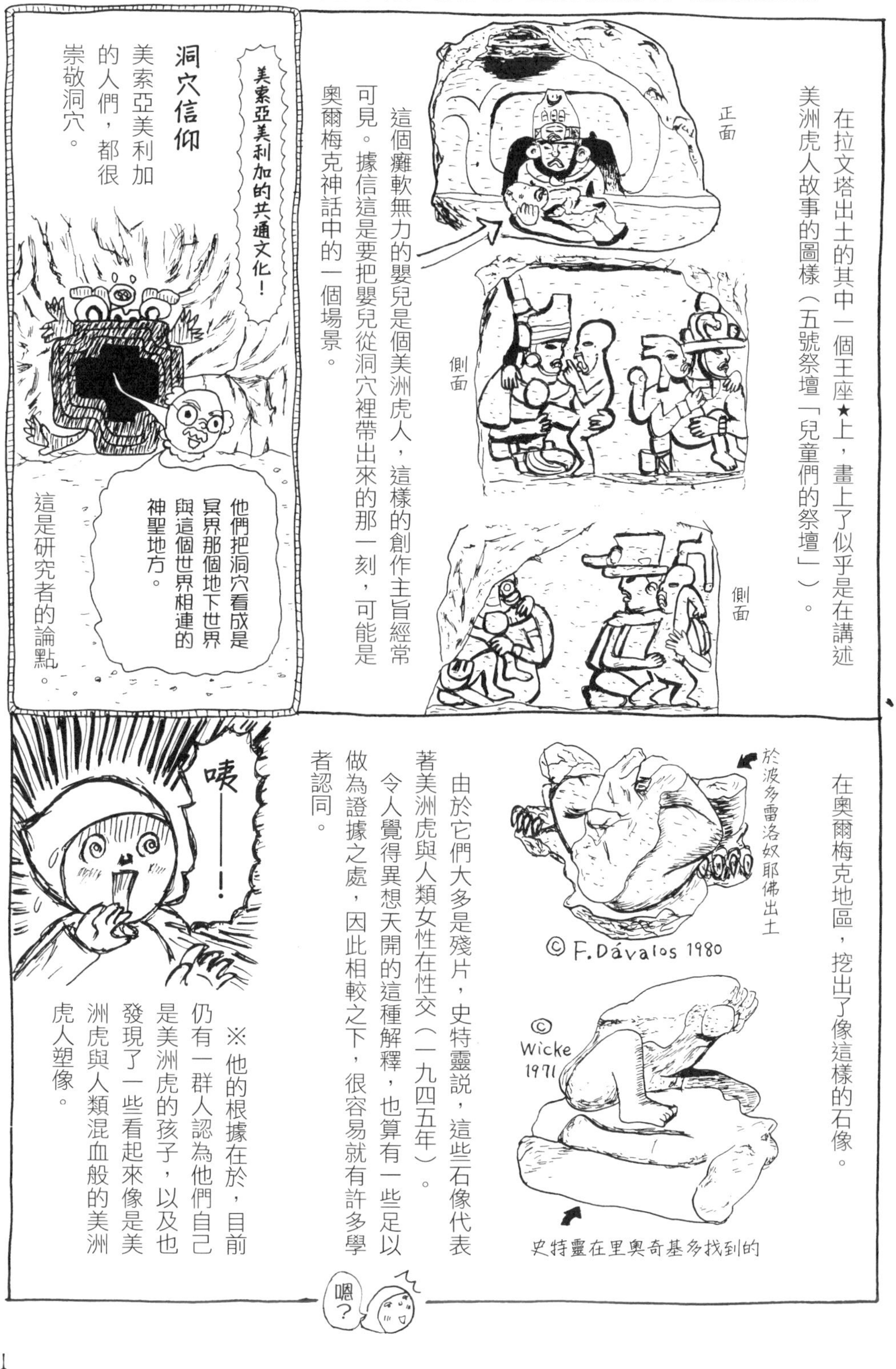

在拉文塔出土的其中一個王座★上，畫上了似乎是在講述美洲虎人故事的圖樣（五號祭壇「兒童們的祭壇」）。

正面

側面

側面

這個癱軟無力的嬰兒是個美洲虎人，這樣的創作主旨經常可見。據信這是要把嬰兒從洞穴裡帶出來的那一刻，可能是奧爾梅克神話中的一個場景。

美索亞美利加的共通文化！

洞穴信仰

美索亞美利加的人們，都很崇敬洞穴。

他們把洞穴看成是冥界那個地下世界與這個世界相連的神聖地方。

這是研究者的論點。

在奧爾梅克地區，挖出了像這樣的石像。

於波多雷洛奴耶佛出土

© F. Dávalos 1980

© Wicke 1971

史特靈在里奧奇基多找到的

由於它們大多是殘片，史特靈說，這些石像代表著美洲虎與人類女性在性交（一九四五年）。令人覺得異想天開的這種解釋，也算有一些足以做為證據之處，因此相較之下，很容易就有許多學者認同。

咦——！

※他的根據在於，目前仍有一群人認為他們自己是美洲虎的孩子，以及也發現了一些看起來像是美洲虎與人類混血般的美洲虎人塑像。

這麼說起來，好像漸漸有這種感覺哩。不，我甚至於開始覺得，這是唯一的解釋了。

不過到了最近，也開始有人提出不同的意見，認為「這代表著美洲虎在襲擊人類」。

美洲虎人的塑像也一樣，代表的不是美洲虎與人類的混血兒，而是薩滿（shaman）變身為美洲虎的樣子。

目前來說，認同這種說法的人，似乎比相信獸姦說的人要來得多。

唉，雖然哪個才是正確的到目前還沒有定論，但從這件事可以了解的是，學說這種東西，出乎意料地隨便……我這麼說也許太過火了點，總之學說就是一種在「看起來像是、看起來不像是」的主觀上建立起來的東西吧。

或許史特靈只是憑著他自己的性幻想瞎猜的吧。對於他這種有好有壞的解讀角度，我只能說敬佩。

薩滿信仰

在美索亞美利加以及南美，存在著許多神或人類變身為動物的故事。其中，人們會把（據信）能夠自由自在變身為特定動物的那些人，當成薩滿來崇拜。

薩滿會藉著麻醉劑的力量，進入恍惚狀態。

在奧爾梅克也找到了用於吸取麻醉劑的工具，從中似乎可以嗅出薩滿的存在。

這些也是代表著薩滿在變身嗎？

奧修托提特蘭洞穴（Oxtotitlan Cave）裡的壁畫

雖然也有人認為是在「性交」，但不管是從表情來看，或是從棒頭獨立存在來看，似乎不是那樣……

出土地不明的塑像

據說是變身到一半的薩滿

無論如何，唯一可以確定的是，他們與動物間的關係很密切。

畸形嬰兒

許多美洲虎人的塑像，在頭部的地方都開了大大的口。有研究者認為，這是某種畸形嬰兒（頭蓋骨沒有接合好就出生了的孩子）的特徵。

厚葬於拉文塔的兩具畸形嬰兒（本書二六頁），也暗示著同樣的事。

增田義郎在他的著作《沉默的古代遺跡：馬雅．印加文明之謎》中提到：

「據信他們似乎存在著一種習慣：一旦誕生出有三個嘴的孩子，就會奉為神與人之間生下的孩子。」從狀況上看來，隱約可以理解到，應該就是他所講的那樣。

而且，搞不好是以拿來當活祭品的方式表達對他們的崇敬。

不斷出現的V字型切口

這是代表著畸形，還是純粹代表貓耳而已？

在奧爾梅克的地區內一個叫艾爾瑪納提的地方，也挖出了一個洞穴，裡頭是與陪葬的奧爾梅克物品埋在一起、據信就是當成活祭品的許多胎兒或嬰兒的遺體★（不過不清楚是否有畸形的現象）。拉文塔那兩個畸形的孩子，恐怕也是當成活祭品獻給神了吧？這種想法好像比較妥當。

這麼一來，三一頁處的嬰兒圖，看起來也好像是在抵抗或者排斥什麼的感覺，從中可以解讀出很可怕的故事。

好恐怖～我本來還覺得那是個看起來好開心、好可愛的浮雕呢。

終於講到了美索亞美利加的暗黑風俗，活祭。

既然講到暗黑面就順便補充一下，奧爾梅克的人們也會吃人肉。

從聖洛倫索的垃圾場裡，就挖出了證據。

在食物的殘渣中發現，人的骨頭也混雜在其中

★據說也有孩子的手腳是被切斷的。

其他石雕

他們崇敬的不是只有美洲虎而已

蛇 也是！

出土於拉文塔

也有看法認為是美索亞美利加最重要的神之一「羽蛇神」的前身。看起來好像在操作什麼機械一樣，因此在葛瑞姆．漢卡克（Graham Hancock）等古代超文明遺物的那些研究者之間，也形成了話題。

通稱「力士像」

或許是因為磨損所造成的，長相很像中國的神仙。

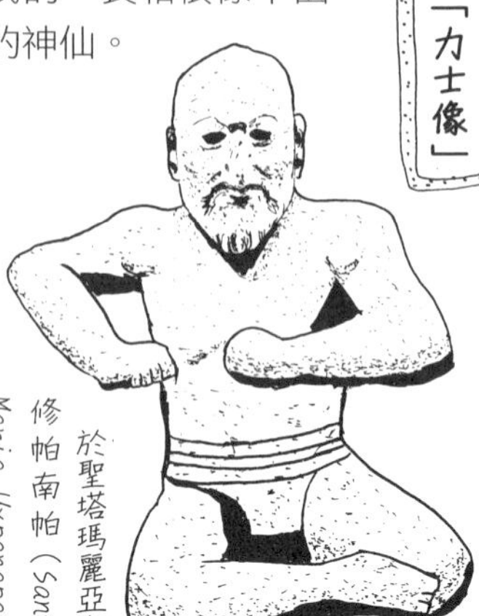

於聖塔瑪麗亞烏修帕南帕（Santa Maria Uxpanapa）出土

王座

於拉文塔出土

四號祭壇「勝利的祭壇」

這個人拿著的繩子，綁在旁邊的人身上。有人率直地認為，這是一名俘虜遭到束縛，但也有人的意見認為，繩子也可以用來比喻家人之間的堅定關係。

真的是有多少人就有多少種看法呢～

由身材短小的人拚命支撐著

雖然有所磨損，但表情和石製巨頭像很相像

於波多雷洛奴耶佛出土

斧

這些斧頭很不起眼，但是在埋起來的時還是被仔細排列得好好的。目前共出土幾百件。除了純粹的斧頭外，也有一些會把美洲虎人的樣子或是圖畫雕刻上去。

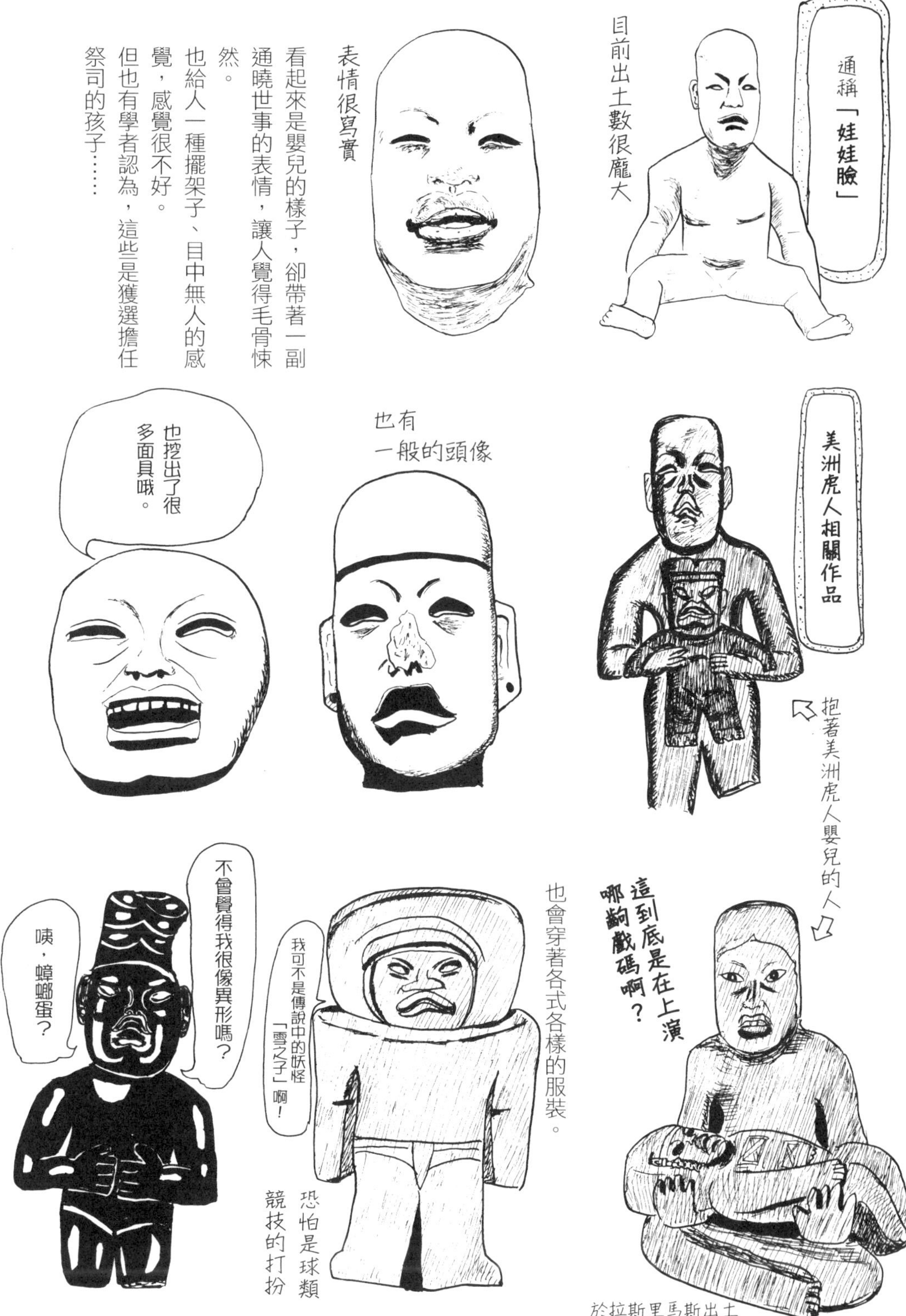
目前出土數很龐大
通稱「娃娃臉」
表情很寫實
看起來是嬰兒的樣子，卻帶著一副通曉世事的表情，讓人覺得毛骨悚然。
也給人一種擺架子、目中無人的感覺，感覺很不好。
但也有學者認為，這些是獲選擔任祭司的孩子……
美洲虎人相關作品
抱著美洲虎人嬰兒的人
也有一般的頭像
也挖出了很多面具哦。
這到底是在上演哪齣戲碼啊？
於拉斯里馬斯出土
也會穿著各式各樣的服裝。
我可不是傳說中的妖怪「雪之子」啊！
恐怕是球類競技的打扮
不會覺得我很像異形嗎？
咦，蟑螂蛋？

奧爾梅克，從遺人冷落到變成明星

目前，古代文明的著作中，大多都會提到奧爾梅克，但是世人是到一九四〇年代，才開始知道它的存在。

一八六二年，有個農夫在一個叫做特雷斯薩波特斯的村子裡，發現了一個從土裡露出一點臉的巨頭像，便找村子裡的人一起試著挖掘看看。

目前特雷斯薩波特斯這個地方也還健在哦。

自那時起，在奧爾梅克地區內的各個地點，就開始一點一滴找到以巨頭像為首，包括美洲虎人、斧頭、王座、「娃娃臉」等物品在內的文物。外界認定這些都屬於同一文化所有，在進入二十世紀後，才冠上了「奧爾梅克」這個名字。

後來到了一九三九年，史特靈（三一一頁處提出獸姦說的那個人）展開了大規模的挖掘。

美國人。自發現美洲虎人的面具以來，就著迷於奧爾梅克的男子。隸屬於史密斯森研究中心。

史特靈一抵達墨西哥，很快就在特雷斯薩波特斯發現了刻有文字的石碑。

隔年，他又在拉文塔接連挖出三個巨頭像以及多件石碑、王座等文物，而且只在短短十天內而已！《國家地理雜誌》發表了他的功績，奧爾梅克文明也就此躍升為一大文明。

史特靈主張，奧爾梅克文明的時代比馬雅文明還要早，但當時的權威學者嘲笑他道，「奧爾梅克文明充其量只是後古典時期（公元九〇〇年後）的東西」。

不過，當時剛開發出來的放射性碳定年法，支持了史特靈的說法，證明奧爾梅克的年代確實比馬雅來得早得多。

自此，奧爾梅克文明的價值逐漸上升，學者甚至認為，奧爾梅克是所有美索亞美利加文明之母，或是美索亞美利加文明源頭（雖然目前來說，反駁此一看法的居多）。

這些資訊大多摘錄自《世界的博物館五：墨西哥國立人類學博物館》

奧爾梅克文明的擴散

奧爾梅克充滿了從馬雅到更久之後的阿茲特克在內，所有美索亞美利加共通的文化要素。因此，會出現「奧爾梅克是母文明」的說法，也是可以理解的。

在奧爾梅克的時代，就已經有傷害自己、放血奉獻給神的「自我犧牲」儀式存在了（也找到許多用於放血的鑿洞工具）。

在奧爾梅克最為珍視的翡翠的價值，也為後來的文明所繼承。

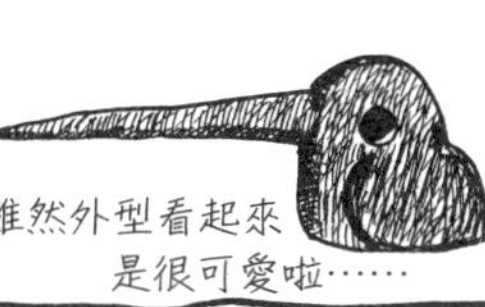

雖然外型看起來是很可愛啦……

美索亞美利加的共通文化！

翡翠

在美索亞美利加，翡翠是最有價值的東西，比金或銀還有價值！不過，那個時代也還沒有金和銀啦……只是，金銀在八世紀逐漸出現後，翡翠居第一名的地位，依然沒有動搖。

他們認為金是「太陽的排泄物」，銀是「月亮的排泄物」，對它們的重視程度僅次於翡翠。

閃閃發亮

呃……

還有就是球類競技。

姑且不論在聖洛倫索有球類競技場這件事，在艾爾瑪納提，也找到了古老到不行的公元前一六〇〇年到公元前一五〇〇年左右，供奉橡膠球的遺跡。這些球目前是美索亞美利加最古老的球了。

還有，也有人認為，後來各個地域的主要諸神，在奧爾梅克時期就已經齊全了。

例如，有看法認為，美洲虎人是各地雨神的原型。

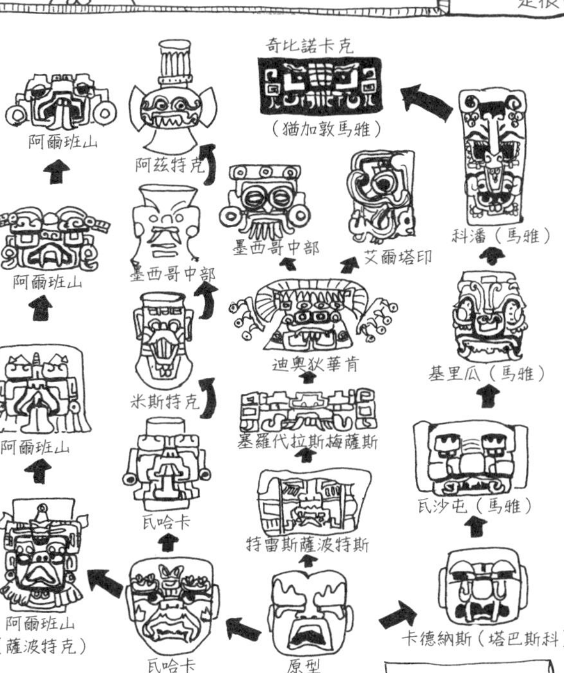

這些神會在各自的章節中介紹。

唔……好像有說服力，又好像是硬湊的……

出於米格·柯瓦如比亞斯之手的雨神進化圖

從供奉橡膠球這件事來看，可以得知這些人把球類競爭當成是一種祭神儀式。

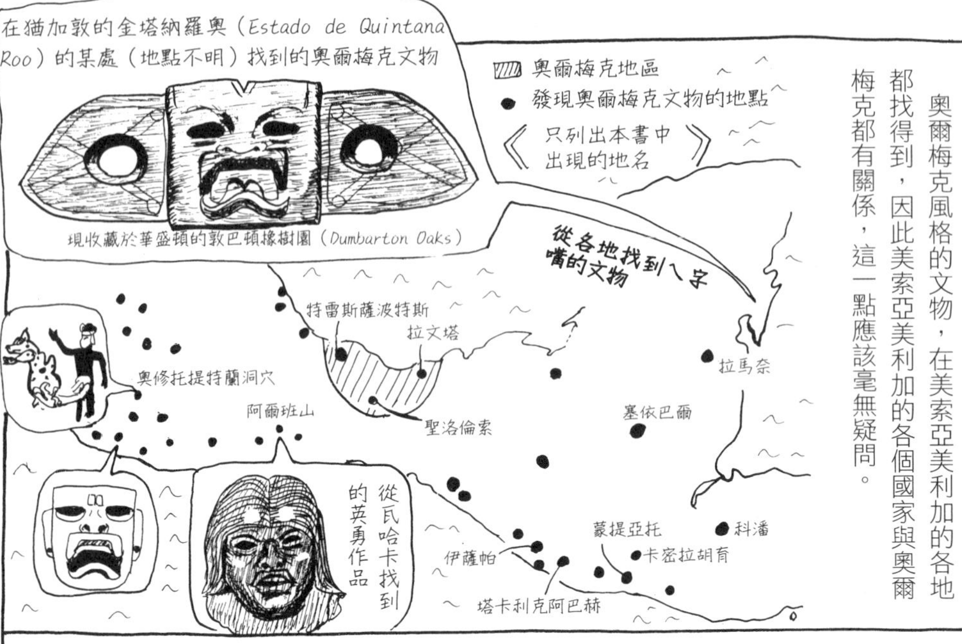

奧爾梅克風格的文物，在美索亞美利加的各地都找得到，因此美索亞美利加的各個國家與奧爾梅克都有關係，這一點應該毫無疑問。

謎一般的終結

究竟是發生了什麼樣的巨變，才讓奧爾梅克這輝煌的文明在公元前四〇〇年左右結束呢？不光是對巨頭像而已，就連石碑、王座等文物，都在儀式般地予以損傷後，全都小心翼翼而有秩序地深埋到地底下（公元前九〇〇年，在聖洛倫索也有人做過同樣的事）。

不過，那時還是存在著未遭捨棄而存續下來的部分。約莫與拉文塔同一時期開始發展，雖然規模較小但一直踏實地在活動著的特雷斯薩波特斯，那時差不多正要迎接全盛期。

公元前四〇〇年以後的奧爾梅克地區的文化，產生了與先前很不一樣的變化。

雖然大部分要看成不同的東西，但那時期的文化，姑且還是把它算入奧爾梅克當中，人稱「後奧爾梅克文化」。

特雷斯薩波特斯

挖出了共兩個巨頭像。

與拉文塔的巨頭像製作於同一時期。

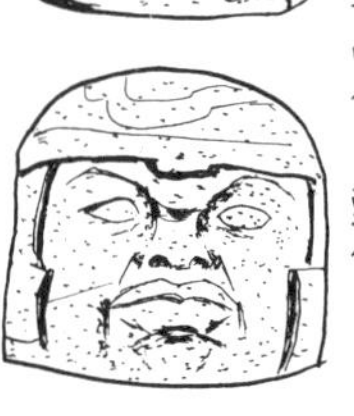

看起來像是他們捨棄了文化，推測可能是因為新統治者上台或是發生革命等情形。

※也有學者認為，該文化還是有好好地傳承下來。

文字始於奧爾梅克嗎？

根據近幾十年的固定看法，美索亞美利加的文字，誕生於下一章要談的薩波特克文明。奧爾梅克固然也有類似文字的東西，但後世並未發現稱得上是文章般的東西。

出土於拉文塔

不過，現在有了新發現!!

根據青山和夫所著的《古代美索亞美利加文明》，在最近的二〇〇六年，聖洛倫索附近的卡斯卡哈爾（Cascajal）遺跡，發現了一面刻有最古老文字（六二個字母）的石片。根據放射性碳定年法測定，約為公元前一〇〇〇年至公元前八〇〇年的東西。

如果這件事情被證實無誤，那麼美索亞美利加最早發明文字的榮譽，就也屬於奧爾梅克的。

不過，這樣的文物日後還不知道會不會再遭到推翻。因為明天很有可能在不同地區，比如說馬雅，就突然找到比這還古老的東西……

目前，美索亞美利加已挖掘出來的只是「很小一部分」而已，還有許多未知的地區存在。

對於這麼一則以「古老」為豪的新資訊，或許會顯得遜色，但在這之前，也有人從奧爾梅克地區，找到了刻有文字的石碑，只可惜是後奧爾梅克時期的。

在特雷斯薩波特斯隔了一段時間才找齊的

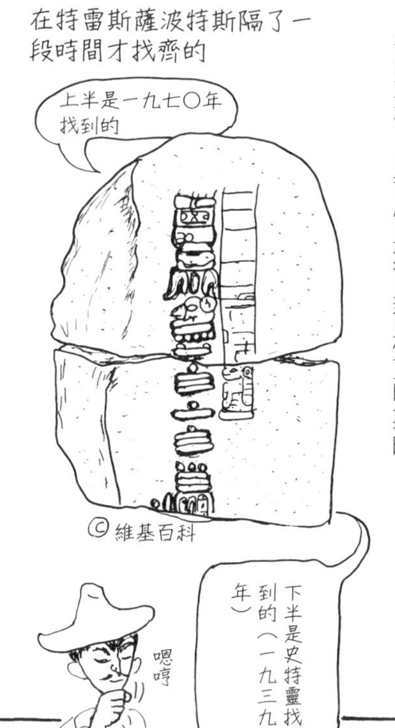

而且，它上頭的紀錄方式，和馬雅地區大量使用的長紀曆這種東西一樣。如果以馬雅的方式解讀，它所代表的就是公元前三十二年。

除此之外，在奧爾梅克地區也發現了寫有日期的東西。

通稱「圖斯特拉塑像」

喙

寫的是公元一六二年的日期

表情好怪

在拉莫亞拉（La Mojarra）這個地方，也找到了密密麻麻刻滿文字的大石碑，上面的日期有公元一四三年、一五六年。

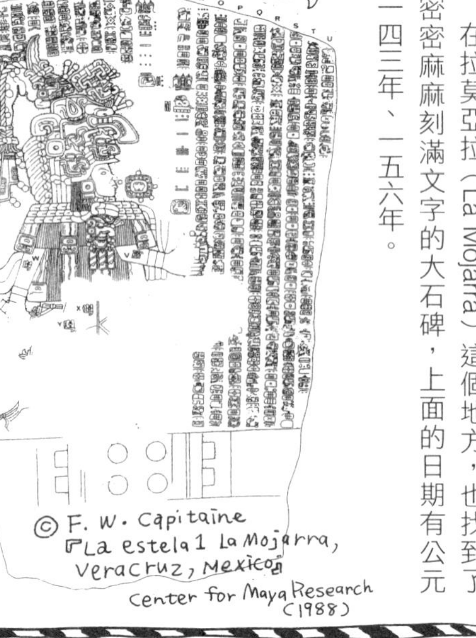

一九八六年發現的。

這些未經解讀的文字，據信與圖斯特拉塑像上的文字屬於同一根源。最近也有研究者表示「已經解讀出來了」。

根據他們的說法，石碑上寫的文字，用的是目前在該地區內仍在使用的米克－佐克語（Mixe-Zoque）。內容似乎寫的是馬雅石碑上所寫的那種事（關於這個部分，於馬雅的章節再探討）。

據此，也有學者認為，奧爾梅克人的真正身分，應該是個使用米克－佐克語的族群。

美索亞美利加的語言

在本書中出現的族群所使用的語言間，有如下的密切關係（雖然只是以極為粗略的方式分類）。「語」也可以直接換成「人」或「語系」等字眼。

同一掛
- 馬雅語
- 托托納克語
- 米克－佐克語（Mixe-Zoque）

同一掛
- 薩波特克語（薩波特科：Zapoteco）
- 米斯特克語（米斯特科：Mixteco）

- 納瓦特爾語（Nahuatl）又稱納瓦語。以阿茲特克為首，大約在墨西哥中部一帶使用的語言。
- 奧托米語（Otomi）

差距很大
- 塔拉斯科語

這些語系之間，可以發現有文字彼此借用的現象，可知它們之間有很密切的往來。

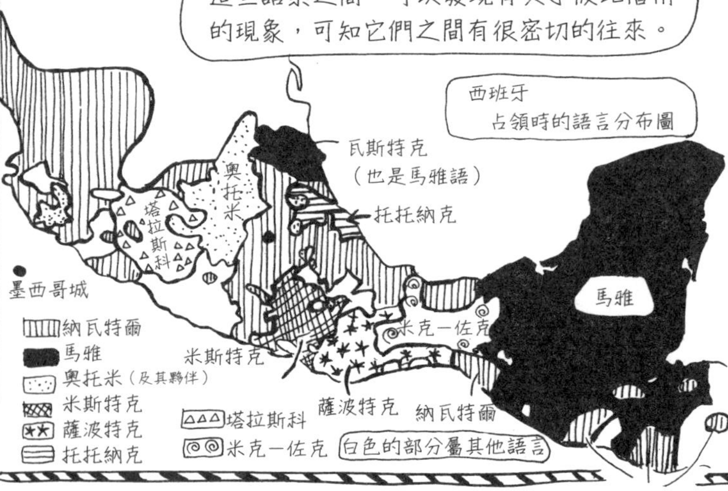

西班牙占領時的語言分布圖

瓦斯特克（也是馬雅語）
托托納克
奧托米
塔拉斯科
墨西哥城
馬雅
米克－佐克
米斯特克
薩波特克
納瓦特爾

納瓦特爾
馬雅
奧托米（及其夥伴）
米斯特克
薩波特克
托托納克
塔拉斯科
米克－佐克
白色的部分屬其他語言

第三章
薩波特克文明

曆法的發源地？（公元前五〇〇年～公元七五〇年）

★要表示薩波特克的「人」與「語言」時，必須換成「薩波特科」，但本書還是一律用薩波特克。後面會出現的米斯特克也一樣。

無論從地理位置或時代來看，薩波特克都是在知名的奧爾梅克與迪奧狄華肯文明之間，建立起自己特有的文明。

不同於另兩個有名的文明，在目前稱為瓦哈卡的地區誕生的薩波特克文明，已經知道「是誰發展了這文明」了——正是同樣叫做「薩波特克」、目前仍住在本地區的五十萬名薩波特克人的祖先。

說到薩波特克文明的另一個特色，就是其他兩個文明已經消失得乾乾淨淨後，它還仍然存在。

在瓦哈卡這裡最早有文明萌芽，是在一個目前叫做聖約瑟莫哥特（San Jose Mogote）的地方。這個都市的年代與奧爾梅克的聖洛倫索差不多古老，約莫在公元前一一五〇年左右就開始發展了。一直到阿爾班山建立之前，這裡都是瓦哈卡最大的都市。

阿爾班山

薩波特克人在公元前五〇〇年左右，於瓦哈卡盆地正中央處、高四〇〇公尺的山頂上，建立了最大的都市中心。與聖洛倫索一樣，也是採取把山頂的土鏟掉，再把地整平的方式。不過，阿爾班山的高度是聖洛倫索的八倍，得花更大的力氣建設。為什麼要在難以搬運水與物資的那種偏僻的山上打造都市呢？

戰爭國家

從築有防禦工事，以及存在於各地的浮雕上的圖畫來看，可以知道這一帶是戰爭源源不絕的地區。在阿爾班山這裡，會把刻有征服他國紀錄的石板，貼在建築物上（共找到四十面以上）。

國土全部都包含在阿爾班山周圍一百四十公里的範圍內。阿爾班山就在這個比日本的關東略大的領域內稱霸。

在談戰爭的浮雕中，最有名的是**「跳舞的人」**。

——啊，多麼殘酷的情節啊。

剛發現時，看起來像是有個人物在跳舞，因此就天真地為它取了這個名字。可是，後來（一九六〇年代）才發現，事實上這描繪的是，正在接受可怕拷問的俘虜們。

這個人的名字

這個含糊帶過的部分，代表著生殖器被切除時流的鮮血

這種好像在搞笑般的畫風，以及取錯的名稱擺在一起所造成的加乘效果，更增添了殘酷感！讓我的心都揪在一起了。

雖然看起來像是在跳舞啦～

這些讓人難受的浮雕也裝飾在建築物的牆壁上（在建國後沒多久的公元前五〇〇年左右，就開始製作這種石雕了。這種主題的作品，在聖約瑟莫哥特也已經發現了）。

這種作品竟然有300件以上！！

目前在奧爾梅克與迪奧狄華肯文明中，壁畫與石雕裡，都找不到這種直接描繪戰爭或暴力的作品（毫無疑問，當時他們應該也創作了這樣的作品）。

以易懂的方式把歷史留在浮雕上，也是美索亞美利加文明的特徵之一。

這些石板上也有文字，也找得到日期。所使用的日期是美索亞美利加所有地區都普遍使用的兩種曆法，一種是二百六十天的曆法，一種是三百六十五天的曆法。這些曆法是美索亞美利加最古老的曆法，因此（目前）有人認為，這兩種曆法體系是薩波特克人發明的。

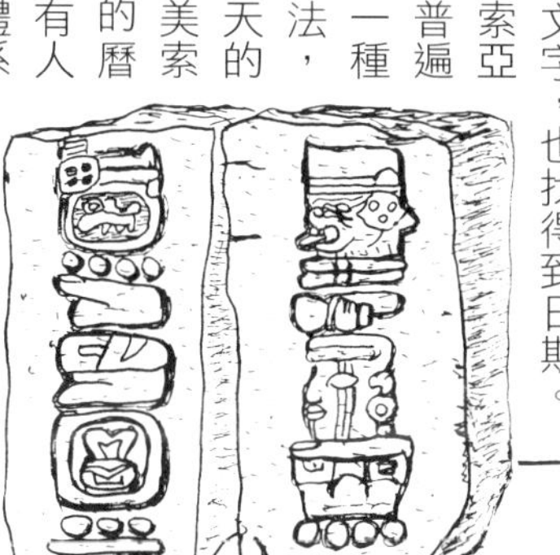

曆法的介紹請看馬雅的章節！

除了文字與曆法外，在阿爾班山，也具備了所有美索亞美利加的文化，有天體觀測所與球類競技場。

在公元100年～公元200年之間，就已經建造出球類競技場來了。

阿爾班山這裡有多達八座。

不過，可惜的是，目前無人能解讀薩波特克文字。原因在於，今日已找到的文字數量太少，幾乎都是只出現一次的文字。

不過，從四三頁的那種征服石碑上讀取表面上的意義，或多或少能夠推敲出，當時發生過什麼樣的事。

圖畫都淺顯易懂，也是一大幫助。

例如以下這個。

描繪迪奧狄華肯派遣使者來訪的作品（局部）

薩波特克與迪奧狄華肯之間，似乎有著頗為對等的往來。

雖然阿爾班山這裡留下了許多易懂的圖畫，但只要無法理解文字，就幾乎沒有能夠講述的歷史情節了。

如果簡單一點，一言以蔽之的話，

阿爾班山就像要配合迪奧狄華肯的隆盛時期一樣，也在公元二〇〇年到七〇〇年左右迎接全盛期；公元六五〇年左右，迪奧狄華肯文明瓦解後，又好像餘波盪漾到這裡一樣，薩波特克也在公元一〇〇〇年左右捨棄了阿爾班山。

用這樣的說法其實是頗為無味的，但是要再講更多也沒有辦法了，因此就在這裡畫上句點。

搶話的傢伙！

薩波特克文明（目前）在歷史的部分雖然因為不夠起眼而讓人覺得很無聊，但在藝術創作的部分，其實有很多有趣的地方唷。

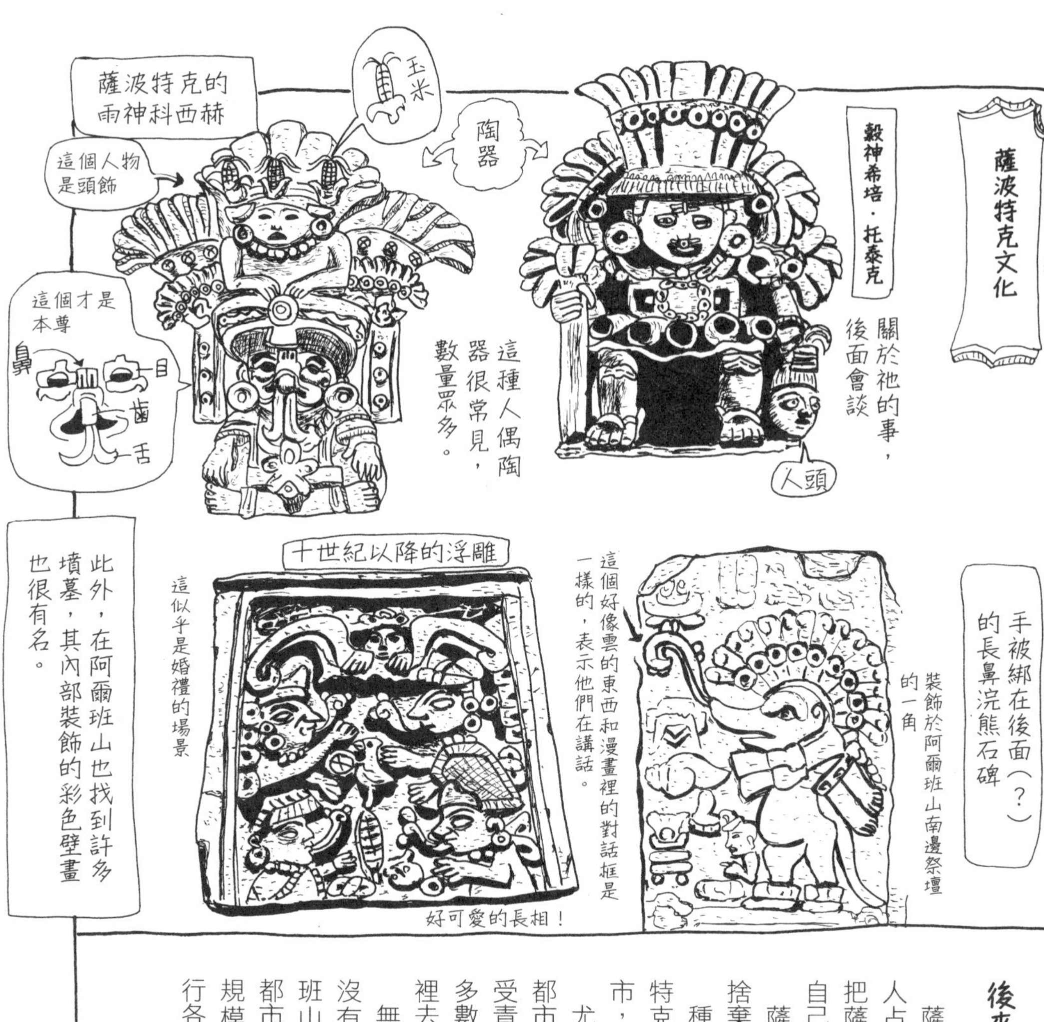

後來的薩波特克人

薩波特克人捨棄阿爾班山後，就被米斯特克人占走了。自公元一一〇〇年左右開始，他們把薩波特克人的遺體從墳中挖出來，回收成為自己的墳墓使用。

薩波特克人為何要捨棄阿爾班山呢？還有，捨棄那裡之後，他們又到那裡去了呢？

種種情節，都還不太清楚。不過，據信薩波特克人除了阿爾班山之外，還有許多其他的都市，因此應該是慢慢分散到那些地方去。

尤其是米特拉，它是相對上較大的薩波特克都市，似乎就在阿爾班山不受青睞後開始發展起來。大多數的人，或許都移動到那裡去了。

無論如何，後來他們再也沒有打造出另一個像阿爾班山那麼中央集權的魅力都市了，而是進入一個由中規模的都市各自活躍地進行各種活動的時代。

薩波特克的主要城市

聖約瑟莫哥特（最古老）
亞古爾（Yagul）
米特拉
阿爾班山
達因祖（Dainzu）
薩奇拉（Zaachila）
蘭比特捷可（Lambityeco）

米斯特克文明

公元九〇〇年～一五二二年

米斯特克人原本是一群在瓦哈卡西部，過著有如薩波特克人鄰居般生活的人，現在也仍有五十萬人以上。

這些人似乎並沒有聚集在一起，而是分別在獨立的都市建立自己的王朝，或而合作、或而產生一些小衝突。公元一〇〇〇年後，他們透過政治聯姻等懷柔政策，巧妙地取得薩波特克人的土地。

自古以來，米斯特克就有「手指靈巧的藝術家集團」的名聲，他們巧奪天工的工藝品，不只在瓦哈卡，也在多處出現。

擅長精細的黃金工藝

在不太會使用黃金的美索亞美利加，這算是少見的金光閃閃。

順便一提，米斯特克的雨神長這樣！
嗯!!怎麼看起來好像是一個西方人得意忘形地在玩角色扮演啊……

前面提到的薩波特克的都市米特拉的建築物，牆面上大量使用了幾何學的圖案。因此有學者認為，從它們的精細程度以及變化多端的程度，也可以看出在薩波特克建設米特拉時，米斯特克人應該相當程度涉入了其中（甚至於有些壁畫與米斯特克抄本上的圖畫，採用相同的畫法）。

納塔爾抄本

米斯特克王朝的歷史，在抄本中留下了清楚的紀錄。

可不是什麼謎樣的文明唷。

不過，他們的書和我們的不同，必須要先區辨到底是圖畫還是寓意畫★……

為什麼沒向薩波特克借點文字來用呢～

在這些抄本中，有一本畫的是米斯特克某個王國的國王「八鹿」◆的傳記。「八鹿」征服了各國，並把敵國的國王一個一個抓來活祭，再與對方的妻子們結婚，把對方的家人都一一殺光……抄本裡頭就是這種好像永遠安定不下來的人生。

◆該國王的全名其實是「八鹿美洲虎爪」（Eight Deer Jaguar Claw），這裡有所簡化。

★寓意畫：把物品名稱的發音畫成圖。例如，要表現日文中的「錯誤」（まちがえ）這個字的話，就畫成像是

火柴棒（マッチ 音近まち） 蛾（が） 以及畫（え）這樣的東西。

在此介紹全長約達十一公尺的其中一本抄本：《納塔爾抄本》。

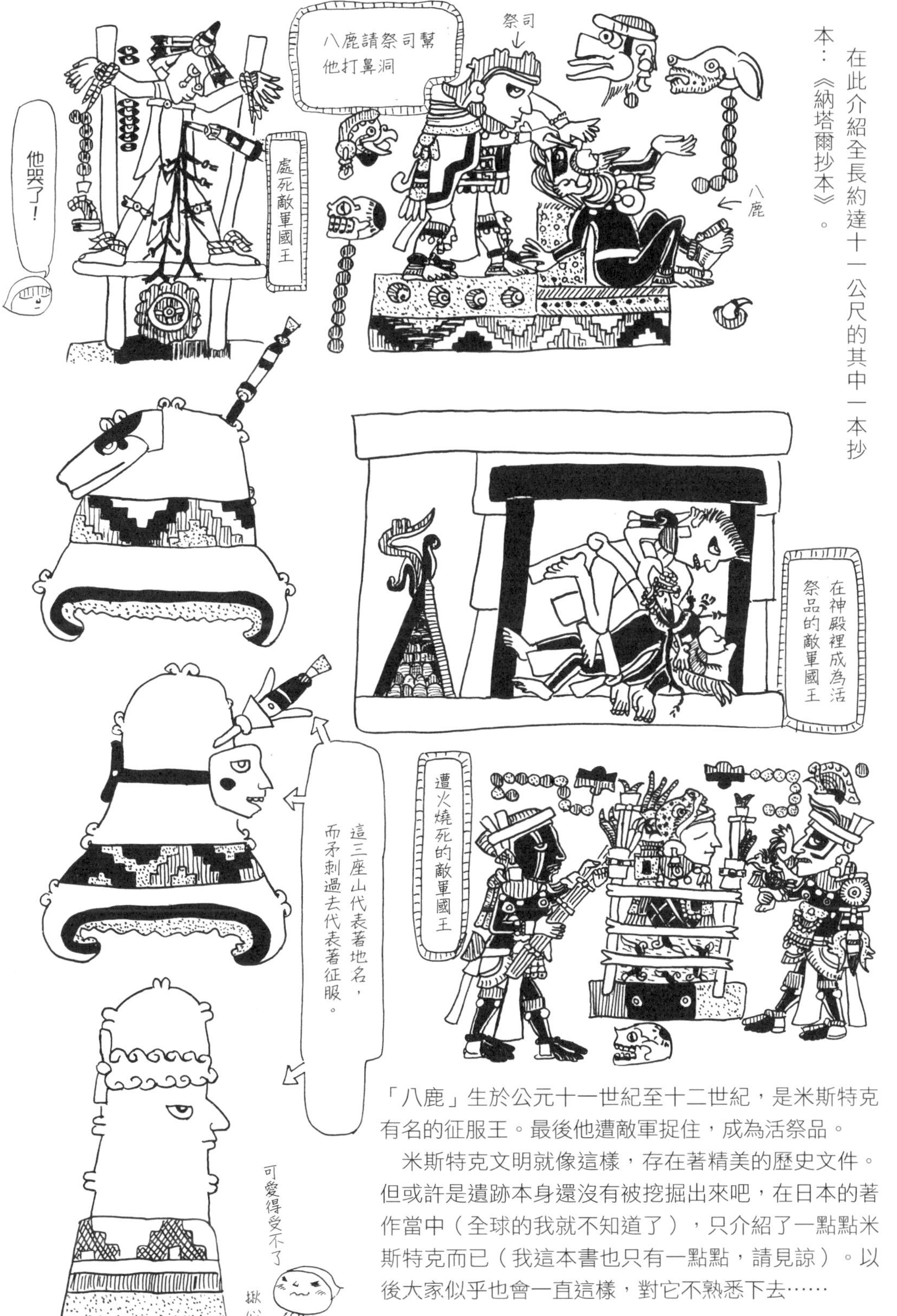

「八鹿」生於公元十一世紀至十二世紀，是米斯特克有名的征服王。最後他遭敵軍捉住，成為活祭品。

米斯特克文明就像這樣，存在著精美的歷史文件。但或許是遺跡本身還沒有被挖掘出來吧，在日本的著作當中（全球的我就不知道了），只介紹了一點點米斯特克而已（我這本書也只有一點點，請見諒）。以後大家似乎也會一直這樣，對它不熟悉下去……

與南美的類似之處

一開始我曾經提及，美索亞美利加由於有兩大自然屏障存在，交流對象僅限於美索亞美利加內部。不過，一直都有新的文物出現，證明了「不容否認他們與外界也有交流」！

在奧爾梅克時期，秘魯的查文德萬塔爾（Chavín de Huanta）也產生美洲虎的信仰，出現擬人化的美洲虎作品。如果問這種看起來很搞笑的畫風（個人見解）是否與美索亞美利加相似，確實相似。究竟是他們影響奧爾梅克，還是奧爾梅克影響他們呢？

在那之後很久，哥倫比亞的聖奧古斯丁（San Agustín）也創作了這樣的石像。

公元前後～公元800年左右

像上面的那個石像，或是最具代表性的，切羅塞琴（Cerro Sechín，也在秘魯）建築物上的浮雕，都有人認為與阿爾班山的「跳舞的人」有類似之處。

跑出來的內臟

這些也是處死戰俘的場景。浮雕上也會畫出挖空的眼睛或切斷的身體部分。

像不像？

是阿爾班山那邊的

除了這樣的東西之外，還有其他許多類似的東西。甚至於會讓人覺得，是不是到某個分界點之前，雙方其實擁有共同的文化……

不過，像還是不像這種事，一方面是最做不得準的主觀因素，再者，也找得到許多在同一時期出現同樣東西的實例，因此到底雙方有沒有關係，在找到決定性的證據之前，還是很難說。

第四章
迪奧狄華肯文明

看不到長相的巨人之都（公元前一五〇年～公元六五〇年）

美索亞美利加最有權力，也是最大謎團的迪奧狄華肯（又譯特奧蒂瓦坎），在墨西哥中央高原誕生了！

所謂的迪奧狄華肯，在納瓦特爾語中代表著「諸神之地」的意思。迪奧狄華肯滅絕後很久，阿茲特克人來到這裡，驚訝這個都市的規模之大，以為是神或巨人建造的都市，才以自己使用的納瓦特爾語，幫這裡取了這個名字。此外，還創作出了「諸神在開會後創造了現在的太陽與月亮」的神話。

……因此，後來的人們在講述迪奧狄華肯的故事，只把它當成神話上演的舞台，完全沒有歷史傳述下來。有許多物證可以證明迪奧狄華肯文明存在，只差沒開口向我們說出「怎樣，不錯吧？」而已。明明其都市都如實留存了下來，卻沒有足以講述的歷史，這一點實在太過可惜了。

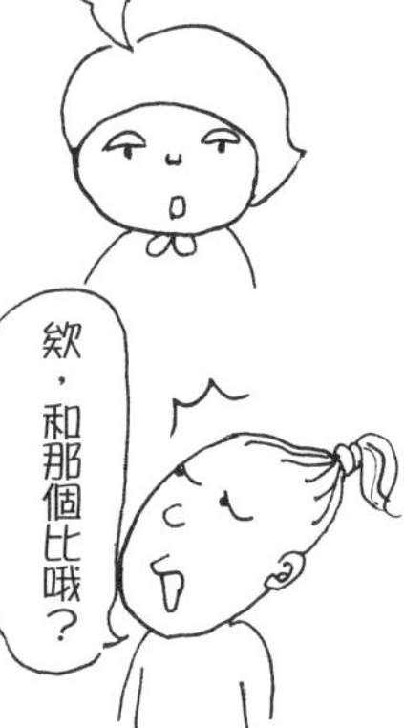

競爭都市？迪奧狄華肯的先驅？

庫伊庫伊爾克（Cuicuilco）

在迪奧狄華肯總算發展到足以用「村落」稱呼的公元前六世紀左右，位於南方五十公里處的庫伊庫伊爾克，已經建起神殿，榮登「墨西哥中部最大都市」的寶座。

不過，位於西南方八公里處的西特列火山（El volcán Xitle），在公元前五〇年左右與公元二〇〇年左右曾二度爆發，造成岩漿流入，毀了庫伊庫伊爾克。就好像與這個事件連動一樣，迪奧狄華肯急速地一步一步發展為都市。

至於庫伊庫伊爾克的居民往外移出一事，對於迪奧狄華肯的都市化有多少程度的影響，學者之間也意見分歧，難有定論。

他們蓋了形狀少見的圓形金字塔，時間似乎是在公元前三〇〇年左右的全盛期。

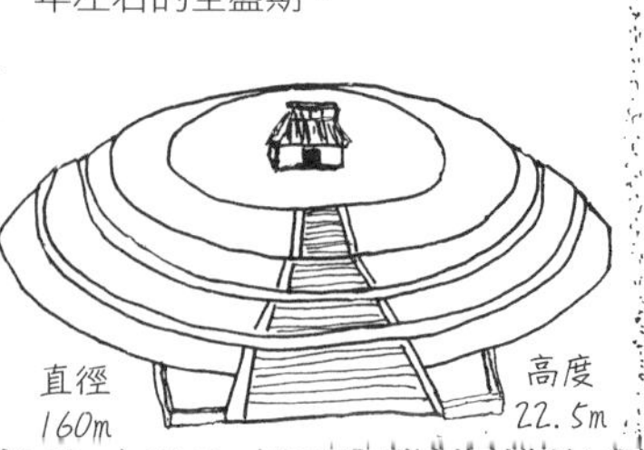

迪奧狄華肯的規畫相當縝密

迪奧狄華肯令人驚訝之處，還不只是大金字塔的存在或都市規模而已。更了不起的是，他們有計畫性地發展都市。

他們並不是想到什麼才做什麼。

舉凡方位、建築物的尺寸、配置、中心軸、周邊的群山等各種要素，全都綿密地納入計算之中。

北
②月亮金字塔
奎茲爾科帕帕洛特爾（羽蛇神）神殿
美洲虎神殿
月亮廣場
④帖帕提托拉（住宅）
①太陽金字塔
④亞亞哇啦（住宅）
④札庫亞拉（住宅）
④
← 亞特特爾科（住宅）
④特提托拉（住宅）
聖璜河（San Juan river）
大複合空間（市場？）
城堡
③羽蛇神神廟

迪奧狄華肯所在之處，都把他們對時間、數學、天文學的知識融入其中。

挖掘迪奧狄華肯的領導者之一的杉山三郎參與了測量，發現了很不得了的事。

那就是，迪奧狄華肯的基本長度單位。

換成我們的單位的話，迪奧狄華肯的基本長度單位是「83公分」。主要建築物大小，或是建築物與建築物之間的距離，都可以用這個數字除盡。此外，除出來的結果，全都是52、260、584、819等等在美索亞美利加的曆法上相關的數字唷（584是一個金星年的週期，其他數字會在馬雅的章節談及）。

亡者大道

全長約三公里，寬約五十公尺的大道。

阿茲特克人認為，建在大道左右的小金字塔神殿是諸神或巨人之墓，才取了這個名字。

它是從正北方往東偏十五度二十五分建造的，一切建築物也忠實地依照這個方位興建。

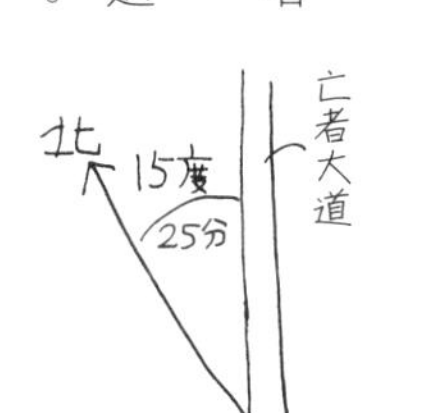

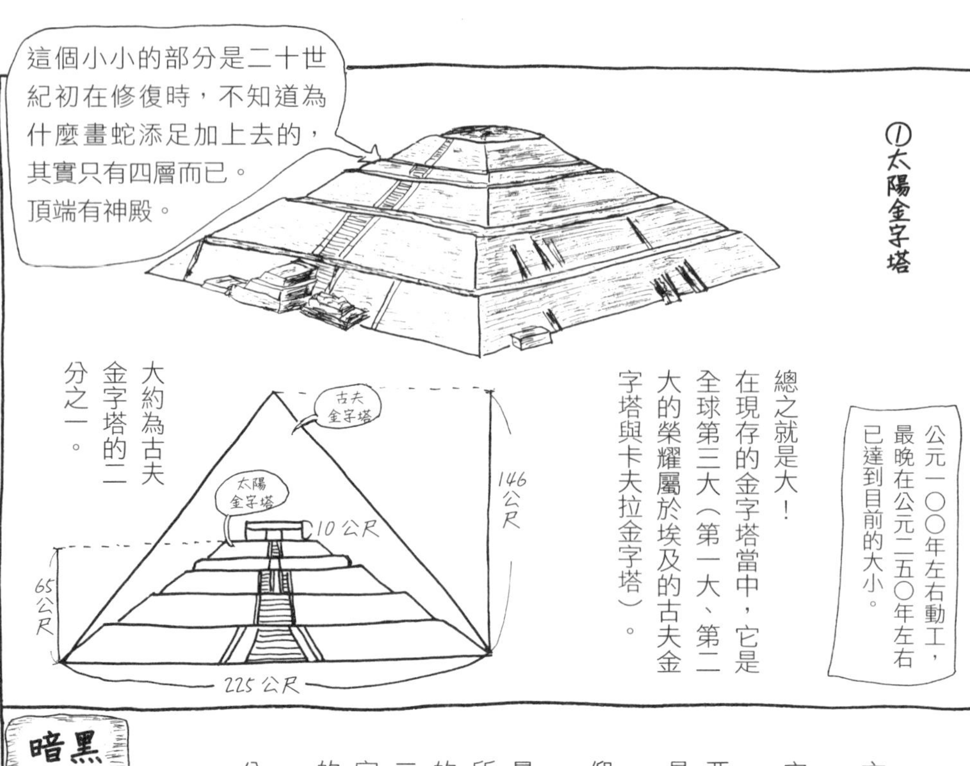

①太陽金字塔
這個小小的部分是二十世紀初在修復時，不知道為什麼畫蛇添足加上去的，其實只有四層而已。頂端有神殿。
公元一〇〇年左右動工，最晚在公元二五〇年左右已達到目前的大小。
總之就是大！
在現存的金字塔當中，它是全球第三大（第一大、第二大的榮耀屬於埃及的古夫金字塔與卡夫拉金字塔）。
大約為古夫金字塔的二分之一。
古夫金字塔
太陽金字塔
10公尺
146公尺
65公尺
225公尺

暗黑資訊

金字塔的四個角落，找到了應該是作為活祭品的小孩子遺體。

特別值得一提的是，金字塔的正下方有洞穴。金字塔的地底下，有一條長一百二十公尺以上的通道，可以通往洞穴（有泉水）。

正如在奧爾梅克章節也提過的，美索亞美利加各地經常可見洞穴信仰，這正是一個好例子。

據信，金字塔是刻意配合原本就有信仰的洞穴，才蓋在它的正上方。

此外，有學者認為，在都市計畫中，最先決定的就是太陽金字塔的位置。之所以這麼說，是因為在太陽升到最高點的日子（八月十二或十三日，以及四月二十九日或三十日），會精準地通過金字塔的正上方，再下沉到金字塔正前方的地平線下。

因此，才會從往東錯開十五度二十五分的地方開始興建。

金字塔的入口在西方（正面）

入口

一九七一年的發現！

終點約莫在金字塔正中央

也有壁龕與祭壇

©D.Heyden（1975）

這個洞穴雖然是把自然存在的東西擴張而成的，但也有專家認為，它是個人工建造的洞穴，無關於決定興建地點。

受不了啦！

唔～～

地底迷

②月亮金字塔

公元一〇〇年左右動工，一直增建到公元四〇〇年左右。

高45公尺
塔基每邊長150公尺

大小僅次於太陽金字塔。

而且這個金字塔竟然是把達七座的金字塔堆疊在一起形成的～

最早的金字塔，大概只有目前看到的四十分之一。

後來一直增建或改建，每次都用新金字塔覆蓋住舊金字塔。

No－！

而且每次增建，都會埋入活祭品。

目前已找到多處地點有埋葬過活祭品的痕跡，真是既可怕又令人難受。每一處都同時埋入大量供品，人數也各有不同。

有埋一人的，也有埋十七個頭蓋骨的，另有一處則有十二具身體。其中也有一處是三人組，從裝扮、裝飾品等層面來看，據推測是馬雅人的貴族。

包括美洲虎、狼、土狼、眼鏡蛇、美洲獅、鷲、鷹、貓頭鷹等在內的美索亞美利加重要動物（共計約四十隻），也用來當活祭品。

由於美洲虎與美洲獅裝在籠子裡，以及其他動物也都被綁起來，可以看出牠們都是活生生被埋進去的……

這些事，是在不久前的一九九八年展開的挖掘工作（由前述的杉山三郎領隊）中，才發現的。

迪奧狄華肯的起源

根據挖掘工作的調查，在形成這麼大的都市之前，迪奧狄華肯一開始的人口，是集中在這個月亮金字塔周邊發展的。

這一帶有許多洞穴，因此據信人們是出於信仰之心才集中到這裡來。

此外，這個金字塔的背後有座山（塞羅戈多山，Cerro Gordo），也不是偶然，而是他們刻意蓋得看起來像是與山重疊在一起一樣。

太陽金字塔與月亮金字塔也都是阿茲特克人命名的。

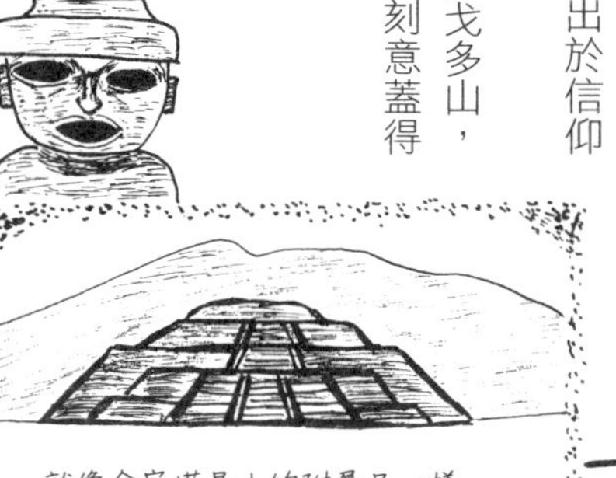

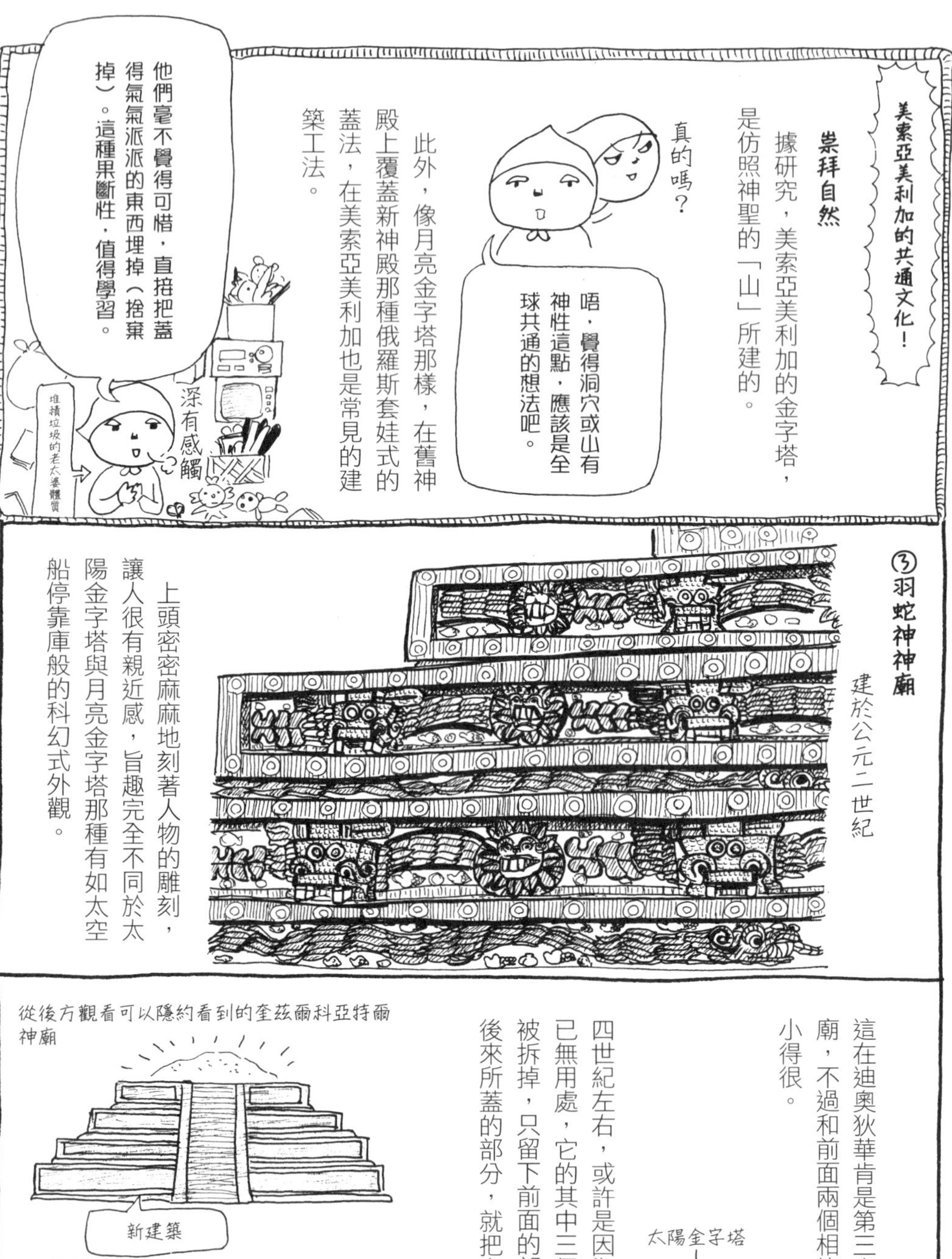
美索亞美利加的共通文化！
崇拜自然
據研究，美索亞美利加的金字塔，是仿照神聖的「山」所建的。
真的嗎？
唔，覺得洞穴或山有神性這點，應該是全球共通的想法吧。
此外，像月亮金字塔那樣，在舊神殿上覆蓋新神殿那種俄羅斯套娃式的蓋法，在美索亞美利加也是常見的建築工法。
他們毫不覺得可惜，直接把蓋得氣氣派派的東西埋掉（捨棄掉）。這種果斷性，值得學習。
深有感觸
堆積垃圾的老太婆體質
③羽蛇神神廟
建於公元二世紀
上頭密密麻麻地刻著人物的雕刻，讓人很有親近感，旨趣完全不同於太陽金字塔與月亮金字塔那種有如太空船停靠庫般的科幻式外觀。
這在迪奧狄華肯是第三大的神廟，不過和前面兩個相比小得很。
四世紀左右，或許是因為已無用處，它的其中三個側面被拆掉，只留下前面的部分。不過，後來所蓋的部分，就把它遮住了。
太陽金字塔
奎茲爾科亞特爾神廟
高 20 公尺
每邊 65 公尺
從後方觀看可以隱約看到的奎茲爾科亞特爾神廟
新建築
羽蛇神
這個複合式建築為求方便，只稱之為「城堡」。據信它是祭司或菁英階級的住所。

像這種半破壞、半保留、半隱藏的方式，找不到其他相似的例子。在美索亞美利加全境，每當建造新神殿時，一定都會像月亮金字塔那樣，在先前的神殿上加蓋新的神殿，可是這裡卻像是被懲罰一樣，直接丟在那裡。

有研究者認為，這種讓人覺得很不乾脆的處理方式，可能來自政權的鬥爭或是宗教的對立。

啊……而且又出現了啦……

這個金字塔裡所埋的活祭品遺骸，在神廟內外共發現約一百五十具！（據推測共計會到二百具以上。）

活祭品全都精心打扮，更讓人覺得悲哀。

手被綁在後面

而且這些項鍊竟然是用「下巴」做的!!

太誇張了——很像連續殺人魔的品味。

這些活祭品，也是以幾人為一組，但人數全都是美索亞美利加的重要數字——與曆法相關的數字，或是方位、空間的數字（4、9、13、18、20）。

竟然用人命來湊數字……

根據物理化學分析★調查這些活祭品的骨頭分別來自於哪裡，才發現他們是從各地被集合到這裡的。

這個活祭品之墓，約莫在神廟遭破壞的同一時期，也遭到盜挖。

這樣的分析結果似乎也是意義深遠吶……

★利用鍶的同位素比對所做的分析。細節會在馬雅的章節談談。

★在那個時代，是否真的稱呼祂為「羽蛇」神，沒人知道。但由於幾乎可以確定是代表同一個神，因此姑且就用這個名字。雨神特拉洛克等其他的諸神也都一樣。

人物所代表的意義

在神殿裡，會交替出現作為裝飾的兩個人物的臉。

這一位是在美索亞美利加四處出沒的「羽蛇神」★（即「奎茲爾科亞特爾」）。沒有人反對祂就是羽蛇神，不過有問題的是另一個。

和羽蛇神比起來，這個人物好像比較搞笑一點，或者說，比較給人幾何學的感覺。

最顯眼的是祂那兩個圓圓的眼鏡圖案，因此原本大家都單純地以為「戴著圓眼鏡，那就是雨神特拉洛克了」，但最近卻出現不同的解釋。

根據新近的觀點，上方的圓眼鏡並非祂的眼睛，下面的這個部分才是祂的眼睛。

真的耶！仔細觀察的話，眼睛炯炯有神!!

那麼，上面的眼鏡又是什麼呢？

接下來就變成這個問題了。

要辨認出雨神特拉洛克的重要物件之一就是那個圓眼鏡，但如同眼鏡花樣的東西可不是只有雨神特拉洛克才有，主要也會用來當成「裝飾品」。

那麼，這個人究竟是誰呢？

有人認為，祂會不會是「戰蛇」（Waxaklahun Ubah Kan）或是「西帕克特利（Cipactli，鱷魚）」。這兩位神都有些複雜，一言難盡，屬於那種好像會謝絕初次見面者、難以親近的人物（在本書中也幾乎不會出現）。

而且，不管祂是哪個人物，據信那些神都轉變為「頭飾」的形態，底下用羽蛇神戴著「頭飾」圖來表示。

至於「戰蛇」，根據研究者卡爾·塔伍貝（Karl Taube）的定義，是個經常在壁畫等作品中出現、充當戰士頭飾的蛇頭，簡單講的話，是個一如其名象徵著戰爭的角色。

可以看到很多例子，都像是動漫作品《頑固青蛙》的主角阿寬那樣，把眼鏡戴在頭上的那種感覺。

「西帕克特利」是阿茲特克二百六十天的曆法中，第一天的守護神，因此似乎與「開始」或「創造」、「時間」等概念相關。西帕克特利的頭飾，似乎是迪奧狄華肯上半時期經常出現的創作主題。

此外，有人計算後認為，在神殿還存在時，這兩尊神的雕刻加起來共有三百六十五座。

從活祭品的人數開始，各種跡象都指向「時間」與「曆法」。

④住宅

迪奧狄華肯的居民，住的是已經為他們準備好的公寓。目前已找到的公寓數量共有兩千個以上，每棟可提供一百人左右共同生活。

公寓的五分之一以上，會交由擔任專職工作的人使用，依照工匠的性質，分不同地區集中。

此外，也有一些地區只給薩波特克的工匠居住。從這一點來看，據信這裡是個也有外國人生活的國際都市。外國人可以在此吸收本國文化，舒舒服服地生活下來。

從這些平民公寓的垃圾場遺跡中，找到了混在廚餘中的人骨，由此可知這裡也拿人肉增添菜色。

也留有一些據信由貴族或祭司等有權人士居住的房宅裡，牆上畫滿這種可愛的圖畫！

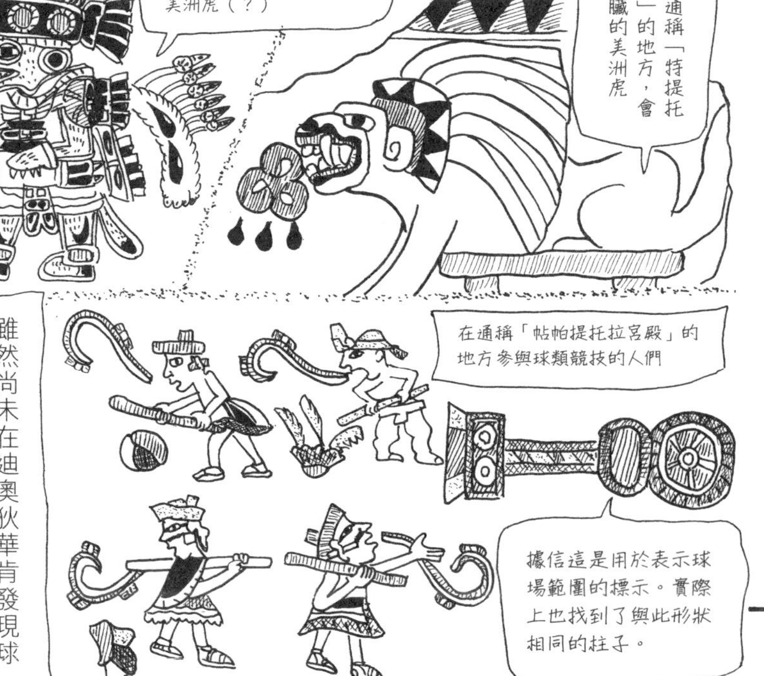

雖然尚未在迪奧狄華肯發現球類競技場，但看到這張圖，似乎不同於美索亞美利加的球類競技，他們使用了球棒。

迪奧狄華肯的諸神

迪奧狄華肯的象徵性標誌、吉祥物。各種地方都會畫到祂。

庫伊庫伊爾克（本書五〇頁）恐怕是這位神的發源地。事實上，在庫伊庫伊爾克也找到了祂的神像。據信是在火山災害（火山爆發或岩漿）的可怕威力啟發之下，才誕生的。

羽蛇神

原名奎茲爾科亞特爾，「奎茲爾」是指「鳳尾綠咬鵑」，轉化為「有羽毛」的意思。科亞特爾有「蛇」的意思，因此變成「有羽毛的蛇」。

不過祂沒有蛇的臉孔耶。好像狗哦。

吉貝多特克

春神

一說是祂原本是薩波特克人的神。「春神」聽起來好像在講什麼神清氣爽的事，但祂身上穿的衣服卻是人皮做的，是個剝皮神，堪稱人皮殺人魔水牛比爾（Buffalo Bill）與艾德．甘恩（Ed Gein）的前輩。據信他們是從植物的種子發芽突破外皮的現象，連結到剝除人皮上的。阿茲特克每年都會舉辦以祂為名的盛大剝皮儀式。不難想像，在迪奧狄華肯應該也會辦同樣的活動。

查爾丘特利奎

祂的名字有「翡翠裙之女」的意思。祂穿著翡翠裙子，正如其名。據說祂是雨神特拉洛克的妹妹，也是祂的妻子，是個水之女神。

在月亮金字塔前發現的巨像

嘴巴像蜘蛛一樣，因此也有「蜘蛛女」、「蜘蛛女神」的稱號。恐怕是迪奧狄華肯諸神中的第一把交椅，但幾乎沒有關於祂的資料

墨西哥側的諸神，在迪奧狄華肯時期已經確立了，而且全都承襲到很久以後的阿茲特克去。不過，在女神的部分就難以一一區辨，無法明確知道迪奧狄華肯的哪位女神，與阿茲特克的哪位女神相對應。

迪奧狄華肯的文化

首先是 **塔魯—塔布列洛式風格**

塔布列洛（加框石板）
塔魯（斜面）
塔布列洛
塔魯
塔布列洛
塔魯

最能代表迪奧狄華肯風格的第一種東西就是這個。

這是一種交互運用塔魯與塔布列洛（Talud-tablero）的建築風格，以羽蛇神神廟為首的許多中規模金字塔神殿，都採用這種方式。

擴及於迪奧狄華肯至美索亞美利加全域。

三腳陶器

出口至全國

通稱「瘋狂母雞」

迪奧狄華肯離海明明很遠，但不知道是不是因為與人交易，擁有許多貝殼文物。不過，貝殼這玩意，是一種會讓人覺得很廉價的東西。

死者戴的面具

一點溫暖都沒有的冷酷表情

這個蝴蝶般的裝飾，據信是用在讓死者的靈魂無法逃脫之類的用途。

胸前抱著小人偶的人偶

骨甕蓋

農作物的縮小模型，營造出一股孩子氣的感覺。但研究者的看法是，這應該象徵著豐收。

迪奧狄華肯的的地理位置與軍事活動

在那個時代，當然沒有其他國家有這樣的規模，在經濟面，迪奧狄華肯毫無疑問在當時也獨領風騷。

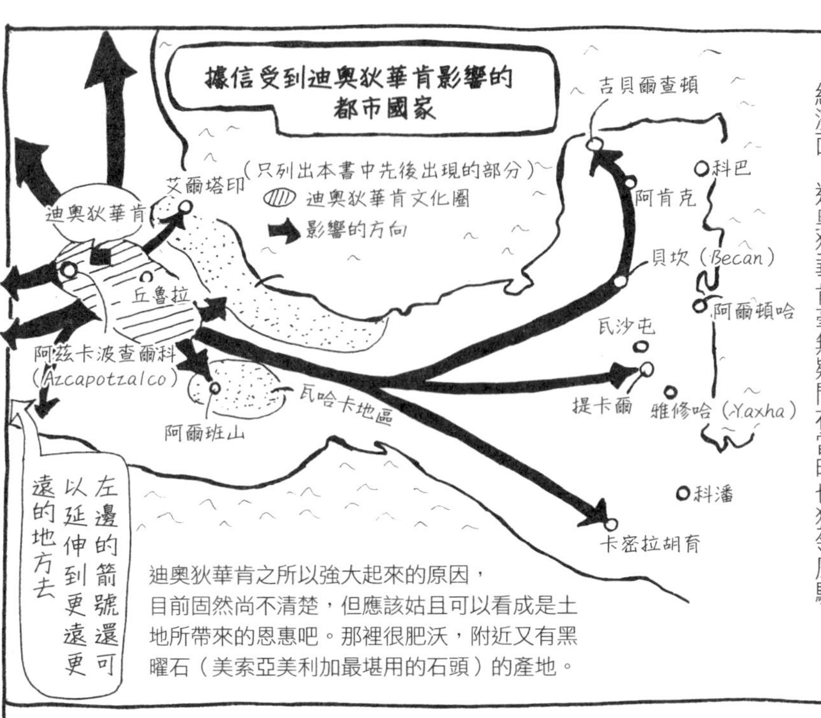

在美索亞美利加各地，都發現了前一頁所提到的迪奧狄華肯文物。

該國與各個國家之間有過交易是可以理解的，但究竟迪奧狄華肯有沒有大肆使用暴力，向他國實施侵略活動，學者就有不同意見了。

會是因為該國領先群倫的經濟力量，才讓許多國家一直都只能低聲下氣嗎？

從活祭品中出現他國人士的例子看來，毫無疑問，迪奧狄華肯對於那些都市，應該都進行了某種程度以上的威迫利誘……

也在一些國家中，發現曾蓋過塔魯－塔布列洛式的建築，或是以圓眼鏡花樣做裝飾，大大方方地靠向迪奧狄華肯。

但這應該看成是他們接受迪奧狄華肯統治的證據嗎？或者該看成是他們因為很敬仰那個時代最有力量的國家的文化，才模仿的呢？這一點實在很難選擇。

日本也從中國借用了漢字之類的各種文化呢～～

從這個角度來看的話，如果當成是「統治」，就太離譜了……

嗯～

不過，就算不朝「統治」的方向去思考，在馬雅世界裡，也出現各種迪奧狄華肯曾經進行過一些活動的線索……（關於此事，會在馬雅的章節談到）。

夠了！如果單純看成「迪奧狄華肯建立了一個帝國，統治了整個美索亞美利加！」，不是更乾脆、更好懂嗎～～

揮～

這本書也不知道會變得多好寫呀……

迪奧狄華肯雖然持續為美索亞美利加各地帶來影響，但似乎不太吸收來自其他國家的文化。

他們雖然和文字體系發達的馬雅地區或薩波特克有很深的交流，卻對於他國的便利發明不屑一顧，沒有養成紀錄歷史事件的習慣。

是老大心態在作祟嗎？還是純粹沒興趣呢？

在文字方面，迪奧狄華肯算是有它自己的文字。但那不過是一百二十個左右看起來像符號般的東西而已（神名、地名等「名稱」）。由於找不到比較長的文章，據說很難解讀。

走向滅亡

人間真的是世事無常，富貴榮華不會長久。公元七世紀半葉左右，這個超大國家走向了滅亡。是暴力之下的終結。燒毀的遺跡等破壞下的痕跡，都大大地訴説著這件事。

究竟是誰，滅掉了這個大國？是哪個國家這麼不要命，敢向力量這麼強大的迪奧狄華肯挑戰？

姑且要列嫌犯名單的話，可能是來自北方、驍勇擅戰的新勢力奇奇梅卡（Chichimeca）族，或是據信居無定所的奧托米族。

此外，破壞僅限於中心地帶的神殿或宮殿而已，一般人所住的公寓等建築，並未受損。因此，也有人認為，可能是內部有人叛變或發起革命所導致的。

我覺得這種看法最有說服力呢～

不過，就算真的是這樣，實際上到底是哪個人對於什麼事有多大的不滿，才發起革命的，就永遠是個謎了。

採信叛變說的大井邦明表示，迪奧狄華肯之所以沒有完好的文字紀錄，也有可能是叛變那一派的人為了完全消除迪奧狄華肯的紀錄，曾進行了焚書的動作，才導致的。

迪奧狄華肯真是太過見首不見尾了。

迪奧狄華肯人，究竟是誰呢？這群人也和奧爾梅克，以及之後的托爾特克一樣，不管是起源，還是日後的下場如何，都完全是個謎。

據信，可能是迪奧狄華肯的候補族群有托托納克人，或者是講納瓦特爾話的族群。

也有少數意見認為可能是奧托米族。

此外，我們也還不清楚迪奧狄華肯的統治者有哪些人。

目前尚未發現像是描繪國王個人般的雕像或畫作。同樣的，也沒有發現陵墓。

可～是，目前已發掘的迪奧狄華肯遺跡，只占整體的區區百分之四而已!!就像在最新近的調查中找到了活祭品後，過去對它是個和平大國的幻想才破滅一樣，未來也會不斷有了不起的新資訊出現，進而釐清許多事情吧。

◆◆◆◆◆◆◆◆◆◆◆◆◆◆

在迪奧狄華肯身為都市的功能停止之後，它的莊嚴仍自然而然地吸引了外來的朝聖者（不只如此，還稍稍找得到他們在此居住的人跡）。

阿茲特克人也在這裡蓋了新神殿，統治者們都會到此參拜。

第五章
馬雅文明

讓各位久等了！
總算到馬雅了
（前古典期與古典期 公元前一六〇〇年～公元九〇〇年）

究竟何謂馬雅文明呢？

從地圖上來看，就是當時住在以下這個地區的人們，早自公元前一六〇〇年左右開始，到西班牙人到來為止的文明。

雖然地區內有許多國家林立，卻從來沒有統一過。但這些國家在文化上的根源相同，甚至可以看成是一個國家。他們有同樣的語言，使用同樣的文字，無論宗教、神祇以及政治形態，都幾乎相同。在陶器、圖畫的畫法、建築物等各個層面，他們也都擁有共同的文化。

人物一直都是長這樣

和搞笑二人組「倫敦靴子」的田村淳，或是館廣、元冬樹那一類的藝人很像。

即便如此，各地仍擁有各自的神，而且不同地區的語言也有很大的差異。各地在公元前二〇〇〇年左右，都還使用同一種語言，但西班牙人到來時，已細分為約三十種。雖然全都統稱為馬雅語，但其間的差異，差不多就像歐洲各國語言間的差異那樣（順便一提，在馬雅文明最中間那段〈古典期〉時，還只分為十種左右而已）。

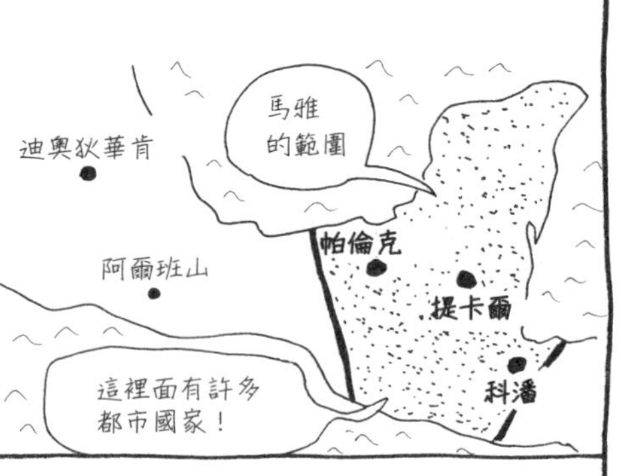

馬雅這個名字

西班牙人到來後，就擅自把這地區的文明與族群稱為「馬雅」，並非當地住民的自稱。

目前他們分成約三十個族群（語系），並以族群名來稱呼自己，像是「索西」（Tzotzil）或是「基切」（Quiche）等等。

對於為何會用「馬雅」這個稱呼，眾說紛紜，但聽起來最合理的，應該是因為特別鎖定都市國家馬雅潘的「馬雅」兩個字的發音使然。

※馬雅潘是在西班牙人到來的八十年前就滅亡的最後大國（在本書第七章會介紹）。

在西班牙人（十七世紀時）的紀錄中，也寫到：

「馬雅潘全盛時，猶加敦北部整個都叫馬雅。不過到我們（西班牙人）前來時，馬雅這名字已縮小到只代表馬雅潘周邊而已」。

馬雅神話

《波波爾・烏》(Popol Vuh)

十八世紀初，在瓜地馬拉的奇奇卡斯德南哥（Chichicastenango）一個教會裡，西班牙神父法蘭西斯可・席梅內茲（Francisco Ximénez）得到了一本書。在後來被命名為《波波爾・烏》的這本書裡，是丟著讀者不管、自顧自地發展下去的馬雅原始神話。

世界的開始

只有天空。只有大海。沒有獸類、鳥、魚、蟹、樹、洞穴、山谷，也沒有草、森林，在黑暗之中，在寂靜之中，只有呈現出一片廣大空間的天空與大海而已。

這樣的開場雖然很美很有詩意，但怎麼會有「蟹」?!牠有重要到必須在一開始就提到嗎?!

水裡的諸神，散發出光芒。

造物主們

特佩烏（Tepeu）
「統治者」的意思。

古庫馬茲（Gukumatz）
「羽蛇」的意思，是「奎茲爾科亞特爾」的基切馬雅讀音。

天上有個天心，叫「呼拉坎」（Huracan）。

「颶風」（hurricane）一詞似乎就是從「呼拉坎」演變來的。

此時首度誕生了「語言」。

諸神與天心之間互相交流、談話。

交談到最後，有了「創造」這件事。首先，祂們逐一創造出大地、群山、谷地，以及樹。

接著，創造動物。
諸神希望能有崇敬自己的存在。
可是，動物們只會咿咿呀呀亂叫，
眼中看不到諸神。
沒用的傢伙！
你們被開除了！
像你們這種笨蛋，就一輩子自己在外流浪找食物吧！
而且，你們也給我變成食物吧。
抖～
就這樣，決定了動物們的命運。
再來諸神想用泥土創造生命。
但形狀馬上垮掉，失敗了。
於是，祂們找了兩個老占卜師商量。
既然如此，就這樣這樣做吧。
伊修庇亞庫克（Xpiacoc，老爺爺的意思）
伊修姆卡涅（Xmucane，老奶奶的意思）
出現了！神話的慣用伎倆！
完全沒介紹人物，就若無其事地加入新角色！
在占卜師的建議下，
諸神用木頭創造新生命。
但木頭人沒有靈魂也沒有思考力，
根本沒辦法崇拜神。
他們只會在地上無意義地爬來爬去。雖然這樣，
他們還是有生殖能力。
哼
諸神又很失望，引發了洪水，把木頭人沖走。
在洪水中活下來的人，
有更悲慘的命運在等著他們。
天上下起了樹脂的雨，
他們的身體遭打斷，被諸神吃掉了。

不只如此，他們還遭到棒子、石頭、餐具等各種工具的毆打。
你們總是拚命使用我們！
由於他們沒有給狗東西吃，或是曾經打過狗，因此狗也很恨他們，把他們的臉咬碎。
木頭人化成了碎片，但其中還是有一些耐操的存活了下來。
他們就是猴子。
怪鳥維科布·卡奇修
這裡突然把人類誕生的故事丟在一邊，講起惡漢登場來了。
維科布·卡奇修（Vucub Caquix，「7－金剛鸚鵡」的意思），是個傲慢的男子。
我要征服世界！
一對雙胞胎兄弟，看到了維科布·卡奇修溢於言表的野心，以及他對自己財產自豪的樣子，
不能再讓他這樣下去！
混納呼普
「漁夫」之意
伊修巴蘭克
「小美洲虎」之意
決定要除掉牠。
……就是這樣，連維科布·卡奇修的背景都完全沒介紹，就直接說人家炫富，欸，什麼時候已經變成那樣的物質社會了？諸如此類莫名其妙的情節，後面還會出現很多。
我就不一一吐槽，趕快接著看下去囉～
雙胞胎在一旁埋伏，突襲維科布！
哇
快要被抓住的時候，維科布·卡奇修扭斷了混納呼普的手臂，設法逃走了。
嗚～

逃回家的維科布，向妻子切馬爾馬托抱怨個不停。
好痛！好痛！有個年輕人突然攻擊我呀～我下巴被打到啦～牙齒好痛呀～
另一方面，雙胞胎去到諸神那裡
有事拜託兩位。
密談。
兩位神與雙胞胎裝成乞丐的樣子，跑到維科布那裡去，
有沒有什麼吃的可以分給我們？
提出了請求。
食物我有，但後面的年輕人是怎麼回事？
那是我們兩個的孫子。
啊，是這樣啊。對了，我的牙齒好痛，一直沒辦法治好啊。
這真是太巧了！我們對牙齒疾病很了解，請務必讓我們看看。
維科布．卡奇修毫不懷疑地照做了。
張嘴
哎呀，這個嘛……
這個牙齒已經不行了。我幫你裝新牙吧。

神拔掉了維科布．卡奇修的牙齒，
取而代之的是，把玉米粒給放了進去。
於是維科布．卡奇修的身體就麻痺了。
啊啊
牠剩下的牙齒也全被拔光，眼睛也被挖掉。
維科布．卡奇修逐漸衰弱而死，牠的妻子也死了。
維科布．卡奇修的財寶，全都由諸神沒收掉了，雙胞胎也找回了手臂。
欸?!
雙胞胎又決定要除掉維科布．卡奇修的兩個兒子。因為平常他們只會講些自以為了不起的話。兩人對大兒子西帕庫納說出了，
西帕庫納先生，你喜歡螃蟹嗎？我們找到很棒的螃蟹哦。
這樣的情報。
又是螃蟹?!
這個故事告訴我們，對馬雅人而言，螃蟹是相當重要的存在。
在那裡喔！
預先做好的假螃蟹
西帕庫納朝螃蟹前進時，雙胞胎用計引起山崩，緊緊把他壓在下面。
哈哈哈
嘿嘿嘿
西帕庫納的身體，變成了石頭的一部分。

接著是二兒子卡布拉坎。
噢！你就是什麼山都能弄倒、擁有怪力的卡布拉坎對吧。
沒錯。
先這樣接近他。
那個，我們發現一座好大的山哦。
可能大到連卡布拉坎先生都沒辦法應付吧～
怎麼可能！帶我去！
就這樣，三人往那座山去。半路上，他們問卡布拉坎要不要吃東西，
就拿下了毒的鳥給他吃，讓他癱瘓，
唔
哇哈哈♪
然後再把他綁起來，埋了。
……總覺得太過分了點……把維科布・卡奇修家族當成壞人也就算了，但連他們具體做過什麼壞事都幾乎沒有提到。因此，雙胞胎只讓我覺得像是不經大腦的青少年犯罪一樣，搞得我心情變得很沉重。
後來，故事回到雙胞胎出生前的時代去。雖然不知道《波波爾・烏》這樣寫的用意何在，總之這本書沒有照時間先後發展，會突然講到未來的事，或是突然回到過去。
雙胞胎的父親
這次換雙胞胎的父親和他弟弟當主角了。
混混納呼普（1－漁夫）
這位是雙胞胎的爸爸
維科布混納呼普（7－漁夫）
又是維科布！
這是把我們二百六十天的曆法中的出生日期拿來當成名字。

這兩個人的父母
是：
占卜師
伊修庇亞庫克
以及伊修姆卡涅。

建議創造之神做出木頭人，結果徒勞無功的，就是他們。

混混納呼普有妻子，兩人有兩個孩子。
（註：此時雙胞胎尚未出生。）

真是的，怎麼都是一些好麻煩的名字。

混巴茲
（——吼猴）

混袞恩
（——蜘蛛猴）

這兩人是藝術家，也是工匠。從繪畫、唱歌、跳舞到樂器演奏、裝飾品上的精雕細刻等藝術領域的所有工作，他們都很精通。

維科布混納呼普還是單身。

這個部分真是意外地很寫實呀。

我才不寂寞呢。

父親、叔叔與兩個兒子總是感情很好地玩遊戲。他們特別喜愛球類競技，就連混混納普的妻子去世時，

他也還是照常打球。

不過，這四個人開開心心地嬉鬧，卻使得位於地下的死者國度「希波爾巴」（Xibalba，有「恐怖的地方」之意）的居民十分不愉快。

搞什麼~!! 每天每天在別人頭頂上這樣吵鬧！

他根本瞧不起我們！

希波爾巴的這些王，決定要教訓兩兄弟。

我們也很想弄到那些傢伙的球賽器材啊。

王有很多個唷。

混卡滅
（1一死）

維科布卡滅
（7一死）

希波爾巴的大王

於是，他們派了四隻角鴞到地上去。
你們兩位兄弟，球類競技的技術好像很不錯……我們希波爾巴的大王們，希望能和你們較量一次看看。如此如此這般這般……
不要忘了帶自己的球賽器材哦！
曾幾何時，父親伊修庇亞庫克已經去世了
兩人幹勁十足地出發了。
他們決定不帶球賽器材。
希波爾巴
他們下到地府去，渡過了膿河與血河，來到了希波爾巴。
希波爾巴的王，算準兩人要來的時間，在大廳放了一個棒子做的人偶。
你好～
兩人向它打招呼，大家哄堂大笑。
哇哈哈哈
那，就請先坐在那上面吧！
他們讓這對兄弟坐在用火烤過的石椅子上。
哇－
這再次戳中希波爾巴所有人的笑點。
嘻
哇哈哈
這些神是小朋友嗎？！
什麼嘛，都這麼大的人了，還搞這種幼稚的惡作劇。

唔，你們先睡沒關係。
不過我給你們一個功課。
你們不能讓這個火把與香菸上的火熄滅。
保持原狀，
明天早上還給我。
你們能夠做到嗎？
做不到的話，
就等著吃苦頭吧。
神這麼任性告訴他們了之後，帶兩人前往一個叫做「黑暗之館」裡一片漆黑的房間。
兩人無計可施，只能任由火熄滅。
隔天，地府的王三兩下就把他們當成活祭品殺掉了……
他們的屍體被埋了起來，混混納呼普的頭被吊在樹上當做紀念。
但是，那棵樹上馬上長出了葫蘆的果實。
突然冒出
總覺得情況有點不太對勁……
神下了命令：「任何人都不准靠近那棵樹。」
勇敢的伊修琪可
不過，有一天，好奇心旺盛的女孩伊修琪可聽到了這棵不可思議的樹的傳聞，跑來看它。
她是希波爾巴多其中一個王的女兒。

一看到女孩，混混納呼普的頭蓋骨突然說起話來。
喂，女孩！你想要這果實嗎？這些全都是屍骨唷！你想要這種東西嗎？
驚
啊，呃，嗯……我想要。
於是，混混納呼普朝著少女吐口水。
呸
你聽好，再怎麼有智慧的人、偉大的人、有錢人或美麗的人，全都會變成屍骨。
不知道是不是因為找到可以說話的對象太開心了，還是想要一吐鬱悶，他長篇大論說個沒完。
可是每個人一看到屍骨卻都會害怕。不過，變成屍骨並不代表一切就回歸於無了唷。
哦……
剛才，我的口水已經在你身上播下種子了。就算我已經不在了，我的天分還是會延續下去的。好了，你可以到地上去了！
咦?!
半年後，可以算是受到牽連的可憐少女伊修琪可的父親，才知道她懷孕了。
還沒嫁人，你竟然做出這種事!!
伊修琪可把事情告訴父親，但他完全不相信。

父親去找大王們商量，結果……
這種妓女般的女人，應該要送去當活祭品吧～
於是，大王要四隻角鴞去把女孩殺掉。
殺死她之後，把她的心臟帶回來給我。
是——
但角鴞們和女孩聊著聊著，喜歡上了她，
決定不殺她。
滾來滾去
剛好有一棵樹流著血一般樹汁，牠們把樹果沾滿了樹汁，裝進葫蘆中，帶回希波爾巴去。
很好。
跑到地上的伊修琪可，直接到混混納呼普的家裡去。
媽，我肚子裡懷了你兒子的孩子。
但混混納呼普的媽媽伊修姆卡涅以及兩個兒子，卻都徹底不歡迎她。
那，你就以媳婦的身分工作吧！
你先去採玉米，裝滿整個籃子才能回來！
可是，伊修琪可一到玉米田，卻發現田裡只長著一株玉米。
空～

伊修琪可只把那株玉米的鬚拔起來，放進籃子裡。
結果，玉米鬚馬上都變成了玉米。
她帶著玉米回到家，
你真的是我媳婦！
伊修姆卡涅就認同她了。
？？
過了一陣子，她平安生下雙胞胎。
他們就是除掉怪鳥維科布．卡奇修的混納呼普與伊修巴蘭克。
因為這兩個雙胞胎不睡覺一直哭，奶奶覺得很吵，不讓還是嬰兒的他們進家門，讓他們在外頭睡。
？？？
哥哥們
身為藝術家的哥哥們，對這對雙胞胎流露出強烈的嫉妒心。
因為，兩位哥哥擁有預知未來的能力，他們很清楚，今後弟弟們將會如何活躍。
雙胞胎長大了之後，每天都到山野裡用吹箭捕抓鳥類。
但就算他們把鳥帶回家，家人也從來不給他們吃。
吃個精光
狼吞虎嚥
大口 大口
相對的，哥哥們完全不做任何家事，總是在玩耍，卻很得疼愛。

雙胞胎漸感火大，
想出一計。
某一天，
不好意思，哥哥們。我們射到的鳥卡在樹上了，拿不到。
這樣的話，我們就沒晚飯吃了。
可以幫一下忙嗎？
嘖！真麻煩耶～
一到現場，
就在那裡，可以爬上去看看嗎？
兩個哥哥一爬上樹，
樹馬上就變大，他們就爬不下來了。
雙胞胎對哥哥說，
你們把兜襠布往後面拉長看看！這樣比較好爬下來哦。
他們照著做了，結果……
兜襠布變成了尾巴，他們變成了猴子。就這樣，他們忘了自己原本是人類，在樹與樹之間跳來跳去，融入了森林之中。
知道此事的奶奶說，
太可憐了！讓他們回復原狀啦！

唔～真拿你沒辦法呀。我知道了，等下就請哥哥他們過來。
到時候，如果奶奶你不笑他們的話，就能回復原狀唷。你一定不可以笑唷。
雙胞胎一奏樂器，
噹
噹
兩隻猴子出現了。
悄悄地
知道了，知道啦。
牠們配合音樂跳起舞來。
看到牠們的摸樣，老奶奶馬上就⋯
哇哈哈哈
她的笑聲嚇得兄弟猴轉身逃走了。
等等
哇哈哈
老奶奶拜託雙胞胎：「再給我一次機會就好。」於是雙胞胎一次又一次把猴子哥哥叫來，但老奶奶一次又一次地笑了，失敗了四次後，
咻
噗
真是的——我這白痴白痴白痴⋯⋯
猴子就再也沒有回來了。
這兩個有些反派的角色混裘恩與混巴茲，成了抄寫與雕刻師的守護神。
壺上的畫
雙胞胎安慰嘆息難受的老奶奶：「還有我們在不是嗎？」此後他們就相親相愛生活下去了。
啜泣
這什麼鬼劇情啊～奶奶該說她是現實呢，還是該說她根本就是元凶?!
我的看法是，奶奶的行事以及母親的視而不見等等，都對雙胞胎的人格造成了影響，才使得他們產生了扭曲的想法。

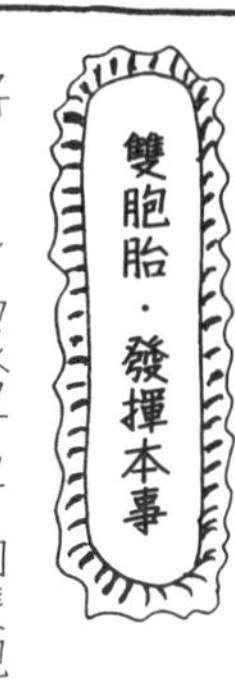

好了，身為家裡男丁的雙胞胎，得要肩負起種田以及砍樹的工作。他們施了魔法，操縱工具幫他們完成這些工作。

然而，從某個時期開始，動物們開始把田地搞得亂七八糟……

雙胞胎抓到了其中的老鼠，一陣折磨後，牠說，

現在沒空搞什麼種田了啦！你們還有球類競爭這個重大使命存在。

說完後，牠告訴雙胞胎，家裡還有父親和叔叔留下來的球賽用具。在那之後，雙胞胎就拿起那些器材，每天熱衷於練球中。

搞什麼鬼～～又在人家頭上吵吵鬧鬧！

希波爾巴又派遣了使者前往。

雙胞胎在球場比賽，不在家。

我知道了，我來通知孫子們吧。

老奶奶對著停到膝蓋上的虱子說，
告訴他們，希波爾巴要找他們比賽打球。
遵命！
虱子前往那裡時，碰到了蟾蜍，
噢
怎麼了？
聽了虱子的話之後，蟾蜍說，
這樣呀。但是以你的腳程，走再久也到不了吧。我來幫你跑一趟吧。
於是，牠吞了虱子。
往前一走，碰到了大蛇。
喂，你要去哪裡？
牠說明狀況後，這次換大蛇說：「我比你走得快。」於是把蟾蜍吞下去，朝球場而去。
後來大蛇碰到了老鷹，老鷹也同樣把大蛇吞了。
於是，到達雙胞胎那裡的老鷹吐出了大蛇，
大蛇吐出了蟾蜍。
歪七扭八
蟾蜍想要吐，卻吐不出來。
噎到
噎到
不過，仔細一看，虱子卡在牠的嘴裡。
我來傳消息～
據說，吃與被吃之間的關係就是這樣決定的唷，像是老鷹變成吃蛇，蛇變成吃蟾蜍……等等。

聽了虱子的口信，雙胞胎馬上回家，向難過的奶奶與母親道別，朝希波爾巴而去。
快到希波爾巴時，雙胞胎把腿毛拔下變成蚊子，讓牠飛走。
吹
腿毛！
不過的確很像。
蚊子飛進了大廳，先大致觀察一下，接著從騙人用的木人偶開始叮起，一個一個叮了希波爾巴的居民。
痛～
怎麼了，混卡滅大人？
痛～
怎麼了，維科布卡滅大人？
痛～
怎麼了，西奇里帕特大人？
痛～
怎麼了，庫丘馬奇克大人？
就這樣，蚊子帶著大廳裡所有人的名字，回到雙胞胎那裡去了。
雙胞胎抵達大廳後，無視於木人偶的存在，
你好，混卡滅先生。
欸？
你好，維科布卡滅先生。
欸？
兩人叫出了在場所有人的名字，好好地打了招呼。
可惡～
你們先坐在那裡吧。
雙胞胎一聽到對方要讓他們坐烤熱的椅子，
才不要！坐在那裡的話，屁股會燙到。

唔……總之先睡覺吧。我給你們一項考驗！
就跟出給父親的考驗「不能讓火熄滅」一樣，雙胞胎也被帶往「黑暗之館」。
雙胞胎熄了火，拿鸚鵡的羽毛接在火把頂端，又把螢火蟲放在香菸上。
就這樣，雙胞胎騙過了監視者的眼睛。
於是到了隔天，
來，請～看。
呃，這是怎麼回事。
很、很好……既然這樣，我們趕快開始比賽吧。
但，雙胞胎輕而易舉就獲勝了。
可惡
明天我們再來比。
自那時起，雙胞胎每晚都睡在各種可怕的館裡，每天早上卻都平安無事地出來比賽。
在劍會攻擊過來的「劍之館」，對著劍說，
今後所有野獸的肉，全都送給你。
劍就安靜下來了。
在「美洲虎之館」，他們使勁扔出骨頭，馴服了美洲虎。
抱著
猛啃
在大雪傾盆而下的「寒冷之館」裡，
他們只拿一個點著火的木片，就讓雪好看。
就這樣，他們沒展現出什麼智慧、勇氣與心思的狀況下，就突破了難關。
故事可以這樣寫嗎？

至於燃燒著熊熊烈火的「火焰之館」，他們什麼也沒做，
但是卻毫髮無傷，一副好整以暇的樣子。
是因為想不到怎麼寫吧！
不過，在最後的「蝙蝠之館」，終於出了差錯!!
這是個有隻死之蝙蝠「卡馬索茲」四處飛舞的地方。
雙胞胎決定躲藏在吹箭筒裡度過一晚。
連體型大小都可以自由自在變化呢～
然而，為了確認是否已天亮，混納呼普才剛把頭從吹箭筒裡探出來，
就被砍頭了。
卡馬索茲帶走了他的頭。
但伊修巴蘭克並不放棄，他召集動物們，
大家，把自己的食物帶來。
並提出了要求。
伊修巴蘭克從中拿了個南瓜接在混納呼普的身體上，南瓜慢慢變成了混納呼普的臉。
動物們很聽話，都照著做了。
此外，他也……
明天比賽打球時，你假裝成球吧。
這樣拜託兔子。

到了早上，伊修巴蘭克與裝著南瓜頭的混納呼普朝著賽球場而去。賽球場上掛著混納呼普的頭，
但伊修巴蘭克仍若無其事般地與對方比賽。
希波爾巴的成員對於混呼納普可以行動一事，完全沒有探究之意。
球滾到樹林深處，大家都看不見時，
兔子馬上就跳走了。
希波爾巴的成員全都追著牠跑。
趁著這個空擋，伊修巴蘭克拿回了混納呼普的頭，
並接回原本的身體上，把南瓜頭拿去掛在賽球場上。
希波爾巴軍團這才
察覺到自己上當了。
哼
伊修巴蘭克馬上拿石頭砸了南瓜給他們看。
欸？
嘿嘿
在他們回來時，

這時，希波爾巴單團升起火來。
好了，一起來玩吧。大家來玩跳越篝火的遊戲吧～
唉，我們早就知道了啦。說什麼都想要把我們殺掉對吧。
語畢，兩人自己跳進了火中。
成功了～
終於幹掉了～
他們用石臼把雙胞胎的骨頭磨成粉，丟進河裡。
這樣才放心。
但雙胞胎藉由粉在河裡重生，
五天後，雙胞胎以人魚的模樣在河裡悠遊自在地游著。
回復原本樣貌的雙胞胎，把自己包得破破爛爛的，裝成街頭藝人回到希波爾巴。
他們的技藝高超，尤其是讓被切成一塊塊殺掉的人復活過來的表演，大獲好評，連維科布卡滅與混卡滅都知道了。兩個大王找來雙胞胎，要他們現場表演。
我的搭擋變成這副模樣了
變
回復原狀
爬起
我也要!!我也要試試～

雙胞胎馬上把維科布卡滅與混卡滅切成一塊塊的，
當然沒讓他們復活過來。
希波爾巴的居民全都陷入恐慌，乖乖地投降了。
請饒我們一命。
你們聽好，好人不會再來這裡了！
只有壞蛋才會被下放到這裡來。以後你們就只能和這樣的人交流了。
雙胞胎剝奪了大家的權力，不久希波爾巴就步入衰退之路了。
接著，雙胞胎在賽球場中找到了埋在那裡的叔叔與父親。
他們對著遺體報告了狀況後，鄭重地弔唁了亡靈。
於是，完成一切工作的兩人就飛到了天上，一個變成太陽，一個變成月亮。
欸？到目前為止一直都沒有太陽和月亮嗎？
人類總算誕生！
現在我們要回到大家漸漸忘掉的諸神創造人類的故事去。
我想各位應該知道，目前為止出場的角色全都不是人類，算是神界的人。
在創造木頭人的失敗之後，造物主說什麼都想要創造出能夠崇敬自己、能夠供奉自己的人。
他們再次造人，這次試著用玉米來做。
先把玉米磨成粉再做。

用這種方式，總算做出了擁有高知性的人類。

這四個最早做出來的，都是很有智慧的人，他們全見全知。

焦慮的神在四人的眼上罩了一層東西，使他們視線模糊起來，變成只能看到自己附近的東西。

看得出他們的心態是要防止人類變聰明呢～

神又安排了四個女人給這四個人。

這些人就成了人類的祖先，也就是基切人的祖先。

如何呢？相當累吧～不過《波波爾．烏》到這裡才講完前半而已。接著就沒有再出現什麼雙胞胎的故事了，展開的是風格完全不同的基切人的民族史。

※所謂的基切人（又稱基切馬雅人），就是在西班牙人到來時，在馬雅南部地區勢力最龐大的馬雅（民族）的族群名稱之一。他們都很有自信，認為自己是神最初創造的那四個人的後代。

後半講的大概是「從四個男人（加四個女人）開始的人類，人口逐漸增加，漸漸分成了幾個族群。後來，基切人為了找尋安居的地方，展開了漫長的旅程。隨之而來的爭鬥，也一次又一次地上演……」的內容，雖然一樣是漏洞百出、太過鬆散的故事，但我想也差不多了。

再把後半都講完，這本書可能也要結束了，因此我就此打住！

由於《波波爾．烏》也有它的有趣之處，像是帶有暗號的解謎書一般，甚至出現了一個為所欲為、胡搞瞎搞，叫做多以爾（Tohil）的神。對此感到興趣的朋友，請務必一讀《波波爾．烏》。

細節補充

《波波爾．烏》這個名字，代表著「共同體之書」的意思。事實上，書並沒有標題，不過由於在序文的地方寫著「過去，曾經存在著一本叫書《波波爾．烏》的書，記述了我們所有的事情」，因此就用《波波爾．烏》來當它的書名★。

★此外，根據基切語言學家亞德里安．夏維茲（Adrián I Chávez）博士的說法，嚴格來說發音應該是《波普．瓦赫》（Pop Wuj），代表著「時間之書」（Book of Time）的意思。

《波波爾・烏》到底是？

這個叫《波波爾・烏》的故事，是基切的人們流傳下來的，它是以使用羅馬字母的基切語寫成的。作者是誰目前尚無定論，恐怕是在西班牙征服當地時，有人為了把自己民族的神話好好地留下來，才寫的吧。

基切人王國的成立，據估計最早最早也是十一世紀時的事，在馬雅民族中算是歷史尚短的國家，因此這裡會產生一個疑問：他們的故事，可以稱之為馬雅神話嗎？不過，基切王國的歷史很複雜（這一點，後面再逐步介紹），雖然基切王國是在十一世紀以後才誕生的，但王國居民本身的歷史已經很古老。

因此，這裡所講的雙胞胎故事或神話的部分，據信應該毫無疑問是來自於古代馬雅。故事脈脈相承，是歷經一千年以上的時間，才逐漸流傳下來的。

事實上，馬雅地區的各地，都挖出了一些古早時代的土器或浮雕，上頭描繪著《波波爾・烏》特定場景般的圖畫。

伊修巴蘭克

父親 混混納呼普

混納呼普

古典期餐具上的圖畫

有一些是有文字直接介紹了上頭的人物，因此已經確定（像上面這張圖），但也有一些是學者自己從圖畫中解讀而得的。

即便如此，這部《波波爾・烏》，到底該說它缺乏了一個故事該有的核心呢，還是該說它的情節不太合邏輯呢……

故事中有太多說變就變的地方，像是雙胞胎不時會出現光靠施展魔法力量就能解決問題、太過順利的情形。真要舉例的話，會多到沒完沒了（唔，或許原本就存在著他們也算是一種神的前提吧……）。雖然故事裡也安排了一些有如伏筆般的情節（像是希波爾巴的那些王，為什麼那麼想拿到雙胞胎他們家的比賽器材等等），卻都是中間就扔著不管了……

發現這本書的席梅內茲神父據說是逐字逐句忠實抄寫下來的，但也有人懷疑，「是不是省略掉了部分內容」。

唔，總有一種通篇的說明不夠完整的感覺呢～故事的發展也很唐突……

但是否真的省略了若干內容，已經無從調查了。從基切人手中取得的原書（據信是在席梅內茲神父找到的一百五十年前寫成的）已經遺失，剩下的只有出於席梅內茲神父之手的抄寫本而已。

抄寫本的版面

左 照抄下來的基切語原文

右 翻譯成西班牙語的內容

此外，也有人認為，會不會是原書的基切人作者已經受到了基督教的影響或是西方文化的污染了。

原書的馬雅文似乎相當難懂，或許，想把馬雅人的精神世界給翻譯出來，原本就是件不可能的事吧。

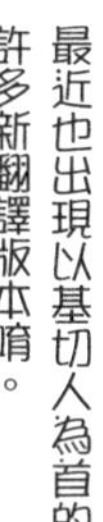

隱喻

由於《波波爾．烏》這麼一個不順暢的故事很難稱得上夠細膩，因此會讓人覺得，裡頭會不會隱藏著什麼天大的祕密。事實上，許多人都覺得故事有一些沒有明講的事情或是含義在內。

例如，有人認為，《波波爾．烏》講的是真實發生過的歷史事實，像是維科布．卡奇修其實是為新王朝（雙胞胎）所滅的前一代國王之類的。唔，這樣的解讀，算是比較直接易懂的想法吧。

此外，也有人認為，登場人物全都代表著星星或星座，而這部神話只是把天界的動向寫成故事。

或者也有人的看法是，雙胞胎的父親混混納呼普是玉米（神），這個故事要講的是玉米的播種以及玉米從大地萌芽出來的樣子。

另外還有以下的看法：

「扮演使者的四隻角鴞，代表著太陽系的行星。」

「球類競爭象徵著研究天文學、宇宙現象的行為，希波爾巴的那些王找雙胞胎去比球，意味著天文學上的辯論（希波爾巴的人們支持天動說，雙胞胎他們支持地動說，之類的）。」

「四種動物的接力傳訊（本書八〇頁處的虱子、蟾蜍等等）暗示著天文學理論的發展階段。」

有人就像這樣，能夠從各種單字或橋段當中，解讀出我完全無從解讀的雄偉情節。既是基切人薩滿，也是哲學家的維多利亞諾．阿爾瓦雷斯．華瑞斯（Victoriano Álvarez Juárez）所述。（摘自《馬雅文明新真相》，實松克義著）

不過，如果一切完完全全是大家想太多，《波波爾．烏》其實只是有人隨便亂寫而成的話，就會變得更有趣。但實情如何，就沒人知道了呢～

馬雅的世界觀

除了《波波爾．烏》以外，還有其他馬雅的書籍留存了下來，而且從西班牙傳教士的紀錄中，對於馬雅的宗教、世界觀、風俗習慣等，也能夠略知一二。

馬雅人的相關文獻

抄本

目前共找到四冊。裡面是滿滿的馬雅文字與可愛的圖畫！應該都是十三世紀以後的東西。

奇藍．巴藍之書（Chilam Balam）

所謂的奇藍．巴藍代表著「美洲虎祭司」的意思。共有十本以上的書統稱為這個名字。

它是以羅馬文字寫馬雅語，因此是一本難懂的預言書。也寫有神話與歷史，是十八世紀的文物。

西班牙人的紀錄

征服馬雅後不久來此的那些人所寫的紀錄。傳教士狄亞哥．迪．蘭達（Diego de Landa）所寫的《猶加敦見聞錄》很有名。

根據這些文獻，馬雅人認為，世界是在一隻鱷魚的背上，

但也是個正方形。

世界是由名叫巴卡布（Bacab，又稱帕哇頓（Pauahtun））的四兄弟擔任守護神，把天空支撐起來而形成的。

各方位依顏色劃分。

巴卡布也是個色色的醉鬼老爺爺。此外也有一種說法是，支撐天的工作，是由雨神恰克的四個分身擔任的。

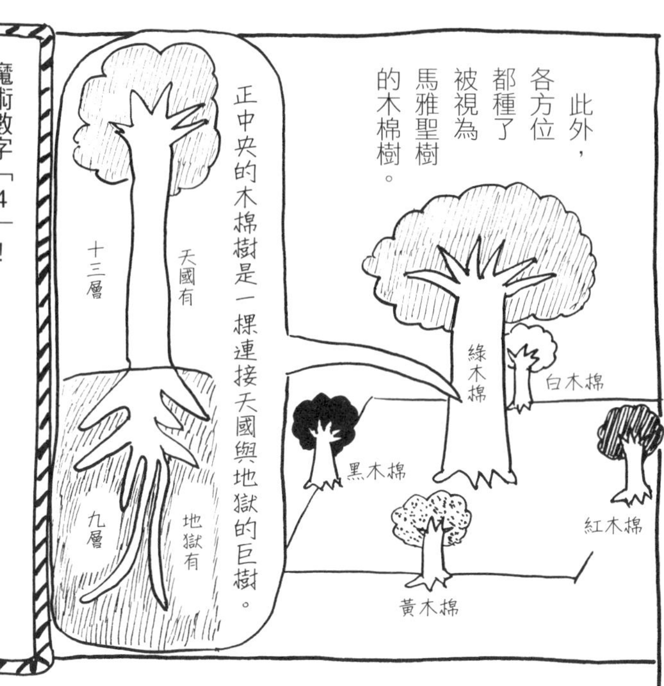

魔術數字「4」！

包括方位這一點在內，4這個數字在馬雅，不，不只在馬雅，在整個美索亞美利加，都是很重要的。日本人用「3」的場合，像是「第三次會順利」啦、「事不過三」啦之類的情形，他們都會用「4」。

在《波波爾．烏》中，變成猴子的兩個哥哥，有四次機會可以變回人，就是一個例子。

此外，要表示「有很多」的時候，會用「400」。

接著是，

馬雅的諸神

……是要講這個沒錯，只是在上一頁的那些文獻中，不知該說諸神沒有很鮮明的角色呢，還是該說他們沒有什麼特別的故事，角色的分配也很零散，總之淨是一些讓人有些意猶未盡的神。

哇～某本書裡的馬雅神共有高達一百六十六人耶。

唔，以下來介紹幾個各位相對比較容易懂，而且重要的神！

身為造物主的最高階的神

伊扎姆納

（「蜥蜴之屋」的意思）

藝術、科學、農業、文字之神。他也是巴卡布四兄弟的父親。

伊修切魯

（「彩虹女子」的意思）

是伊扎姆納的妻子，也是月之女神。此外她也是醫術、醫藥之神。和世界各國的女神一樣，也主管懷孕、生子等。

伊修切魯會從尷尬的地方噴出液體，擺出在進行「多子多孫」儀式之類的動作。

卡烏義魯

火神

馬雅王室的守護神，有時候會做成權杖的樣子。雖然這一尊不同，但腳的地方大多是蛇身。

玉米神

農業之神。由於我的個人偏好，選了這張圖，不過大體上都是把祂畫成年輕英俊的男子摸樣。

雨神恰克

特徵

長鼻子。擁有獠牙以及鯰魚般的鬍鬚。

祂是雨神，也負責閃電與風。

基尼奇・阿哈烏

表情有些讓人火大～～鬥雞眼與內褲形的門牙是特徵。

太陽神。也有一說是伊扎姆納的另一種型態。從這位神的長相，可以看出馬雅人與眾不同的風俗習慣！（後面會說明）

伊修塔布

自殺女神

祂的身體充分展現出祂所扮演的角色。

臉頰上的黑漬據說代表著腐壞。

對於受到西洋文化荼毒的我們而言，祂應該是最讓我們感到衝擊的神吧。馬雅這裡把自殺當成一種很棒的死法。

艾克曲

旅行與商人之神。據說祂也是可可豆之神與戰爭之神。看在現代人的眼中，是個沒有操守的多功能神。

阿普切

死神。白骨一看就懂。

馬雅的曆法

不擅長數字的人，大概讀一下即可！

在美索亞美利加，到處用的都是二百六十天曆法與三百六十五天曆法這兩種共通的曆法。

正如在第三章薩波特克所講的，最早使用曆法的實例存在於薩波特克（公元前五世紀以前），因此「曆法誕生於薩波特克」目前暫時成為固定說法。

三百六十五天曆法

這和我們用的曆法不同，它分成十八個月，每個月有二十天。

這樣的話會多五天出來，但當時是把它們當成當年的最後五天，視為迎接新年前的不吉之日。

他們認為，這五天如果照平常方式生活，會導致不幸，因此，

不洗澡、不工作，只是靜靜地等著這五天過去。

唉！

好無聊

順便一提，沒有閏年那樣的設定。馬雅人似乎知道會有差異，但還是照著這樣設計。

二百六十天曆法

由附有名字的二十個日期與十三個數字組合而成。

他們認為，這個曆法下的生日，決定了一個人的命運。

這二十個日期，在美索亞美利加各地的發音不同，但意思大致上是共通的。例如，在馬雅這裡稱為「奇克強」（Chicchan），代表「蛇」的那個日期，在阿茲特克稱為「科亞特爾」（Coatl），在薩波特克稱為「計」（Zee），也都代表「蛇」的意思。

1 2 3 4 5 6 7 8 9 10 11 12 13

伊米修（Imix）
伊克（Ik）
阿克巴爾（Akbal）
坎（Kan）
奇克強（Chicchan）
奇米（Cimi）
馬尼克（Manik）
拉馬特（Lamat）
穆路克（Muluc）
奧克（Oc）
丘恩（Chuen）
艾伯（Eb）
班（Ben）
伊修（Ix）
（Men）
（Cib）
卡班（Caban）
（Etznab）
（Cauac）
（Ahau）

這一天是「1－伊米修」。下一天是「2－伊克」。要到260天後，才會再次出現「1－伊米修」。

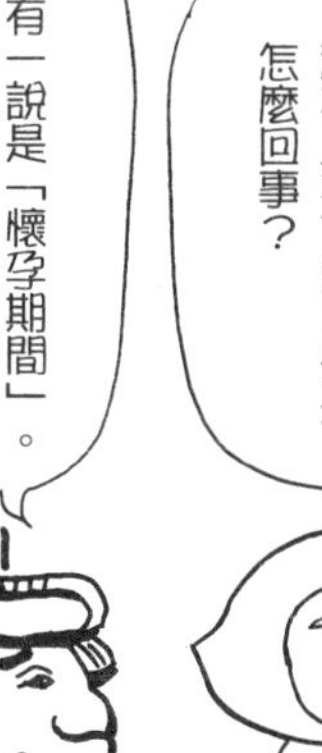

對了，二百六十天這種不上不下的日子是怎麼回事？
有一說是「懷孕期間」。

如果是根據外星人說的看法，因為馬雅人是從公轉週期二百六十天的星球來的，所以才會採用這種曆法。

迪奧狄華肯
阿爾班山
伊薩帕
科潘

此外，在這條線（北緯14.8度）的地區，太陽降到南回歸線為止，再次回到頭頂上的期隔，剛剛好就是二百六十天。

同時也會進入雨季，要開始做播種的準備。

因此，也有人認為，最早想出曆法的不是薩波特克人，而是住在這條線周邊的居民。這個說法由地理學家文森．馬姆斯壯（Vincent H. Malmström）等人提出。馬姆斯壯甚至表示，不折不扣就是馬雅南部的伊薩帕一地的居民想出來的。也有人認為是發源自科潘。

因此，也出現了這是「農民曆」的說法。但如果採用二百六十天曆法，每年播種的日期會愈偏愈遠，其實只要三百六十五天曆法就夠用了（只要決定在特定日期播種就行了，很明確），所以這說法有些讓人難以接受。

回歸線

這種事應該算是常識，但以前我並不瞭解迴歸線。在此還是為了像我這樣的人做個說明。

每天正午時分，太陽位於天空最頂端的位置並不相同，看起來就好像在一年內來回南北兩端一樣。太陽走到最北端的地方稱為北回歸線，最南端的地方稱為南回歸線。在北半球，太陽到達北回歸線時稱為夏至，南回歸線時稱為冬至。位於赤道正上方時稱為春分、秋分——應該是這樣的。

北緯14.8度線的太陽位置變動圖

來到北回歸線的太陽 6月22日或23日
頭頂正上方的太陽 8月13日或14日及4月30日或5月1日
來到南回歸線的太陽 12月21日或22日
104日間
260日間
角度這些是隨便畫的
14.8度
太陽一天的移動
北
南
美索亞美利加
北回歸線
赤道
南回歸線

我火速到網路上查了
不好意思

這套二百六十天的曆法與三百六十五天的曆法，總是會一起用上。

365天日曆
馬可（Mak）凱赫（Ceh）是月名，數字是日期
這一天是
1伊米修2馬可

5奇克強
4康
3阿克巴爾
2伊克
1伊米修
13阿哈烏
12卡哇庫
11埃茲納伯
10卡班
9奇普
8曼

6馬可
5馬可
4馬可
3馬可
2馬可
1馬可
(0)馬可
19凱赫
18凱赫
17凱赫

上方的日期要到五十二年後才會再出現一次，以公元而言就像是一世紀那樣的東西。

阿茲特克人，也同樣格外重視這種切分年代的方式。

你們應該也有類似的東西吧！

不過好像忘得差不多了。

沒錯，這與甲乙丙丁的十天干以及十二地支組合起來的干支（像是丙午等等）系統，同樣屬於循環曆。

和干支的六十年周期也很相近，是相當類似的系統。

長紀曆

除了這兩種曆法外，就像我們也使用公元一樣，馬雅人也另有長紀曆。

他們最晚在公元前一世紀就已經有這樣的想法了，自從公元三世紀以來，長紀曆已成為必定會紀錄在紀念碑上的固定事項。

長紀曆是以某一天為起點，一天一天數下去的曆法。根據研究者們的推算，起點之日據信是公元前三一一四年八月十三日★。

這個日子據信是現在我們這世界創造出來的日子（即開始有歷史的日子），不過為何馬雅人會特別選定這一天，就不清楚了。

★西班牙征服馬雅後發生的某件事也紀錄在馬雅曆上，藉此與公元相對照下所推算出來的。根據針對寫有日曆的古物（神殿的木頭梁柱所做的放射性碳定年法測定，推算出來的年代也證明這個日期是正確的。

對一個討厭數字的人來說，長紀曆的寫法真的很讓人焦躁耶……
嘿嘿，在你焦躁之前……

※再講個細節。也有人算出來是再往前兩天，此時的起點日就變成公元前三一一四年八月十一日。

★印度在五世紀時發現零，馬雅則在一世紀（還是之前？）就已經發明了。

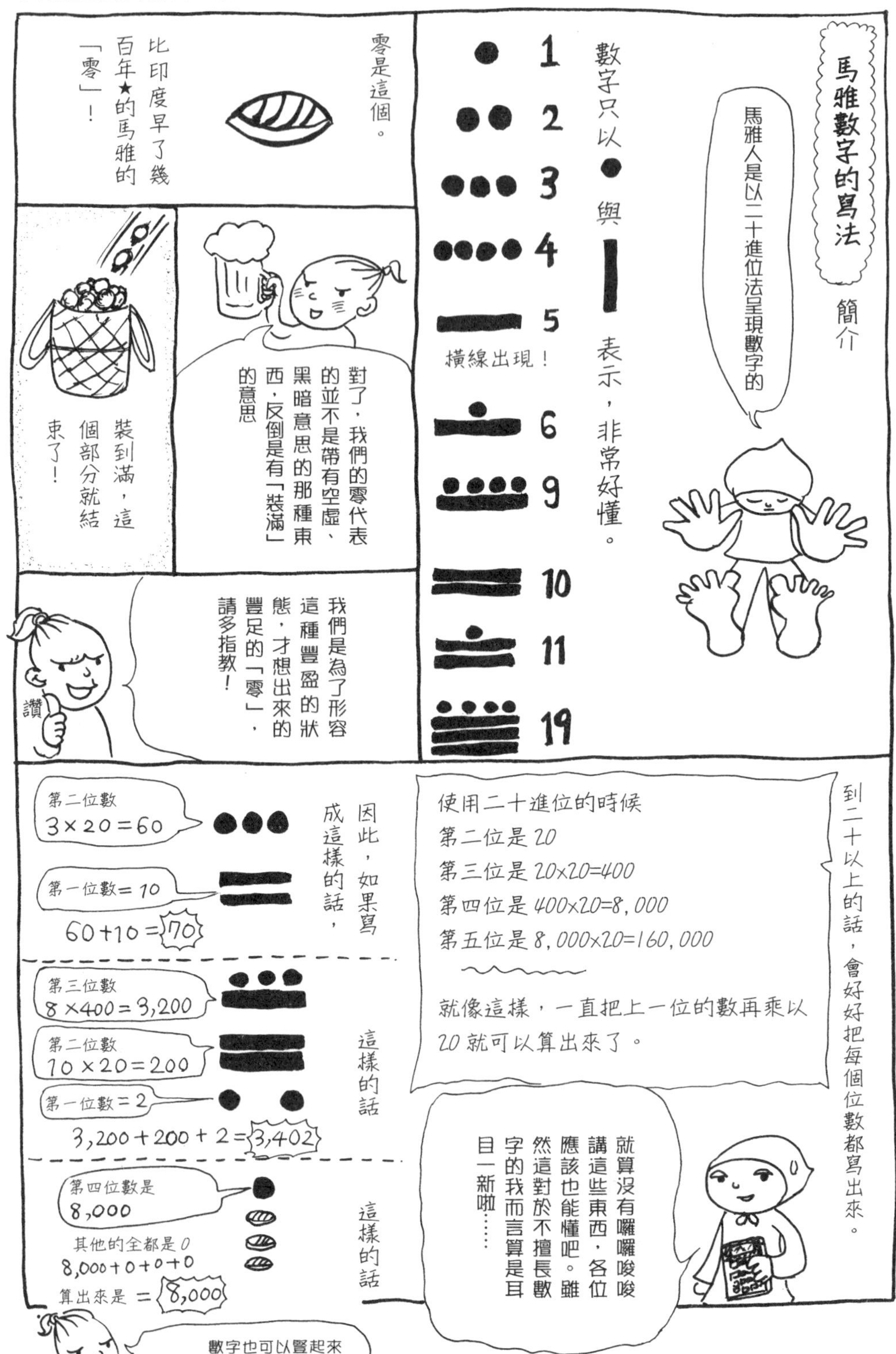

有一些單位是用來表示日期的。

金 ＝1天

烏衣納 ＝20金（20天）

敦 ＝18烏衣納（18×20天＝360天）

卡敦 ＝20敦（20×360＝7,200天＝19.7年）

嗯，大約20年。

卡敦是格外重要的分界點。一個卡敦完結時，或是半個卡敦完結的那天，他們會盛大慶祝，興建紀念碑。

巴克敦 ＝20卡敦（20×7,200天＝144,000天＝394.25年）

嗯，大約400年。

例如，寫在一個叫萊頓板（Leiden Plate）上的日期是，

告訴人們從這邊「日曆開始了唷」的文字

8巴克敦
8×144,000
=1,152,000天

14卡敦
14×7,200
=100,800天

3敦
3×360
=1,080天

1烏衣納
=20天

12金
=12天

就是這樣子寫的，由上往下全部加起來的話，可得出一百二十五萬三千九百一十二天這個龐大的數字。這表示從起點之日「公元前三一一四年八月十三日」起算，已經經過了這麼多的天（換算為現代曆法後，代表公元三二〇年九月十七日）。

在古典期馬雅的石碑上，都寫滿了各種曆法下的日期，包括長紀曆、二百六十天曆、三百六十五天曆的日期，以及與月份相關的各種日期，還會寫上每天交替支配夜晚的九個神的名字等等。這讓人覺得，他們到底要從多少角度觀看那一天，才會感到滿意？

「日曆開始了唷」的文字

長紀曆

260日曆

等月份資訊

夜神曆（以9天為周期的曆）

365天曆

經過了幾個月

照這樣的順序閱讀。

開始的文字	
1	2
3	4
5	6
7	8
9	10
11	12
13	14

除此之外也還有819天曆……

那是把馬雅的重要數字7、9、13相乘而得的唷。

仔細想想，日本也是個曆法王國，有公元、年號、干支、六曜（分為大安、友引、佛滅等），此外也有農曆。

如果是值得在石碑上大書特書的紀念性事件，會想要把所有曆都放進去的心情，也是可以想像的。

這種長紀曆也有告一段落的時候，十三巴克敦（約5,200年）就是一個分界點。換算成公元的日期，是二〇一二年十二月二十三日。這點，讓喜歡末世預言或超自然現象的人很興奮。

即便如此，就像日本也有比億或兆還大的單位一樣，馬雅人也還有多達十九個單位，比「巴克敦」還大。最大的一個單位，甚至超過宇宙的歷史，大到難以想像。因此，雖然前面講的日期是一個分界點，但似乎並不代表這個世界走到了末日。事實上，帕倫克的「碑銘神廟」（Temple of the Inscriptions）裡，還寫著公元後四七七二年這麼久遠的未來日期。

這種長紀曆正代表了馬雅文明的特色，除了馬雅之外，其他例子只在奧爾梅克文明結束後的奧爾梅克地區找到。

那個就先不管。

至於想出長紀曆的人究竟是奧爾梅克人還是馬雅人，目前還不清楚。

還有，就在長紀曆漸漸進入馬雅世界的期間，奧爾梅克在公元後一六二年（本書三九頁的圖斯特拉像）後，就完全消失了蹤跡。這一點，也很不可思議（或許只是尚未發現而已也說不定）。

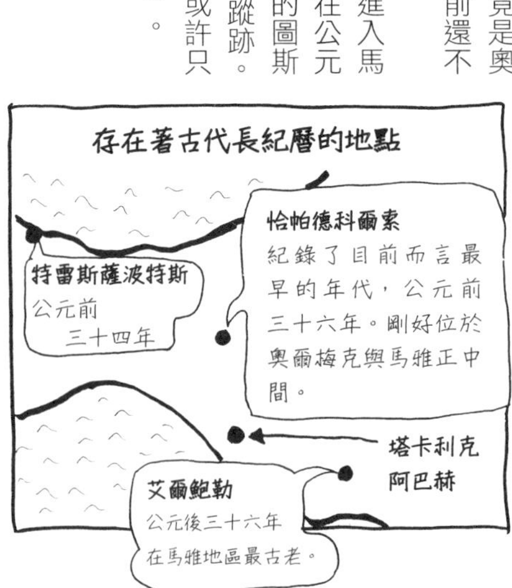

馬雅文字
馬雅文字的呈現方式，似乎和日文很像。
在外國人的眼中，常搞不懂為什麼日文會同時存在著漢字與平假名兩種形態。就這種共存的語言系統來說，馬雅也是一樣。
會使用拼音文字所沒有的音節文字，也是相同之處唷。
音節文字
由母音和子音節合在一起形成一個文字。如果要以羅馬拼音表示「か」這個字，就必須使用兩個字母寫成KA才有辦法。

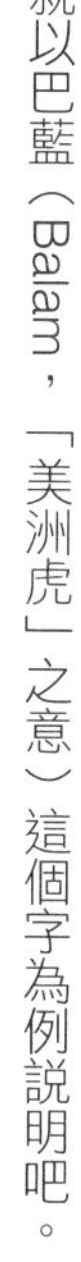

就以巴藍（Balam，「美洲虎」之意）這個字為例說明吧。

像漢字般的表意文字

這個字就代表巴藍

像片假名般的音節文字

BA
LA
MA

在讀的時候這個母音會不見，變成M

此外，也存在著類似於漢字後連著寫的假名★，或是用於漢字注音的假名那樣的東西。

在巴藍的表意文字上

再加上「BA」的文字，會變這樣。

再加上「M（A）」的文字，會變這樣。

就像漢字分為音讀與訓讀等各種讀法一樣，馬雅文字也是一個字有多種讀法。因此，為了提供讀的人一點提示，才像這樣再寫上發音的輔助文字。

例如，下面這個文字可以讀做「卡哇庫」、「哈阿布」（Haab）、「敦」，或是「庫」，都可以。

圖與資訊都取自麥可・柯所著之《馬雅文字解讀》（*Reading the Maya Glyphs*）

★譯按：如「祭り」、「怒る」

此外，有些文字也存在著簡單寫法與複雜寫法（多為數字或日曆文字）。

此外偶爾還會出現以全身體這種更為複雜的文字寫成的東西（只出現在日曆中）。

以漢字為例的話，就是「二」與「壹」，或是「浜」與「濱」之類的對比吧。

相近的部分就先講到這裡，與漢字的寫法最大的差異在於，寫的人可以自由改變文字的位置。

要寫成看起來最美麗的樣子啊。這要看寫的人有沒有品味唷！

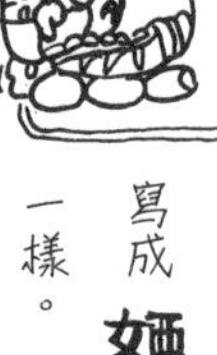

比如說，這就像是把腰寫成[illegible]一樣。

而且，發音相同的字相互替換也OK！例如，要寫「坎」這個發音時，就算意思不同，使用任何一個發音為「坎」的文字都可以。

把「天空」的坎（can）

換成「蛇」的坎
也太自由了吧！如果日文也能這樣的話，漢字考試就不知道會多輕鬆啦。

根據日本國立民族學博物館民族文化研究部教授八杉佳穗的說法，「就像是我們在寫文章時，要避免一直使用同樣字詞的那種感覺」（雖然我很想把每個句子都以「據說如此」結尾，但不能這麼做，只能用各種不同的方式湊句尾）。

執掌文字的抄寫員是由王族等菁英人士擔任的

馬雅文字是何時形成的呢？這個問題尚無明確答案，但是目前已找到一些文字，像是馬雅文字在完成之前的前一個階段，據信最古老的也有到公元前四百年。文字經過逐漸變化與經人整理後，在公元三世紀發展為一套完整的系統。

馬雅文字的解讀

由於西班牙人到來，燒掉了馬雅的文獻，強要他們學習西班牙語，雖然那時的馬雅人承繼了古來的馬雅語，也還是講馬雅話，讀寫馬雅文字的人卻消失了，馬雅文字完完全全成了謎樣的文字。

雖然現在已經解讀出以點與橫條呈現而易懂的數字，但馬雅文字實在太過難以破解，人人都退縮沒有出手，馬雅的文字研究，大半陷於置之不理的狀態。

此時，一位叫布拉速魯的神父，在馬德里皇家歷史研究所（Royal Academy of History）的圖書館裡，找到了一本被埋沒在那裡的書（一八六二年的事）。

而那本書，是距那時三百年前，在西班牙征服馬雅後，來到猶加敦半島的傳教士蘭達所寫的《猶加敦見聞錄》的抄本。蘭達在書中談及了馬雅人的風俗習慣與歷史。

這本書不但介紹了三百六十五天與二百六十天的曆法文字該如何解讀，竟然連拼音字母與馬雅語的對照表都寫了進去。

A A A B B C T E H
I CA K L L M N O
PP CU KU X X U U Z P
e l e lé ma i n ka ti a ha

所謂的「蘭達字母表」（The Landa Alphabet）

學會欣喜若狂，認為將可據此解讀馬雅文字。

以發現者布拉速魯神父為首，許多人都不約而同參與解讀大賽，卻無人成功。大家的狂熱冷卻了下來，馬上把蘭達字母表當成全然捏造的東西而捨棄不用。他們認為，馬雅文字不存在著代表發音的功能，從頭到尾不過就是象形文字罷了。

★製作於公元前一九六年的一面石碑，由於同時刻有三種不同語言的相同內容可供對照，成為後世得以研究古埃及文字的里程碑。在此是用來形容所找到的《猶加敦見聞錄》中的蘭達字母表，發揮了有如羅塞塔石碑般的功能。

★下面所寫的片假名，日文發音讀起來是 E-I-CHI，也是英文字母「H」的日文發音。

不過，就在找到蘭達這本書後的九十年，也就是一九五二年，前蘇聯學者尤里．科諾洛索夫（Yuri Knorozov）總算發現蘭達字母表的真正價值。他看出，蘭達字母表中所對應的馬雅文字，是用西班牙文的字母直接把發音寫下來。

如果以日文為例的話，就像對著美國人，

日文的「H」怎麼寫呢？

這樣～寫★。

エイチ

寫出這樣的東西一樣。

他藉此得知了發音，成功解讀出幾個單字。而且，他也察覺到，馬雅人沒有字母這樣的東西，而是使用如日文般的音節文字。馬雅文字的解讀，可說因而打開了一個突破口。

不過，新見解或新想法，往往更引人反駁，而非贏得讚賞，而科諾洛索夫也不例外。就像解讀出古埃及文字的商博良（Jean-François Champollion）所走的路途一樣，科諾洛索夫的發現，也受到當時的馬雅學權威以及周遭的人不分青紅皂白地否定，以及忍俊失笑與嘲笑等無理的對待。

沒什麼特別的。

不過，你猜怎麼了？在那些原本不可一世、排斥單打獨鬥的無名新手科諾洛索夫的人當中，認同他學說的人愈來愈多，現在大多數的人都已經認同，科諾洛索夫所說的「馬雅文字是表意文字與表音文字的混合結果」是正確的，他的讀法也是正確的。

順便一提，自從他解讀馬雅文字大約四十年後，也就是一九九〇年，科諾洛索夫才首次造訪馬雅（提卡爾與瓦沙屯），他那時的感想是，

和書上讀到的一樣。

真的是好酷啊。

他這樣子也別有一種魅力呢～～

★指「Lady Penis-head of Xultun」，她是卡拉酷於公元四七〇年左右在位的國王「K'ahk' Ujol K'inich I」的妻子，也是下一代國王「Yajaw Te' K'inich」的母親。

有人認為，現在馬雅文字已解讀了八成，但也有人認為只解讀了五成。這兩種看法，很像是那種「測看看你是樂觀還是悲觀」的心理測驗的答案。

但無論如何，新世代的研究者們，目前正以很快的進展速度解讀馬雅文字。

我們經常看得到以下這種現象：到不久前都還是既定認知的事情，因為這些新解讀而整個翻案。

不過還是有一些東西無法用蘭達文字表解讀出來。

目前，一共找到了六百七十三個字素，其中常用的約有三百個左右。字素組合而成的馬雅文字，似乎有三萬到五萬個。

當然，還有很多「發音」尚未被解讀出來。例如國王的名字，很多都只有無發音輔助文字的表意文字而已，而且也有只使用一次而已的。

因此，有時候一看到那個文字，考古學家就會為求方便，而幫那個人物取綽號。

著名的有18－兔國王等等

18

兔子（般的東西）

因此在書中，常會看到「盾－美洲虎」啦，或是「結－美洲虎」、「寶石－頭骨」等超有品味的新奇名字。

看到卡拉酷有一個皇后的綽號叫「龜頭」★時，我笑得差點斷氣了。

很像有吉◆幫人家取的那種綽號

謝謝，真的謝謝……

我在前言中提過，這本書的馬雅國王，就算知道姓名☆，我主要還是會用他們的這種綽號。

好了，我已經試著粗略地（或許太過粗略）描繪了解讀馬雅文字的歷程中的一些情形，還想知道細節的人，請一定要看看麥可．柯所著的《馬雅文字解讀》！

翻譯得也很棒，我一口氣看完了！

書中全面介紹了解讀馬雅文字的歷程，教人又是擔心又是期待。此外，一些幕後祕聞（學會的想法狹隘、彼此扯後腿等人類俗不可耐的模樣），也有趣得讓人目不暇給。

◆指日本一個愛幫人亂取綽號的男藝人有吉弘行。

☆嚴格來說，是那些由學者解讀後認為「應該是這樣發音吧」的姓名。

★《馬德里抄本》原本被分成兩個部分流落在外，馬德里的美洲博物館先取得《特洛亞諾抄本》，後來又從不同管道取得《科爾特西亞諾抄本》，才發現二者是同 抄本的兩個部分，合 後湊成完整的《特洛 科爾特西亞諾抄本》，後改稱《馬德里抄本》。

系列 幾個做傻事的傢伙

第一個

布拉速魯神父的解讀

全名布拉速魯·迪·布赫布爾（Charles Étienne Brasseur de Bourbourg），法國人。

他不只發現了蘭達的著作，還接連找到一些重要文獻，是個對美索亞美利加研究帶來莫大貢獻的人。

他也找到了阿茲特克的抄本（《切瑪爾波波卡抄本》）以及馬雅的抄本。

占《馬德里抄本》一半的篇幅，稱為《特洛亞諾抄本》的內容★

還有，他代表性的成就是找到了《波波爾·烏》，並將之翻譯為法文，介紹給全世界。

在他發現之前，出於席梅內茲神父之手的《波波爾·烏》抄本，尚未為世人所知。布拉速魯神父是在居住於瓜地馬拉的一個收藏家朋友那裡，發現被對方當成收藏品之一的《波波爾·烏》抄本，是很有價值的東西◆。

即便如此，在那之前幾年，就已經有澳洲人發現《波波爾·烏》，甚至還出了翻譯本。還有其他一些文獻，也不能算是他發現的，而應該算是他「再發現」或「再再發現」。不過，能夠把這些文獻介紹給世人知道，還是要托布拉速魯神父敲鑼打鼓的宣傳能力（或者該說是他的介紹能力）之福。因此，雖然他不是最早發現的人，但是在談到這些文獻的發現者時，布拉速魯神父的名字總是會冒出來。

總之，他的嗅覺很敏銳。就像蘭達的著作以及《波波爾·烏》這些例子一樣，他就是有那種「能夠把遭人埋沒的珍寶挖掘出來」的才能。

布拉速魯是個原本就對古代文明感興趣的人，當上神父後，也經常為了找出用於研究的文獻，而跑遍整個教區。他的努力是值得的，除了前面講的那些之外，他還找到許多珍貴的文獻，這成了對他熱情的回報。

接著，布拉速魯為了贏得新榮耀，拿著自己找到的蘭達字母對照表，嘗試解讀也是自己找到的特洛亞諾抄本。

但他也只是直接把字母套用上去，或是不知為何從下面往上面翻譯，不然就是在看到文字圖案後，憑感覺翻譯成有利於自己既有論點的字句，可以說只是「想怎麼譯、就怎麼譯」而已。

所謂「布拉速魯的既有論點」是指

埃及人與馬雅人，都是亞特蘭提斯的後裔！

就是這樣。

出現了！

布拉速魯也是個深受亞特蘭提斯吸引的男子。

於是，

這本書裡寫到了亞特蘭提斯滅亡的事情。

荷魯斯（埃及神祇）就是羽蛇神唷。

就變成這樣了。

此時，他有兩個文字解讀不出來（或者該說，事實上他是完全無法解讀出來）★，而這兩個文字與蘭達字母表中與M和U對應的文字很相似，因此就讀做「姆」（MU）。

布拉速魯似乎認為，這個字是亞特蘭提斯在馬雅語中的讀音。

比亞特蘭提斯還要詭異的「姆大陸」的名稱由來，竟然是在這裡。

也有一說認為，來自於雷姆里亞（Lemuria）◆。

布拉速魯對馬雅學的貢獻，目前大家依然認同。不過，他晚年時期對於亞特蘭提斯的著迷，大家就視而不見了。在布拉速魯創造出「姆」一詞六十年後，一個叫詹姆斯・邱吉沃德（James Churchward）的男子，出版了關於姆大陸的書，使得姆大陸一躍而成為不可思議界中王者般的存在。到了現在，不用說，「姆」這個字已經是無人不知，無人不曉了。

神父還真是留下了很了不起的遺產吶～～雖然他自己的姓名還只處於「內行的才知道」的程度。

★順便一提，根據目前對馬雅文字的（真正的）解讀，四本抄本中寫的是星星的運行表、儀式、占卜、諸神的事，以及一些更為通俗的東西（像是疾病的治療或生活智慧）。

◆雷姆里亞是傳說中曾出現在印度洋或太平洋的一片失落大陸。

馬雅的歷史
直至西班牙人到來為止，馬雅的歷史可分為三個時代。
雖然這種分法很粗略，卻是明確讓人感受得到區隔感的分法（這三個時代還可以再細分下去，但本書因篇幅關係忍痛割愛）。
正中央的時代、古典期，定義為「馬雅中部地區會在紀念碑上刻寫長紀曆的時代」（根據麥可・柯所著的《古代馬雅文明》），在它之前與之後的時代，就分別稱為前古典期與後古典期。唔，這是一種「先決定出古典期」再據以命名、絲毫不加修飾的命名方式。順便一提，「古典期」這個名字，是取自於希臘文明最輝煌的時代名稱。
歷史劃分
所有年代都要加上「左右」唷
前古典期
公元前一六〇〇年～公元二五〇年
囊括了從村落的形成到建立起大國之間的漫長時代。
古典期
公元二五〇年～公元九〇〇年
提卡爾、帕倫克、科潘等代表馬雅的中部地區國家的全盛時期。深植於一般人心中有關馬雅文明的印象（在叢林裡誕生，又突然滅亡的謎樣古代文明），就是來自這時期。
後古典期
公元九〇〇年～十六世紀前半
北部的全盛時期。奇琴伊察、馬雅潘很興盛。南部地區也有小國家興起，不斷有小規模的戰爭。
地區也分為三個
北部
（馬雅低地北部）
中部
（馬雅低地南部）
南部
（馬雅高地）
括號內為一般稱法

前古典期
公元前一六〇〇年～公元二五〇年

公元前一〇〇〇年左右，開始有零星的都市出現。

金字塔神廟從公元前七〇〇年到公元前四〇〇年左右開始興建，公元前二〇〇年左右，大小已經和古典期的金字塔不相上下了。

進入古典期（公元二五〇年）時，都市幾乎同時衰退，許多都市國家都遭捨棄。

每次講到馬雅文明的瓦解，都只會講到古典期尾聲的公元九〇〇年左右那次結束而已，但此時也曾經瓦解過一次。

這個部分也是頗讓人感到興味十足啊～

實際上比這些還多

庫耶卓
或許是馬雅最古老的遺跡，外界對這裡都投以熱切的眼神（因為在此挖出據信年代最早的陶器）。公元前一〇〇〇年左右起開始發展。

聖巴爾多羅
才剛發現不久、熱騰騰的都市。金字塔中有彩色壁畫。

驚人！
在這個時代，中部仍是草原！

吉貝爾查頓
愛斯納
貝坎
瑟羅斯
卡拉克穆爾
拉馬奈
瓦沙屯
提卡爾
塞依巴爾
伊薩帕
塔卡利克阿巴赫
科潘
伊薩帕文化
卡密拉胡育
阿爾班山
艾爾鮑勒

南部（馬雅高地）

這裡已經開始製作紀錄事跡的石碑了，比古典期的馬雅中部地區還早。在艾爾鮑爾當地找到馬雅記載的日期最早（公元三十六年）的石碑。

卡密拉胡育是南部最大的遺跡，有逾百座神廟林立，球類競技場多達十二座，並找到統治階層的豪華陵墓。

卡密拉胡育的金字塔神廟不是石製，而是黏土建造，因此殘存的部分狀況很差，而且現在已成為住宅區，因此遺跡只剩下十分之一。

艾爾米拉朵
公元前四〇〇年左右開始急遽成長為大型都市國家，於公元一五〇年左右遭到捨棄。擁有美索亞美利加最高的金字塔，高度有七十公尺。也找到了寫有文字的石碑，但因為磨損嚴重，很遺憾無法解讀。這裡的馬雅遺跡有可能比任何地方都來得龐大，但由於地處汽車難以前往的叢林深處，調查遲遲沒有進展。

這個時代的種種

看此地的挖掘報告，會發現馬雅也在公元前就存在著「有羽毛的蛇」；公元前三世紀時，也已出現在舊神廟上蓋新神廟的情形，真教人忐忑期待。

馬雅中部 聖巴爾多羅的壁畫

這些奇妙的嬰兒究竟是怎麼回事?! 從有如吉他般的東西飛出來的蒙面者和一旁的怪人等等，真的是讓人在意得不得了的一件作品。

二〇〇一年的大發現！這不過是寬九公尺、高一點五公尺的大壁畫的極小一部分（公元前一世紀左右的產物）而已。在不久前（二〇〇五年），也發現了公元前三〇〇年左右的馬雅文字。

這也是聖巴爾多羅出土的

在自我犧牲的儀式中弄傷自己的生殖器而流血的神

艾爾米拉朵

蒂格雷金字塔複合體的重現圖
這也只是極其廣闊的艾爾米拉朵的很小一部分

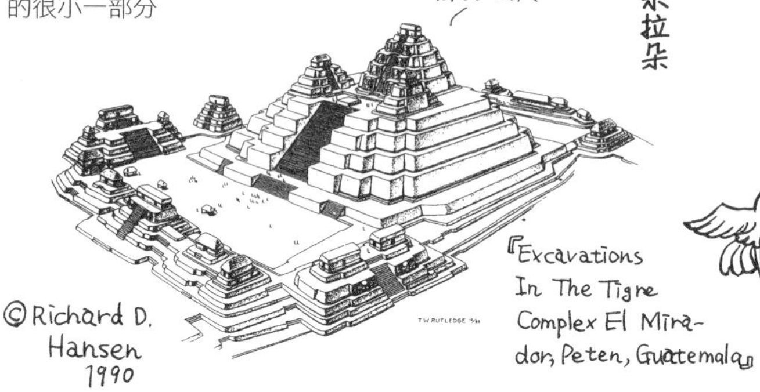

高55公尺

T.W. RUTLEDGE '90

©Richard D. Hansen 1990

『Excavations In The Tigre Complex El Mirador, Peten, Guatemala』

看到這些東西，會讓人覺得，無論是規模、熟練度或講究度，馬雅的前古典期都比古典期要來得了不起啊。

即使年代較早，也未必就過著更原始、更落後的生活。還是可以找得到許多進入新時代後，生活反而退步的例子。

搞笑不也是這樣嗎？唉，最近日本雖然出現許多超級有趣的藝人，讓人覺得進入似乎了一個很了不起的時代，但就像是物極必反一樣，諸如利用諧音或扮鬼臉等好像只有小學生才會覺得好笑用到爛而過時的笑料，現在都突然受歡迎起來……

真的是往前進三步後，又會往後退個兩步呢~

你到底在講什麼啊？

也有些學者認為，南部的伊薩帕與周邊地區的文化有其相同性，稱之為伊薩帕文化（文明）。

稍微再回到曆法的話題上。伊薩帕附近太陽移動的狀況，催生出了二百六十這個天數（本書九四頁），而這也是某種說法認為「美索亞美利加的各種文明全都源自於伊薩帕文化地區」的證據之一。根據這套說法，人們是從伊薩帕那裡四散開來，才建立了馬雅、奧爾梅克等文明的（詳見實松克義的著作《馬雅文明新事實》）。

馬雅南部

阿爾班山的石製巨頭

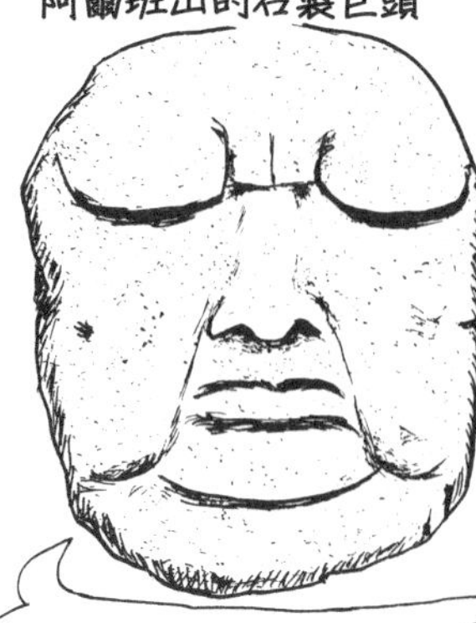

可不是只有我而已唷！在此也找到了繪有國王的石碑啦，比古典期早哦。

前古典期時期馬雅中部的活動

大型臉部裝飾

大概在前古典期結尾時，開始流行在金字塔的樓梯旁刻上臉部。有人說大臉代表著「神」或是「山的象徵」，但目前尚無定論。

拉馬奈的大臉

位於N9-56神廟最內層的神廟（公元前一〇〇年左右）

瓦沙屯的大臉

位於E-7建築物下層（公元前二世紀～公元二世紀之間）

進入古典期（公元二五〇年始）之後，仍然有製作大型臉部裝飾的情形，但不知道是不是因為國王變得比較有魅力，製作刻有國王肖像的石碑變成了主流，自公元五〇〇年左右起，這股了不起的潮流，就消失了。

從動態的

咚—

瑟羅斯的大臉

變小～了

往小而美發展

古典期 公元二五〇年～公元九〇〇年

自公元二九二年提卡爾的石碑開始，馬雅社會四處建立起刻有各種事跡的紀念碑。

托此事之福，在美索亞美利加，古典期的馬雅是僅次於阿茲特克，後人得以一窺其歷史以及個人成就的文明。

此外，古典期初期，森林尚處於漸漸茂密起來的階段，那時馬雅還沒有成為「叢林文明」。

很遺憾，這與大家覺得「馬雅是個謎樣的古代文明」的印象相去甚遠。

失望

我們可不是因為喜歡叢林便從一開始就住在叢林裡的啊。

古典期的馬雅，以中部為中心，有五十到七十個王國林立。這些王朝絕大多數都在八到十世紀時就完全滅亡了。

雖然各國國王的名字與歷史，已經因為解讀的工作而了解不少，但我沒辦法在這裡一一介紹出來。我打算把焦點放在三個尤其突出、已重現出最多歷史的大國，它們分別是提卡爾、帕倫克，以及科潘。

刻在紀念碑上的歷史

在古代都市的挖掘工作中，每次只要一找到刻有文字的黏土板或石板，研究者就會興奮萬分，覺得「有了這個就知道發生過什麼事了！」

但是，據說上頭實際刻的，經常淨是一些農作物的收穫量啦、家畜數目啦這種用來盤點存貨的事項，或是徵收稅金的備忘錄之類的事情而已，令人失望……

說到這方面，馬雅的紀念碑就很直截了當。會刻在石碑上的，包括國王的誕生、登基、死亡等國王的個人年表，以及主要會寫的戰爭紀錄。

這不折不扣正是歷史。

用於展現國王重要事蹟的文字

通稱「牙痛文字」 國王登基

通稱「抬頭蛙」 國王誕生

由塔媞亞娜·普洛斯克里亞科夫（Tatiana Proskouriakoff）發現的（一九六〇年）

也有用於表示各國（的王朝）的文字。

通稱「紋章文字」

提卡爾 帕倫克

卡拉克穆爾 科潘

由食材批發商海茵里奇·柏林（Heinrich Berlin）所發現的（一九五八年）

提卡爾

王朝開始於公元一世紀左右！

在前古典期的都市國家一一瓦解的歷程中，它成了少數倖存的國家之一，逐步發展成為馬雅最大的王國。

The 事件 夏胡・卡庫的「抵達」

事件是發生在公元三七八年，提卡爾第十四代國王「大美洲虎爪」（即恰庫・托克・伊恰庫一世）國王在位之時。

記載了事件的石碑是這麼寫的……

公元三七八年一月十六日
夏胡・卡庫，抵達提卡爾。
同日
「大美洲虎爪」，進入水中。
隔年，公元三七九年九月十二日
雅修・奴恩・亞義音一世，
就任為提卡爾第十五代國王。

由於石碑應該是提供給民眾觀看用的，因此也有人認為，就算能夠好好寫出馬雅文字的人不多，相對來說，能夠看懂的人應該還是比較多。

文字的力量不由你分說

解讀石碑的內容後，又一項關於馬雅的既定印象瓦解了。

在那之前，被大家視為馬雅權威學者的那些人，深信馬雅是一個沒有戰爭、和平的世外桃源般的世界，因此就算找到了防禦牆的遺跡，或是發現了描寫戰爭的壁畫，他們的看法都是「這並非戰爭，而是規模不大的小型『襲擊』。」

不過，各種解讀報告不斷出現，原本堅持這種視而不見態度的學者們，再怎麼不服氣，也開始正視血淋淋的證據。到了現在，「馬雅＝愛好戰爭的文明」已經成了不容質疑的一件事了。

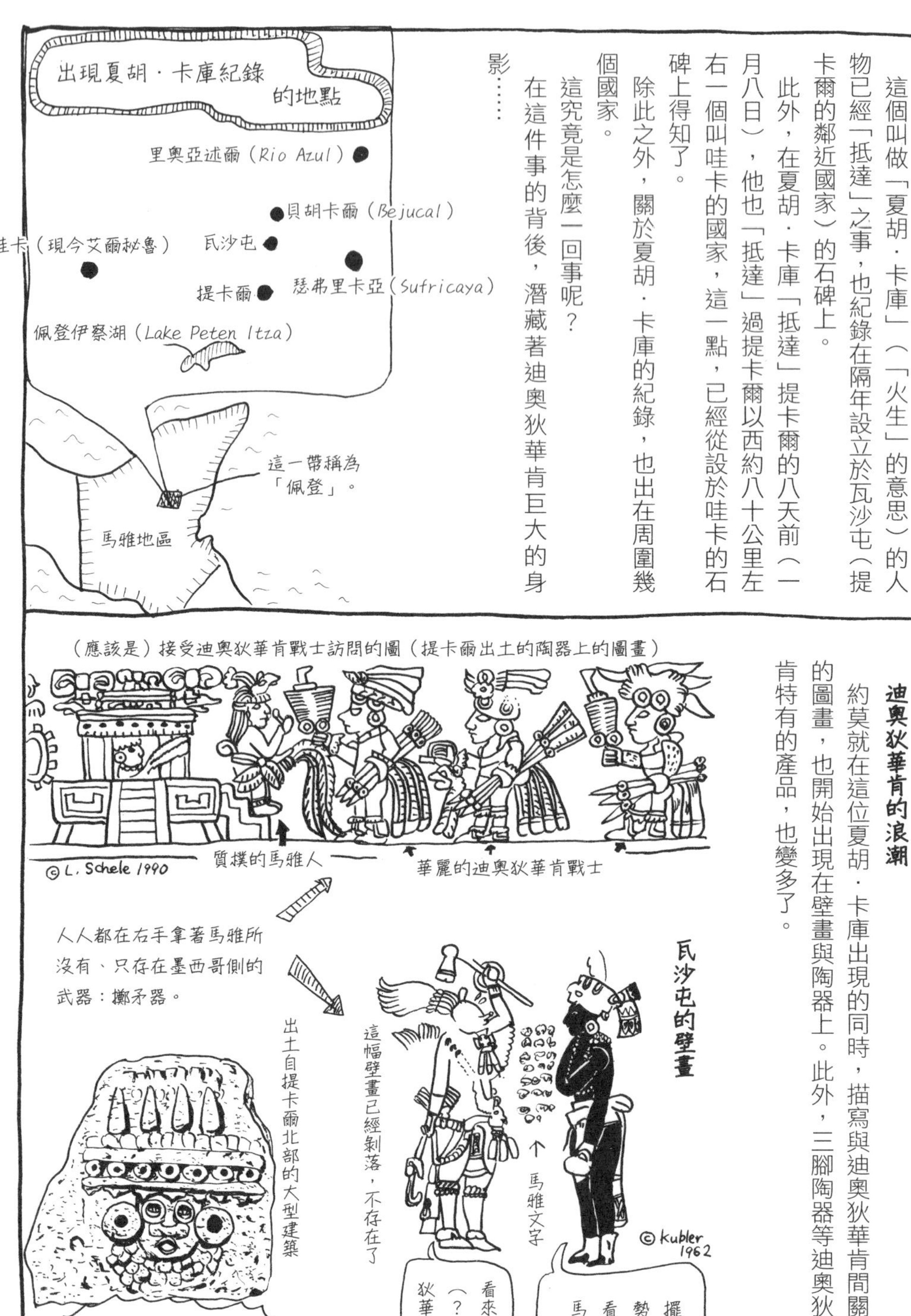

這個叫做「夏胡・卡庫」（「火生」的意思）的人物已經「抵達」之事，也紀錄在隔年設立於瓦沙屯（提卡爾的鄰近國家）的石碑上。
此外，在夏胡・卡庫「抵達」提卡爾的八天前（一月八日），他也「抵達」過提卡爾以西約八十公里左右一個叫哇卡的國家，這一點，已經從設於哇卡的石碑上得知了。
除此之外，關於夏胡・卡庫的紀錄，也出在周圍幾個國家。
這究竟是怎麼一回事呢？
在這件事的背後，潛藏著迪奧狄華肯巨大的身影……
出現夏胡・卡庫紀錄的地點
里奧亞述爾（Rio Azul）
貝胡卡爾（Bejucal）
哇卡（現今艾爾秘魯）
瓦沙屯
瑟弗里卡亞（Sufricaya）
提卡爾
佩登伊察湖（Lake Peten Itza）
這一帶稱為「佩登」。
馬雅地區
迪奧狄華肯的浪潮
約莫就在這位夏胡・卡庫出現的同時，描寫與迪奧狄華肯間關係的圖畫，也開始出現在壁畫與陶器上。此外，三腳陶器等迪奧狄華肯特有的產品，也變多了。
（應該是）接受迪奧狄華肯戰士訪問的圖（提卡爾出土的陶器上的圖畫）
© L. Schele 1990
質樸的馬雅人
華麗的迪奧狄華肯戰士
人人都在右手拿著馬雅所沒有、只存在墨西哥側的武器：擲矛器。
出土自提卡爾北部的大型建築
出現了！圓框眼鏡！
圓眼鏡也跑到馬雅來了！
雨神特拉洛克等神也來了。
這幅壁畫已經剝落，不存在了
瓦沙屯的壁畫
馬雅文字
© kubler 1962
看來不可一世（？）的迪奧狄華肯人
擺出服從的姿勢（？）看來人很好的馬雅國王

就在夏胡．卡庫登場的同一天，石碑上也出現了「大美洲虎爪」國王「進入水中」的描述。自那時起，就不再有關於這個國王的紀錄了。而且，從已經推立新國王，以及迪奧狄華肯文化急遽進入這裡等現象可以推估，夏胡．卡庫可能來自迪奧狄華肯，他恐怕是以武力擊敗了提卡爾，將國王處死，建立一個有利於自己的統治體制。

除了提卡爾以外，佩登一帶的主要國家，可能也都被他征服了吧。在提卡爾並未找到以武力壓制的證據，恐怕當時只處死了國王一人而已。不過，瓦沙屯似乎受到殘忍的對待，留下了活生生的傷痕。從宮殿遺跡中，已經找到了據信是王族人們慘不忍睹的遺體——就連孕婦、小孩與嬰兒，全都慘遭大卸八塊。

馬雅這裡很少有這種大量屠殺、殲滅王族的事情發生（除了古典期末期以外）。

瓦沙屯和提卡爾一樣，也是個安然度過前古典期瓦解潮的老國家。它同時也是個和提卡爾相同等級的大國。不過，自公元三七八年後，就降級至提卡爾附屬國般的地位。

於是，自那時起，佩登地區的繁盛時期，就由提卡爾獨領風騷了。

……到這裡為止，只算是極有說服力的假說而已，因此這個叫夏胡．卡庫的男子是否真的是迪奧狄華肯人，目前尚未找到決定性的證據。

如果他真是迪奧狄華肯人，那麼不止歷史事蹟，連個人成就或任何一個人的肖像都完全沒有留下的迪奧狄華肯，就只有他唯一一個「個人」留下了紀錄。而且還是留在距離母國遠達一千公里以上的地方……。

而且，除了夏胡．卡庫之外，還有另一個疑似迪奧狄華肯人的人物，也留下了紀錄。

就在夏胡．卡庫的「抵達」事件歸於平靜後很久，公元四一六年，在一幅當成供品的創作品當中，記載了一個叫做「擲矛器貓頭鷹」的男子姓名。

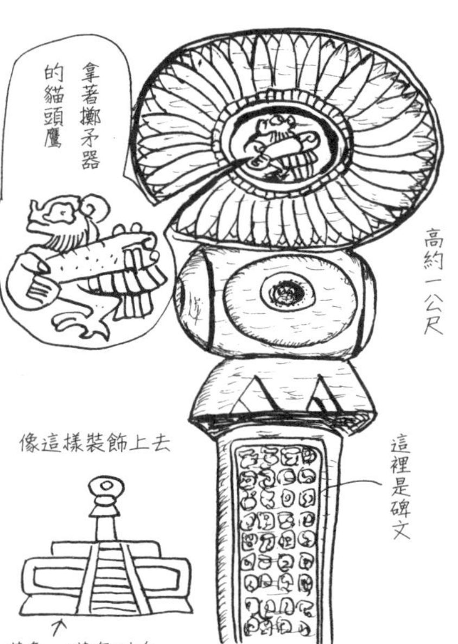

與迪奧狄華肯出土的球類競技場標識柱相同類型的東西。

根據這面碑文的解讀，「擲矛器貓頭鷹」在夏胡・卡庫「抵達」事件四年前、公元三七四年時，就任為國王。

「擲矛器貓頭鷹」到底是在馬雅的哪裡登基，這並不清楚，但提卡爾與周圍國家卻紀錄了他的姓名。在他死後好幾十年，他的名字都還會在回想錄中出現，是個超級重要的人物。因此，有人認為，這個叫「擲矛器貓頭鷹」的人物，不是在馬雅地區登基，而是，

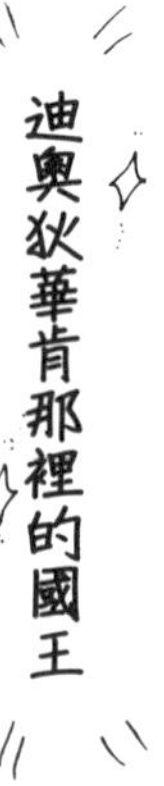

迪奧狄華肯那裡的國王

據此，可以推敲出這樣的情節：夏胡・卡庫可能是「擲矛器貓頭鷹」指派前往攻打馬雅的司令官。

「擲矛器貓頭鷹」的名字

實際上沒人知道該怎麼讀。無論擲矛器或貓頭鷹，都是迪奧狄華肯經常出現的圖像。

擲矛器

將矛擲到遠方的工具

唔，是個附有勾子的長棒

還不只這樣而已～～

也有一種說法認為，夏胡・卡庫抵達後，馬上成為提卡爾新國王的雅修・奴恩・亞義音一世（此起簡稱亞義音），是「擲矛器貓頭鷹」的兒子。證據之一是，在亞義音的陵墓中出土的陪葬用杯上，寫著「擲矛器貓頭鷹兒子之杯」的字樣。

然而，以科學方式★分析亞義音的遺體，卻發現他從小就在提卡爾長大。

★一種叫「鍶同位素比對」的分析方式。就是用遺體骨頭中含有的鍶這種元素的數值，推敲這個人的出身地。

土壤與水中會含有鍶，只要飲用當地的水（地下水），就會進入骨頭裡。雖然在人死後，骨頭中的數值會一直改變，但是牙齒的琺瑯質由於在小孩時期就停止新陳代謝，因此仍會保留小時候居住地點的鍶含量。

科學真厲害
雖然我不是很懂，總之就是覺得很厲害，然後就寫出來了。

所以，應該會朝著「亞義音畢竟流的不是迪奧狄華肯的血」這個方向塵埃落定下來。

唔，不過，也有可能是亞義音小時候就被送出迪奧狄華肯，或是身為國王的「擲矛器貓頭鷹」，刻意來到提卡爾，讓提卡爾的女性有了身孕……像這種早早就做好安排的情形，也是可能的……

此外，也有人懷疑，「擲矛器貓頭鷹」不是迪奧狄華肯人，或是覺得「迪奧狄華肯人進入馬雅」的這種說法很奇怪。

一方面是佩登地區並沒有出色到值得迪奧狄華肯統治，一方面也是因為在夏胡．卡庫來訪之前，就已經出現過迪奧狄華肯風格的東西了（像是塔魯－塔布列洛風格的建築）。因此有人認為，迪奧狄華肯並未征服這裡，只是因為長期的文化交流，最後迪奧狄華肯的使者前來問候，充分展現本國的威風，也順便協助打敗了提卡爾視為眼中釘的瓦沙屯，如此而已。

從提卡爾與瓦沙屯間長達九．五公里，且連在一起成為防衛設施的壕溝與土堤，就能夠看出提卡爾與瓦沙屯之間，氣氛並不平靜。

一直到不久前的一九九〇年代，較為主流的見解是，夏胡．卡庫是迪奧狄華肯人，而且是「大美洲虎爪」國王的弟弟。

和公元後三七八年的「抵達」事件結合起來，夏胡．卡庫的存在，在馬雅的歷史中，是最讓人感到刺激的一件事。雖然不知道他是何時去世的，但夏胡．卡庫的名字，一定會加上「西方的卡洛穆鐵（Kaloomte，大王之意）」的稱號，總是受到讚揚。

在很久以後的時代，多面紀念碑上，還是會刻上公元三七八年夏胡．卡庫「抵達」事件的資訊。再經過一百年後，帕倫克與科潘等大國的碑文上，都還會以回想的口吻談到他的名字，是一名充滿傳說的男子。

在馬雅到處留下足跡的男子、謎樣的夏胡．卡庫，真的讓人感興趣得不得了。

亞義音與「暴風雨天空」

在夏胡．卡庫的輔佐下成為國王的亞義音，在自己的肖像上畫的是迪奧狄華肯風格的服飾，用的是迪奧狄華肯的陶器，深深受到迪奧狄華肯文化的影響，可以稱得上是迪奧狄華肯的產物了。

不過，一進入他兒子「暴風雨天空（即夏胡．強．卡烏義魯二世）」的時代，迪奧狄華肯文化就漸漸消失，回到了馬雅原本的文化。

看到這件事後，會漸漸有一種想法：這裡畢竟不是一向就受到迪奧狄華肯的統治，或許是該國為了支援提卡爾，才暫時來到這裡。

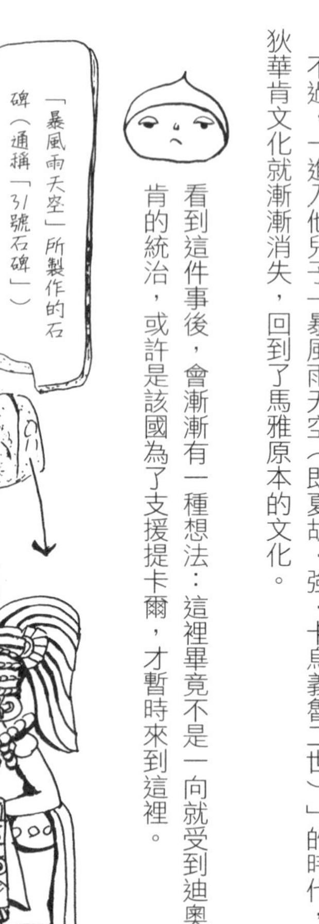

在穿著馬雅服飾的自畫像兩側，畫的是穿著迪奧狄華肯戰士服裝的父親。這面石碑上，也寫著「擲矛器貓頭鷹之死」。

「暴風雨天空」的陵墓，建於這個時代提卡爾王室的墓地（通稱「北阿科羅普利斯」之處）。算是蓋在父親亞義音的陵墓（三十四號神廟）旁。

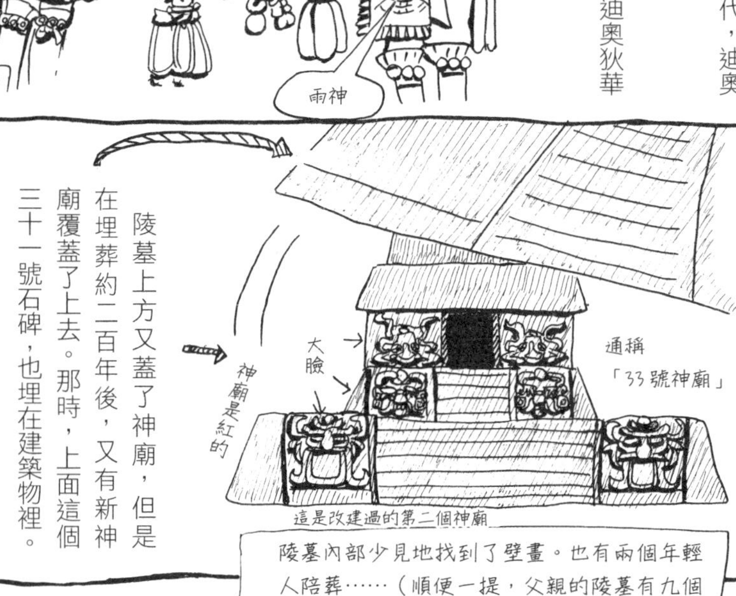

陵墓上方又蓋了神廟，但是在埋葬約二百年後，又有新神廟覆蓋了上去。那時，上面這個三十一號石碑，也埋在建築物裡。

南部也有迪奧狄華肯的浪潮～卡密拉胡育～

卡密拉胡育這個馬雅南部最大的都市國家，也在公元四世紀左右起，出現迪奧狄華肯特有的文物。

由於這裡的迪奧狄華肯文物的數量之多還超過了提卡爾，甚至於有人認為，「迪奧狄華肯選擇了卡密拉胡育，做為在馬雅地區的經營據點」（引自大井邦明所著之《挖掘消失的歷史》）。

即便如此，迪奧狄華肯的文物，似乎只集中於卡密拉胡育範圍不大的部分地區，整體而言仍以馬雅文化為主流。

因此，比較多人還是認為，原因在於「雙方曾有交易關係」、「採納了流行的迪奧狄華肯文化，以彰顯自己的威風」。

不過，還有另外一件不可思議的事——這裡明明是前古典期最早使用馬雅文字（雖然只是前一個階段的文字）的地方，但是在迪奧狄華肯文物流入後，文字就不再出現了。

卡密拉胡育內部的迪奧狄華肯地區，在公元六世紀左右停止了活動。或許是因為發生內亂吧，也發現了火災的痕跡。

唔，這裡留下的謎團也很多呢。

與卡拉克穆爾間的爭鬥

「暴風雨天空」死後，提卡爾進入了緩慢的停滯期。不過，它在馬雅中部，依然是第一把交椅的國家，維持著難以撼動的地位。

只是，到了第二十一代國王「雙鳥（即瓦克・強・卡烏義魯）」的時期，提卡爾的考驗來了。

在古典期的馬雅世界裡，存在著許多宗主國與臣服的附庸國之間的關係，提卡爾也是多個國家的宗主國。

事件就是從提卡爾與其中一個附庸國卡拉酷間糾結的情感中發生的。

首先是在公元五五三年，雙鳥國王前往監督卡拉酷國王（雅哈烏・提・基尼奇二世）的登基儀式。

經常可以看到許多像這種由宗主國好事地前去參加登基大典，以再次確認本國優越性的例子。

三年後，提卡爾攻擊了卡拉酷，將卡拉酷的高位人士處死。據信，這是對於卡拉酷做出的某種不規矩行為（大概是反叛）的制裁。

不過，再過了六年後（公元五六二年），提卡爾反過來在「星星戰爭」中大敗。

從卡拉酷的登基儀式開始到這裡的過程，全都寫在卡拉酷的紀念碑（二十一號祭壇）上。

這次戰爭後，卡拉酷成為一個大城市，因此原本大家都以為，是卡拉酷在壓倒性不利的形勢當中，奇蹟似地逆轉勝，擊敗了大國提卡爾。

不過，真正帶給提卡爾此一屈辱的，似乎是另一國卡拉克穆爾。

之所以這麼說，是根據石碑上這場戰爭的勝利者姓名，雖然因為磨損，已經無法清楚辨識，但是文字的輪廓看起來似乎不是卡拉酷國王的名字，比較接近於當時卡拉克穆爾國王的名字。

星星戰爭（金星戰爭）

美索亞美利加的人們，認為金星是「帶來禍害的不吉利星星」，一直都很尊敬與崇拜它。

對馬雅人而言，金星也是「戰爭之星」。他們認為，當金星以「黃昏之星」或是「黎明之星」的身分升起的第一天，就是「最適於進行戰爭的日子」，敵國之間在那天彼此發動戰爭。研究者稱這場戰爭為「星星戰爭」，現在已成為固定稱法。

趁這個機會講講 馬雅的戰爭

對馬雅人而言，戰爭是日常生活中自然而然的一部分。

一般講到戰爭，給人的想像是幾千人、幾萬人互相廝殺的那種畫面，不過也有人認為，馬雅的戰爭規模很小，是以較少的人數各憑本事交戰。與其說是戰爭，不如說像是比賽般的東西。因此，小國也可能贏過大國。

馬雅的戰爭，最大的目的在於生擒敵軍的國王或貴族等身分較高的人，因此很少會有毀滅敵國、占領敵國之類的事發生。

此外，在這場戰爭後，卡拉酷就成為卡拉克穆爾的附庸國。

而且，卡拉克穆爾在這件事後，就多次與提卡爾交戰。

雖然只能像這樣舉出一些情境證據，但「卡拉酷拉攏卡拉克穆爾幫忙痛打提卡爾」這個說法，是頗為合理的。

提卡爾國王雙鳥的名字，自公元五六二年大敗之後，就沒有在任何地方出現，因此據信是遭處死了。卡拉酷的紀錄已磨損，這部分的情節並不清楚。

不同於夏胡．卡庫「抵達」事件的時候，當時的國王遭到處死（雖然還只是一種假說），這次的重擊大大撼動了提卡爾的根基，在國內也發生了種種問題（本書一二〇頁會談到）。

提卡爾甚至連原本會四處建造的紀念碑，也在雙鳥興建的最後一個之後，隔了一百三十年才又建了新的。

戰勝國會藉由傷害或殺害戰敗國的高位者，損傷該國的威信、帶給對方屈辱，時而還會進入戰敗國破壞石碑。這類行為似乎可以讓他們彰顯自己的優勢，獲得滿足。

我就說，瓦沙屯的王族大屠殺是例外中的大例外嘛。
雖然講過很多遍了～

此外，戰敗國會被迫臣服而成為附庸國，也必須接受定期進貢的懲罰。

馬雅的紀錄規則

基本上，石碑上只會記載對本國有利的事而已。在戰爭中勝利的事會紀錄下來，吃了敗仗就不會記了。因此，前述的提卡爾的敗北事蹟，在提卡爾也不存在。

雖然有時候打了敗仗也會紀錄下來，但通常只有在後來逆轉得勝時，才會把前面打輸過的事也寫進去。

也存在著直接把打輸的事紀錄下來的例子，雖然很少見就是了。

唔，有時會有不同的用意在嘛。

提卡爾的內鬨

雙鳥國王敗北約八十年後，提卡爾王族內部，發生了王位之爭。

在競爭中落敗的男子，帶著夥伴一起離開了提卡爾，在提卡爾西南方一百公里處的地方建立了王國（公元六四八年左右）。這裡就是目前稱為道斯皮拉斯之處。

據信，那個男子巴拉赫·強·卡烏義魯（此起簡稱巴拉赫），與開開心心成為提卡爾第二十五代國王的「盾－頭骨」（即奴恩·烏赫爾·恰克），兩個人恐怕是兄弟。

巴拉赫在道斯皮拉斯建國後不久，就做出了故意向提卡爾炫耀般的行為。

那就是，成為卡拉克穆爾旗下的一國。

卡拉克穆爾

咻～

提卡爾

道斯皮拉斯

歷史話題

這時候，西方大國迪奧狄華肯滅亡了！

卡拉克穆爾不知道是不是受了巴拉赫的請求，在九年後向提卡爾發動了「星星戰爭」（公元六五七年）。

提卡爾軍大敗，「盾－頭骨」逃往由帕卡爾國王統治的帕倫克去。

帕倫克也和卡拉克穆爾為敵，與提卡爾友好。

後來，「盾－頭骨」費盡千辛萬苦又回到了提卡爾，歷經十三年的充電期間後，向道斯皮拉斯下了戰帖（公元六七二年）。

提卡爾在這場戰爭中勝利，這次他把巴拉赫逐出了道斯皮拉斯。

少了國王的道斯皮拉斯，就成了提卡爾統治的地區。不過，卡拉克穆爾又當了巴拉赫的後盾，接連向提卡爾發動戰爭（公元六七七年與六七九年）。

提卡爾難以和卡拉克穆爾匹敵，在雙方的戰爭中落敗了。從此，有關執著的「盾－頭骨」的紀錄就沒再出現了。

豈能讓你如願～～

「盾－頭骨」坐上提卡爾王位的代價，也未免太大了。

於一連串的戰爭中贏得勝利的卡拉克穆爾，就取代了提卡爾，在馬雅中部成為第一大國。

重返榮耀

輸得這麼慘，可能會讓人深深陷入自暴自棄的情境中，再也爬不起來了。

但是，就連水谷豐與有吉★也都復活了！復活的現象是會發生的！

公元六八二年登基的哈薩烏．強．卡烏義魯一世（此起簡稱哈薩烏），再度採用了象徵提卡爾最輝煌時期的迪奧狄華肯文化，為陷於挫敗氛圍中的提卡爾子民注入了活力。

也有學者推測，在提卡爾再次出現迪奧狄華肯文化，很有可能是因為不久前滅亡的迪奧狄華肯的難民流入這裡所導致的。

然後在公元六九五年，提卡爾終於打敗了從未打敗過的卡拉克穆爾。

正如提卡爾在最初的戰爭中敗在卡拉克穆爾手下後一蹶不振一樣，卡拉克穆爾也在這次戰後迅速萎靡下來。

★水谷豐是一九七〇年代人氣歌手，在一九八六年停止音樂活動，其間演出日劇〈相棒〉系列大受歡迎，但在二〇〇八年才重新以歌手身分恢復音樂活動。有吉弘行為前「猿岩石」二人組之一，一九九六年在〈電波少年〉節目中在國外搭便車旅行，回國後暴紅，但後來人氣暴跌，工作不順，曾有七年期間沒有收入。二〇〇七年起，以「幫別人取綽號」的「毒舌派藝人」身分漸有發展，再次走紅至今。

不像提卡爾還能從谷底翻身，卡拉克穆爾此後就再也沒有出現盛況了。

這次的起死回生，使得提卡爾奪回了馬雅中部第一名的寶座，國力也穩定下來，又開始建造石碑等紀念碑了，也著手於更大規模的建造行動。

沒有吃過敗仗的國家首次打敗仗的時候，是最難受的吧～

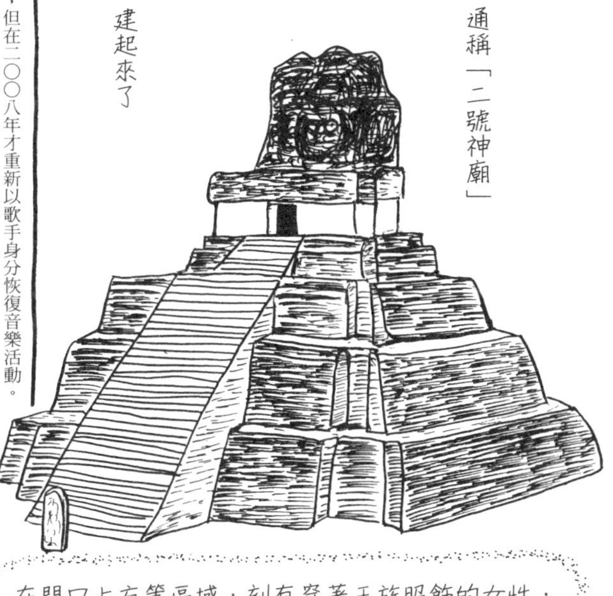

在門口上方等區域，刻有穿著王族服飾的女性，因此這裡據信是獻給哈薩烏夫人的神廟。不過目前的挖掘活動中尚未發現她的陵墓。

在一個卡敦（約二十年）結束，要慶祝時，哈薩烏在一般應該是用來建石碑的地方，蓋了一個自己想出來的特有的複合建築（如下圖所示）。

第二十七代的國王是哈薩烏的兒子易金・強・卡烏義魯（此起簡稱易金），他是個比父親還厲害的建築王。

通稱「雙胞金字塔複合體」

共計建了六組
（其中有三組是哈薩烏建的）

在二號神廟的正對面，蓋了一號神廟作為父親的陵墓。

這也是二號神廟目前的樣子。當時的神廟全都是鮮紅色的。

一號神廟和二號神廟是任何一本講「馬雅文明」的書，都一定會放上其照片的有名神廟。

在神廟下有陵墓（一九六二年發現的）這裡似乎有個他父親哈薩烏曾經蓋過的神廟，為了建陵墓，才把原本的神廟先破壞掉，再蓋了這座神廟。

此外，易金還蓋了在馬雅第二高（六十五公尺）的四號神廟與六號神廟（高十二公尺）等建築。

易金打敗了幾個原本是卡拉克穆庫爾附庸國的國家，帶領國家富足起來，建立了一個所向無敵的形象。

不過，繁榮並不長久。在易金後還有六個國王，但是在進入九世紀之前，提卡爾就終結了。最後一面石碑上的日期是公元八六九年。

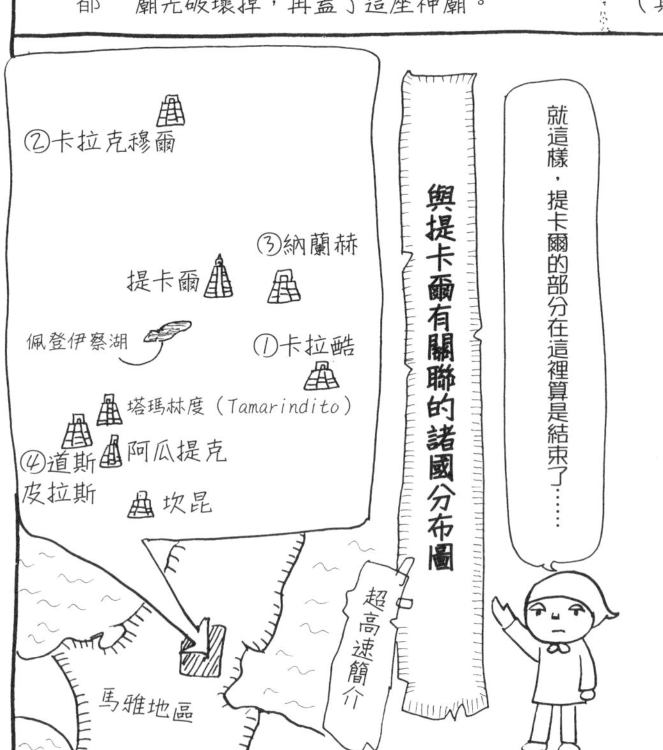

①卡拉酷

欺善怕惡的國家。

該國在兩大國間爆發戰爭一事上，扮演了關鍵性的角色，是談馬雅的書中一定會介紹到的國家。

自成為卡拉克穆爾旗下一國之後，只要是卡拉克穆爾看不順眼的國家，卡拉酷就跟著欺負，卑鄙而鑽營，尤其是欺負納蘭赫。

或許是因為幫忙做這些事，卡拉酷後來成長為面積與提卡爾或卡拉克穆爾並駕齊驅的大國。雖然隨著卡拉克穆爾的衰退而跟著萎靡不振，但是在「馬雅滅亡」之前，仍呈現緩緩回復活力的景況。

其都市留有燒毀的痕跡，看起來最後是遭到某種勢力的破壞才終結的。

最後一面石碑上的日期是公元八五九年。

②卡拉克穆爾

如同先前多次提及的，該國與提卡爾一樣，是從前古典期延續下來的老國家。

該國有多達一百一十七個記有文字的紀念碑，這在馬雅地區是無國能敵的最高紀錄。但十分遺憾的是，由於碑用的是不耐水的白堊質石灰岩，似乎磨損得相當嚴重，幾乎無法解讀。因此，雖然是個大國，卻不太能夠得知它的歷史。

也挖出許多翡翠面具（死者用）

雖然有的國家是像卡拉酷與道斯皮拉斯那樣，出於和提卡爾之間的恩怨，才投入卡拉克穆爾旗下，但從這些國家活躍的活動情形來看，卡拉克穆爾採取的是遠比提卡爾嚴加控制的管理方式溫和得多的路線，而且也讓人覺得是個很善於發放好處給附庸國的國家（個人看法）。

想入會很簡單！不必審核，還送你保險。

啪啪啪

卡拉克穆爾聯盟的主要成員

斯皮拉斯　卡拉酷

納蘭赫　哇卡（艾爾秘魯）

不過，或許因為平常很親切，一發起火來就相當可怕！

脫離卡拉克穆爾聯盟的納蘭赫遭到他們攻擊，國王也被處死。而且，據說在平常寫著「斬首」的地方，變成寫上了「被吃掉」的字眼。

我可不會饒恕想脫離我們的國家唷～～

最後日期可能是公元八九九年或九〇九年（因為磨損，無法辨別）。

這件事說明了制裁有多麼嚴厲呢～～

③納蘭赫

由於這一段落以提卡爾為主角，因此不小心就把納蘭赫排除在外了。不過，納蘭赫的歷史，要比任何地方都來得有戲劇性而更偏向悲劇。

在受到卡拉克穆爾的嚴厲制裁後，他們沒有把這種屈辱與憤恨的心情投向大國提卡爾，而是投向參與制裁、與自己處於同一階層的國家卡拉酷，卻因此使事態更形惡化。他們就在發動攻擊，執拗地不斷開戰的過程中（恐怕是因舉國疲弊），嘗到了全面敗北的滋味。國王死去，王族的血脈也斷絕了。

不知道是出於何種協定，後來的納蘭赫，出現了一位派遣自道斯皮拉斯王朝、第一代國王巴拉赫的女兒「6－天空」，前來重建國家。

6一天空前來時，也和夏胡·卡庫那時一樣，以「抵達」這個字描述。

是說，這個例子也很不可思議耶～如果是看歐洲王朝的歷史，這種事似乎可以找到很多，但在這裡實在是意想不到。
而且還是個女的……

就這樣，納蘭赫變成由完全不同的王族所統治的國家。

不過看到這種補救體系的例子，甚至會讓人想起，馬雅的每個國家，原本不就是從同一個王族分化出來而成立的嗎？

接受委派建設國家的「6－天空」，決心要整頓紛亂的國家，使其回復往日風貌，進而擴大版圖。

在兒子就任為國王後，她還是以攝政者的身分掌握實權，不擇手段地向周邊小國一個個發動戰爭，而且打一個贏一個，幾乎戰無不勝。

這樣的策略到底是在卡拉克穆爾的指導下採用的，還是「6－天空」她自己特有的手腕呢？

雖然沒人知道答案，但該國還是東山再起，重新成為馬雅世界的主要國家之一，實在很了不起。

踩在俘虜上的「6－天空」。真的很少看到女人當權的例子。

在馬雅的世界裡，偶爾會有沒生出男性繼承人而無法延續香火的狀況，這種時候固然有由長女成為國王的例子存在，但是像「6－天空」這麼特出的女性，別無他例。

「6－天空」及其兒子之後的納蘭赫沒有什麼大發展，最後的日期是公元八二〇年。

④道斯皮拉斯

這個國家對鄰近國家採取聯姻政策，或者以戰爭使人臣服，取得了自己周邊有「佩提修巴頓」（Petexbatún）之稱地區的版圖（即便如此，它仍是個在全盛期時人口都不超過五千人的小國★）。

或許是為了當成緊急情況下的屏障，該國在河川旁的斷崖上，也設立了一個叫阿瓜提克的城市，做為與道斯皮拉斯同等級的雙胞胎城市，也發展得很順利。

不過，公元八世紀中葉左右開始，佩提修巴頓地區的戰爭，白熱化到異常的地步。道斯皮拉斯人在敵軍（叫做塔瑪林度的國家）的執拗攻擊下，捨棄了城市，逃進阿瓜提克去（公元七六一年）。

可是，這麼做只能暫時拖延一段時間而已。

雖然阿瓜提克修築了約五公里長的防禦牆，但敵人照樣輕而易舉翻越，破壞了都市，還放了火（公元八一〇年左右）。

從料理及製造日用品的作業突然中斷的痕跡，以及貴重物品散落一地的情形，看得出攻擊來得很突然。但也看得出，國民們雖然慌亂，還是想盡辦法逃走了。

不知道是道斯皮拉斯還留有居民，或是有人回到了國內，道斯皮拉斯到公元七六一年以後，也還找得到人們居住的一些痕跡。

雖然他們從神廟剝下石材，躲在要塞裡生活，但沒多久還是落入敵人手中，慘遭無情地殺害。目前也已找到用於集體丟棄屍體的亂葬洞。

最後的日期，在阿瓜提克境內是公元七七八年，道斯皮拉斯境內是公元七四二年。

再怎麼說，這種濃縮法也太過粗略了吧。

把它們當成提卡爾的附屬段落也很沒禮貌

可是都是戰爭的紀錄，很無聊啊……滿滿的「男人味」。

而且缺少夏胡．卡庫般教人深感興趣的謎團……

想要知道得更詳細的人，請參考《古代馬雅國王歷代誌》等文獻！

★此時的提卡爾疆域有120平方公里，據推估有六萬兩千人。

帕倫克

帕倫克相對來說較新，是公元四三一年由「庫克．巴藍一世」（鳳尾綠咬鵑．美洲虎之意）開拓的。庫克．巴藍一世有個稱號叫「托庫坦的統治者」，由此可以推知，帕倫克王朝是從一個叫「托庫坦」（Toktan）的地方搬來這裡建立的。

帕倫克初期的國王中，存在著在托庫坦執行王位繼承儀式的人，而且連很久以後的國王帕卡爾，都還是從托庫坦娶來妻子的。

他們大概是從自己的根源地以有如分家般的形式來到這裡的吧。

托庫坦（地點不詳）

帕倫克

可不是像道斯皮拉斯與提卡爾那種糟糕的關係唷。

王國果然是以這種方式一直擴張下去的呢～～

從庫克．巴藍一世一直到他後面的八個國王，雖然出現在日後（七世紀末）的碑文中，卻還沒有挖到建築物等考古學上的證據。

目前，我們舉目所見的帕倫克建築，全都是從公元六一五年登基的帕卡爾國王的時代開始興建的。

從帕卡爾國王開始，一下出現了發展建築事業的情形。

他之前的國王們的文物，不知道是不是因為還埋著，目前尚未出土。

對現代人而言，帕卡爾國王是馬雅文明中最知名的國王。因為，與埃及的圖坦卡門一樣，他是目前馬雅唯一一個已找到未經盜挖的完整陵墓的國王。

最近又找到了其他未經盜挖的國王陵墓，因此他已經不再是唯一一個完整發現的陵墓了。

帕卡爾陵墓
發現於一九四九年，發現者亞伯托·魯茲·路易耶勒（Alberto Ruz Lhuillier）是墨西哥考古學家，一切開始於他在修復「碑銘神廟」的內部時，發現地板上有一些奇妙的洞。
這什麼呀！
有一片地板上有12個洞，
洞裡塞了石拴。
取出石拴、把扳子提起來後，
下面是個滿是土石的樓梯！
他們持續進行著移除石頭等東西的無止盡作業，
把那面厚三公尺的牆壁破壞、前進後，
是個三角石扳
完成後，總算進入通道，結果碰壁。
把它打開往內一看，裡頭是
哇～
一九五二年六月十三日，總算開啟墓室大門，成功找到帕卡爾的棺木。

內部階梯的一側是稱為「精神輸送管」的管子，連結墓室與上方神廟。據信是用來與國王的靈魂交換訊息。
碑銘神廟・剖面圖
© 帕倫克附屬博物館
墓室前有六個（五男一女）年輕人陪葬！從牙齒上嵌有裝飾品來看，據信是貴族階級的人。
牙齒的改造
馬雅貴族中，很多人都會削齒或是嵌入翡翠（不只馬雅，在墨西哥灣沿岸地區等地也會如此）。仿效太陽神基尼奇的內褲型牙齒也很受歡迎。
翡翠
穿往西側（面對它的右邊）的通風孔
神廟高25公尺
墓室
九×四公尺的房間裡，全由石棺占滿
懸挑式天花板
三角形石板
墓室的牆上刻有帕倫克歷代國王的肖像畫，充當「支配夜晚的九個神」
內部有空間與平台，可以滑動棺木蓋子
棺木上方有串著三具假面的翡翠帶子
棺木與地板間的空隙，放著兩個活人頭般的頭像，兩個都是帕卡爾。
年輕帕卡爾（12歲登基時）
老帕卡爾

棺蓋

因為看起來好像搭乘太空船一樣，非常有名!!

長3.8公尺，周圍的裝飾略去

往天堂 ↑

帕卡爾

↓ 往地獄

位於中央的是木棉樹，它是升往天堂的通道

據說這是國王遭地獄吞噬後，再從地獄中重生的樣子。

天國之鳥
也有人說是天神伊扎姆納的變化之一。另外也有人認為是維科布·卡奇修。

鳥
神
樹
神
雙頭蛇
帕卡爾
怪物
通往地府的入口

在挖空成人形的地方，塞進了一個這種形狀的栓子。

這個一樣是石栓

由於石棺的大小無法通過通道，可以得知一開始是先建造墓室、放入棺木後，才建造金字塔的。

棺木的側面畫有歷代國王的十尊畫像。不知道為什麼，只畫了第四代以後的國王，但是帕卡爾的雙親與帕卡爾三代前的女王，或許是因為特別強調對他們的尊敬，出現了兩次。

以樹的樣子生長著

據說馬雅人認為，國王會變成樹再回到地上來。

朱砂撒滿全身，紅通通的。

身高173公分，以馬雅人來說身材高大。

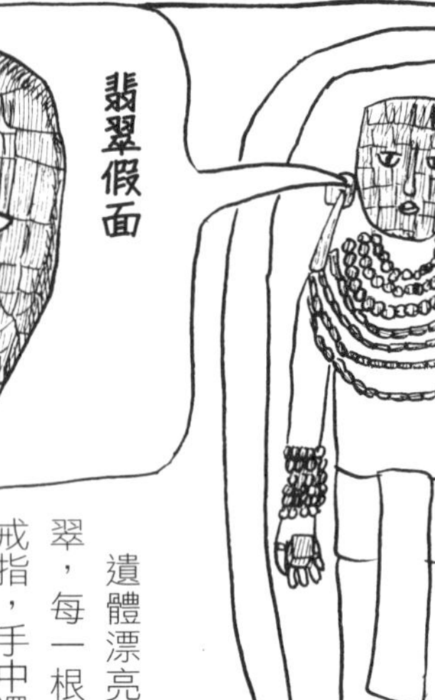

翡翠假面
發現時已碎成一片片，這是重新黏起來的。曾一度遭竊（一九八五年），但四年後抓到了犯人一夥人。

遺體漂亮地裝飾有大量的翡翠，每一根手指都戴上了翡翠戒指，手中還握著翡翠。

一方面它是帶到地獄去的護身符，一方面也是貨幣。這也是美索亞美利加的共通文化（僅限菁英階層）。

順便一提，根據發現時的調查，死者判定為四十至五十歲，但這和帕卡爾的年齡不吻合。這又是新的謎團，或者只是判定錯誤呢？

帕卡爾時代

在帕卡爾之前，帕倫克處於混亂狀態。卡拉克穆爾一直發動戰爭，帕倫克不敵。國王死亡後，一時又找不到能夠繼承王位的男性，結果暫時交由帕卡爾的母親薩克·庫克攝政。

後來，帕卡爾在十二歲就年紀輕輕地當上國王（公元六一五年）。在母親的指導下，他逐步重建帕倫克，打下了國家的繁盛基礎。

在我之前兩代也曾有女性國王，在位長達二十年。順便一提，我在位三年。
目前仍處於持續解讀碑文這個階段，帕倫克到底是如何再重建的，還不是很清楚。
呃
先不管那個，薩克·庫克的那張臉！那不是女生的臉吧?! 難道這是當時理想化之下的美麗嗎？美真的是一種相對的觀點呀。

將王權頭飾交給帕卡爾王的圖

★也有人認為不是帕卡爾夫人，而是年代略為後面的一個王妃的墓。

帕卡爾為自己的陵墓蓋了神廟，也在旁邊蓋了妻子的陵墓。此外，也大幅改建與增建通稱「宮殿」、主要掌管政治的建築。由此可知，當時的生活很安定富足。

最重要的是，在這個你殺我、我殺你的馬雅世界裡，帕卡爾活到八十歲的超高齡才去世，這一點，最能說明帕卡爾國王過著相當養尊處優的人生。

馬雅非常尊敬長壽人士唷。

帕卡爾夫人墓★（通稱「十三號神廟」）是在一九九四年（算是滿近期的！）發現的，遺體以朱砂染成紅色，因此有「紅色皇后」之稱。

「宮殿」是歷代帕倫克國王以接力方式不斷加蓋上去的建築物。

後帕卡爾時代

也由於帕卡爾為帕倫克打下了繁華的基礎，他的兒子坎・巴藍二世，成了帕倫克的建築王。

在偉大的父親之後，做兒子的就成了建築王——這似乎是歷史上的一種模式呢。

他到四十八歲（公元六八四年）才登基，在馬雅世界算是很晚的。不過，「枯槁」一詞完全無法用來形容他。他完成了父親的陵墓「碑銘神廟」，又建造了知名的通稱「十字建築群」的三座神廟（公元六九二年同時完成）。

三座神廟都分別有具主題性的浮雕，例如下面這個「葉十字神廟」的浮雕，就展現出「對於食物的感謝」。

好可愛！

臉是玉米

以玉米的莖與葉構成十字。兩個人物是小時候與長大的坎・巴藍二世。

這種東西已出土100尊以上，供奉於十字建築群以及周邊的神廟基壇上。

這個凹凹凸凸的東西是帕倫克特有的香爐，是從坎．巴藍二世時代開始製作的。

坎．巴藍二世在位十八年，他一死，帕倫克王朝的繁榮，就開始走下坡了。

帕倫克不斷與位於馬雅西部、規模與自己差不多的大國托尼納交戰，但公元七一一年，托尼納採取了攻入帕倫克的粗暴方式，綁架了帕倫克國王。

國王在托尼納當地，以悽慘的樣子示眾。從這段期間開始，國王就變成大家瞧不起的對象。貴族的態度漸漸囂張起來，甚至還出現由國王幫他蓋神廟的貴族。

後來又歷經了幾代的國王，但是在九世紀中期，帕倫克也終結了。

國王與貴族共同作業，把某種包起來的東西運回來的圖。到底包著什麼呢？好像很可愛。

帕倫克出現的最後日期是公元七九九年。

原本是帕倫克仇敵的托尼納，似乎撐到滿晚的，在馬雅中部主要都市中，其長紀曆的日期持續到最晚（公元九〇九年）。

帕倫克國王被抓的模樣，在托尼納變成了浮雕（坎．巴藍的弟弟，坎．修爾二世〔Kan Xul II〕）。

4 帕倫克
↑
65公里
↓
托尼納

雖然沒什麼好畫的，但還是畫一下相關位置

國王的工作

馬雅的國王，不過是碰巧出生在王族而已，大家就把他當成神之子，不，當作他就是神而盛裝打扮他。他可以吃比誰都高級的東西，受到大家的崇敬。

乍看之下，會覺得國王就像這樣，是個太過有甜頭的職位；但他們其實也付出了足以贏得這些好處的代價。

首先，**他們必須擔任薩滿。**

王權的象徵

上頭飾有火神的權杖

草蓆（御座）

從文字上來看，有點樸素呀……

有時候還必須插入裝了藥的灌腸器，變得好嗨～～

藥是用蘑菇做成的。

※馬雅人會為了這種事而使用灌腸器。

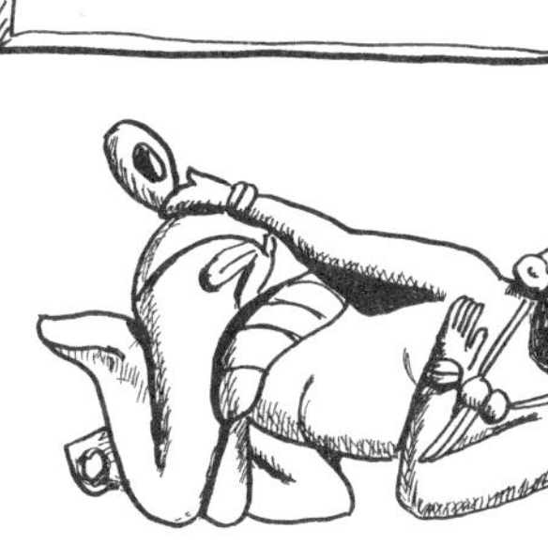

從畫在陶器上的繪畫或雕像，可以得知，一般市民也會為了醒酒，而在酒席上使用灌腸器。

甚至有人像下面這樣，在談笑間使用它的。

還必須磨鍊自己的才藝才行。

天天都有儀式要舉辦，還必須跳舞。光是這一點，國王就和生在歌舞伎演員或狂言師★家庭的孩子一樣辛苦了。

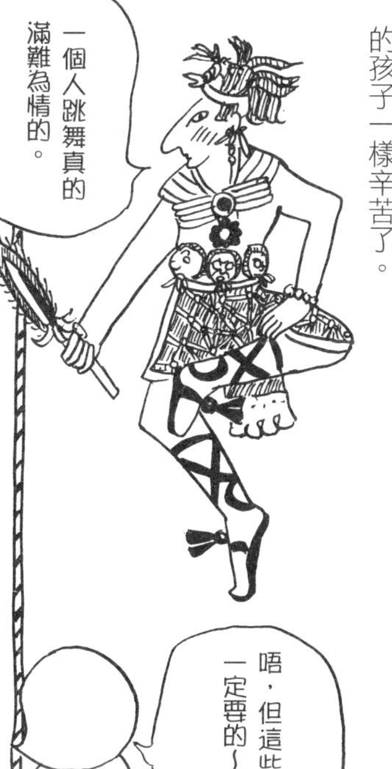

唔，但這些都是一定要的～～

★日本傳統的滑稽表演者，穿插於能劇中間表演。

和上面這些事情比起來，最痛苦的就是放血的儀式。

放血的儀式

在登基儀式或是要祈求什麼願望時，他們會自我犧牲，在陰莖（啊～好害羞的字眼）或舌頭上打洞，讓血汩汩流出。在五到六歲左右就已經開始這樣了！似乎會頗為頻繁做這樣的事。

也會要妻子幫忙。

帶刺的繩子

讓血流到紙上，再拿去燒掉獻神。

亞旭基蘭，二十三號建築物的門楣

在美索亞美利加人的共通思想中，有著「任何事情都要有犧牲，都要付出疼痛才能得到」的想法。

要向神祈求願望，卻又不必付出任何東西，可沒有這麼好康的事唷～～

要請別人幫你做什麼，或是要表達感謝之意時，就必須獻出你重要的東西才行!!

什麼寶物啦、財產啦之類的東西，誠意可是不太夠的唷。

這指的就是血。他們似乎認為，人血對大地是很好的滋養，可以取悅神，尤其是高貴的人的血。

一方面有這麼痛苦的儀式，一方面國王的工作總與屈辱或死亡只有一線之隔。他們必須出戰，而且戰爭的最大目的是「活捉國王」，因此被抓的國王或而會在敵國遭遊街示眾，或而會遭斬首，或而會遭挖出心臟，或是被人家從神廟頂端推下來。

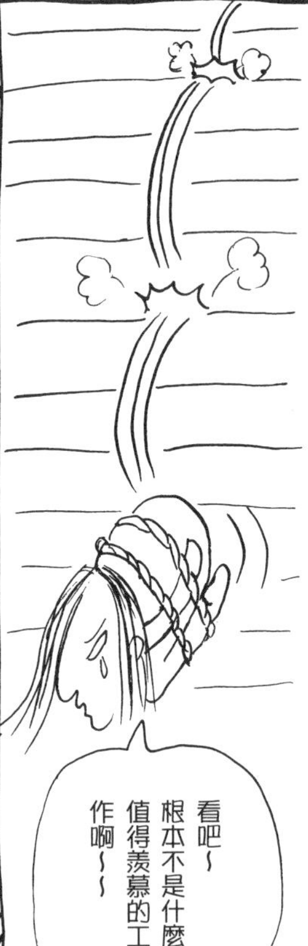

看吧～根本不是什麼值得羨慕的工作啊～～

藝術之都 科潘

科潘位於從古典期馬雅的中心地帶往東南方很遠的地方。它不像馬雅其他地區位於叢林裡，對考古學家來說是個較容易作業的環境，因此似乎可以調查得比任何地方都還徹底。

以刻在紀念碑上的馬雅文字來說，這裡是最多的。

不過，還是充滿了謎團。

雅修·庫克·摩的「抵達」

科潘王朝比帕倫克建國早五年，在公元四二六年開拓於「雅修·庫克·摩」（「最初的·鳳尾綠咬鵑·金剛鸚鵡」之意）之手。

約三百年後，科潘最後的國王所建的紀念碑，通稱「Q號祭壇」上，訴說了當時的景況。

「公元四二六年九月五日，庫克·摩接受了卡烏義魯神的權杖（王權的象徵），成為國王」

「三天後，基尼奇·雅修·庫克·摩，造訪維提納」

※那時候，當上國王的人，名字會加上基尼奇（太陽神的字）與雅修（此起略去基尼奇）。

「維提納（根源之家）」這個單字，出現在以提卡爾為首的多個國家的碑文上。有人譯為「起源之家」，據推測似乎是用來祭祀祖先、有如神社森林般的地方。應該也是用來向祖先報告王朝建立或國王登基等重要事項的地方。

然後還寫著，

「一百五十二天後，公元四二七年二月四日，雅修·庫克·摩『抵達』科潘。」

出現了，「抵達」！

這個「抵達」，與先前提卡爾和納蘭赫的地方相同，帶有各種意義在。

科潘原本從前古典期就有人居住。毫無疑問，雅修．庫克．摩所率領的一行人，恐怕是以暴力奪取了這片土地的統治權。

至於當地的先住民，有各式各樣的候補人選。

有人說是比科潘還東方，屬於非馬雅文化的人；有人說是講米克．佐克語的人（據傳是奧梅爾克文明旗手的一群人。參見四〇頁）。

在馬雅中部，沒有一個地方像科潘這樣，出現這麼多的奧爾梅克文物。多半在古代貴族陵墓中找到的這些文物，究竟是和奧爾梅克交流所獲得的，還是奧爾梅克人搬到這裡定居呢？

好久不見的美洲虎人

在科潘附近的莫塔瓜河（Rio Motagua）可以採集翡翠，征服者們恐怕是受到它的吸引，才來到這裡。

先住民似乎與奧爾梅克關係密切，也許原因就在於翡翠吧。

無論如何，已經成形的馬雅文化，突然就在這裡展開了。

科潘的歷代國王，一直都把雅修．庫克．摩當成科潘的創始者崇敬。

雅修．庫克．摩所建造的兩座神廟，一直到科潘王朝結束為止，歷代國王都不斷增建與改建，成為將各式各樣的重要人士都埋葬於此的最重要神廟。它們的名字是十六號神廟與二十六號神廟。

例如，十六號神廟

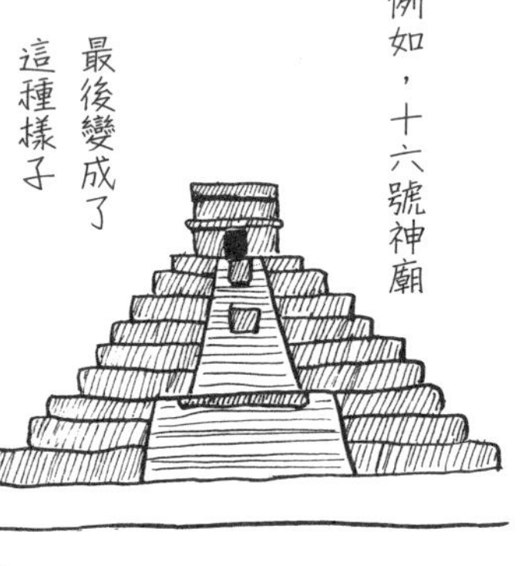

最後變成了這種樣子

原本是由初代國王雅修．庫克．摩所蓋的

塔魯．塔布列洛

呼納爾神廟，

後來第二代國王又

以耶納爾神廟覆蓋上去，同樣是第二代國王，又建了馬爾嘎里達神廟，把耶納爾神廟埋起來。

啊

十六位國王就不斷重覆這樣的動作。

※ 神廟名稱是研究者所取的

※ 事實上，兩個神廟的大小差不多。裡頭的神廟都各別取了名字，但這裡只標示本書與姊妹作中會出現的名字。

神廟內部的交疊情形是這樣的！

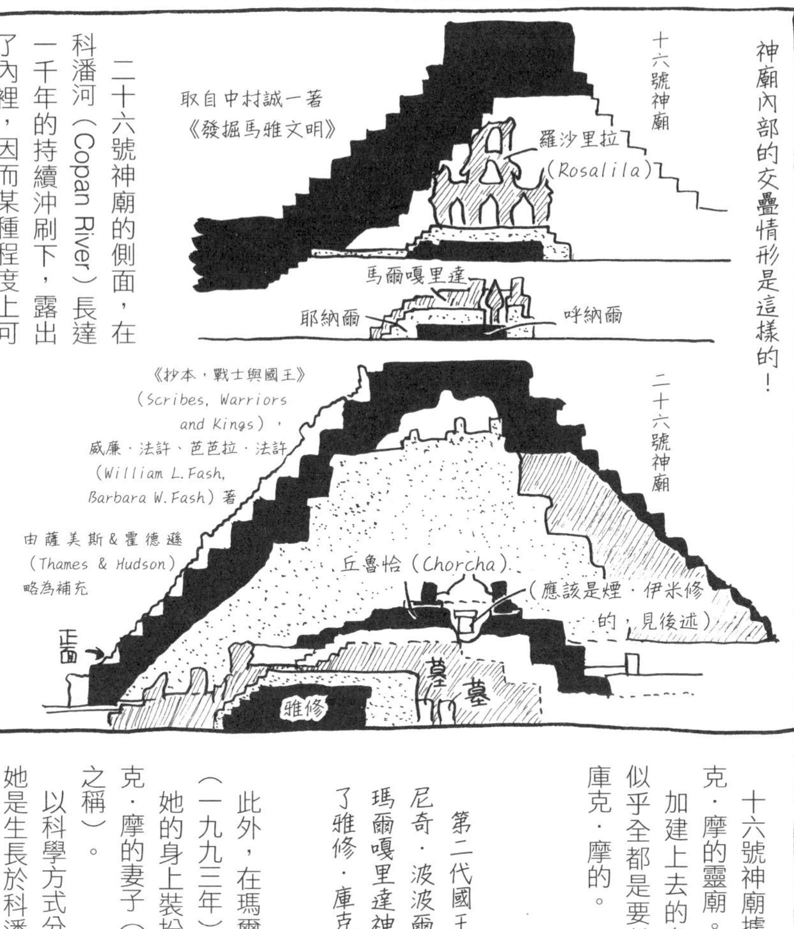

二十六號神廟的側面，在科潘河（Copan River）長達一千年的持續沖刷下，露出了內裡，因而某種程度上可以由外看到裡頭埋了多座神廟。此外，從那裡再往內多走十幾二十步處，有個為了挖掘而開出來的隧道。就是因為有它（合計長五至六公里!!）才得以詳細察看這兩大神廟。

十六號神廟據信是雅修·庫克·摩的靈廟。

加建上去的多座神廟，似乎全都是要獻給雅修·庫克·摩的。

第二代國王「席子·頭」（基尼奇·波波爾·霍爾）所建的瑪爾嘎里達神廟，大大地刻上了雅修·庫克·摩的名字。

雅修的字

太陽神基尼奇

庫克（鳳尾綠咬鵑）

摩（金剛鸚鵡）

基尼奇

一九九三年發現的！

此外，在瑪爾嘎里達神廟發現了一個安置女性的石製墓室（一九九三年）。她的身上裝扮著科潘最為華麗的陪葬品，據信是雅修·庫克·摩的妻子（一樣是以朱砂染成全紅，因此有「紅色王妃」之稱）。

以科學方式分析（如前所述之鍶同位素方式）遺體後發現，她是生長於科潘的人。雅修·庫克·摩與科潘當地人結婚，或許是對於先住民的懷柔政策。

這個墓室似乎相當受到重視，可以從覆蓋於其上的神廟經由樓梯前往，採取的是可以進出的設計。

雅修・庫克・摩的真正身分

十六號神廟最原始的神廟呼納爾，也在地板下發現了陵墓（一九九五年）。

埋葬於此的是五十至七十多歲的男子、右臂有傷，看得出身體上有細小的舊傷。

在代代都奉獻給雅修・庫克・摩的神廟的最核心部分中的這具遺體，據信就是雅修・庫克・摩（雖然也有人持反對意見）。

這具遺體經（以鍶同位素之類的方式）分析過後，得到了「來自佩登地區北部」的結果。

據此，有人推導出一套說法：「雅修・庫克・摩的出身國是提卡爾」，這也是目前最有力的說法。

這說法有許多根據。首先是雅修・庫克・摩所建的雅修神廟（二十六號神廟的核心神廟），運用了承襲自提卡爾的建築技巧。

還有，第二代國王「席子・頭」所建造的，寫有雅修・庫克・摩事蹟的紀念碑上，以多種形式出現了提卡爾這個名字。

這些都是可以列舉出來的根據。

提卡爾那裡，也存在著許多證據。

有一尊坐像稱為「提卡爾之男」，在這個塑像的背部，寫著「提卡爾國王亞義音，在公元四〇三年與四〇六年，與一個叫庫克・摩的下屬國王，一起〇〇」（〇〇的部分無法解讀）。

此人是否就是科潘的庫克・摩，目前尚不清楚。再加上科潘那裡的證據，也都只是在暗指而已，無法下斷言。不過，還是有人認為，這樣的情境證據一個一個累積下來，可以認定科潘就是提卡爾所管轄的一個國家。

此外，還有個間接證據，就是「崇尚迪奧狄華肯」。

雅修・庫克・摩所建造的呼納爾神廟的基壇處，使用的是迪奧狄華肯的塔魯・塔布列洛風格。

妻子的陵墓，也有著迪奧狄華肯風格的陶器。還有，雅修・庫克・摩的稱號，也和夏胡・卡庫一樣，是「西方的卡洛穆鐵（大王）」。

後來的國王們，在製作雅修・庫克・摩的塑像時，都弄成像迪奧狄華肯的雨神特拉洛克那樣，有著圓圓的眼鏡，並為塑像穿上迪奧狄華肯的服裝。

對後代的國王而言，雅修・庫克・摩的視覺形象，就是「崇尚迪奧狄華肯的男子」。

出土自16號神廟的頭像（八世紀左右的東西）

不過，雅修．庫克．摩在世時為自己做的塑像，都沒有加上圓眼鏡。雅修．庫克．摩的塑像開始有圓眼鏡，差不多與迪奧狄華肯滅亡的時間一致（提卡爾也是，大約是在第二波迪奧狄華肯風潮到來之時，將雅修．庫克．摩塑像加上了圓眼鏡）。

如果只是想趕搭迪奧狄華肯的風潮，只要把當時登基的國王塑像，也弄成圓眼鏡就好了，但是卻只有雅修．庫克．摩一個人的塑像加上了圓眼鏡。這麼奇怪的事，到底代表著什麼呢？

最後是夏胡．卡庫的資訊！在第二代國王「席子．頭」所建的瑪爾嘎里達神廟的階梯上，也出現了這個名字。

在第十二代國王「煙．伊米修」建來當成自己陵墓的丘魯恰神廟（位於二十六號神廟內）裡，供奉著附有歷代十二位國王人偶（蓋）的香爐，每一尊都穿著不同的服裝做為區分，但雅修．庫克．摩的圓眼鏡，畢竟還是最引人注目。頭巾風格的頭飾，是科潘特有的東西。

就像煙．伊米修，或是雅修．庫克．摩的妻子的例子所顯示的，十六號神廟與二十六號神廟裡，埋葬了各式各樣的人。其中有一具男性遺體（也出身自佩登北部），竟然戴上了連（據信為）雅修．庫克．摩的遺體都沒有戴上的圓眼鏡，實在很有意思。

馬雅的稱號

阿哈烏（王）

經常使用的國王稱號。不過貴族也會使用。此外，附庸國的國王對宗主國的國王也會使用。在下位者對於在上位者普遍可以使用的尊稱。

以英文而言，就是有如「sir」或「your majesty」般的字眼。以日文來說的話，就是「閣下」之類的字眼。

雅哈烏

這是阿哈烏（在上位者）對在下位者用的字。

庫呼爾．阿哈烏

更強調國王絕對性的尊稱。貴族不能用。

西方大王（歐其金．卡洛穆鐵）

除了夏胡．卡庫、科潘國王外，只有少數例子會用。

似乎只有力量強大的人才能夠使用。

基里瓜

就在科潘開拓王朝的同時，基里瓜建國了。

根據基里瓜的石碑所載，公元四二六年，雅修·庫克，摩造訪維提納（根源之家）的那天，基里瓜的第一代國王也共同參加了儀式。

後來，在雅修·庫克·摩的主掌下，也舉辦了那位國王的登基儀式。

據信，基里瓜和科潘一樣，是由佩登北部前來的。

基里瓜從開始建國時，就是科潘的附庸國。

基里瓜位於莫塔瓜河沿岸。

莫塔瓜河上游有黑曜石，中游有翡翠，下游有可可豆，在美索亞美利加，這裡可是個奢侈品集中在一起的賺錢好地點。

（雖然可可豆的部分尚屬推測。）

當時恐怕是為了把這些東西運進運出，才建了基里瓜這個都市。

18－兔

在科潘與基里瓜分別建國三百年後。

兩國的主從關係並沒有改變。

科潘的交易策略也上了軌道，成長至馬雅中部大國的水準。

最能嘗到這種因為交易而帶來繁華景象的甜頭的，就是公元六九五年登基的第十三代國王「18－兔」（瓦沙拉混·烏巴呼·卡烏義魯）。

在18－兔的時代，比過去都要來得富足有餘。

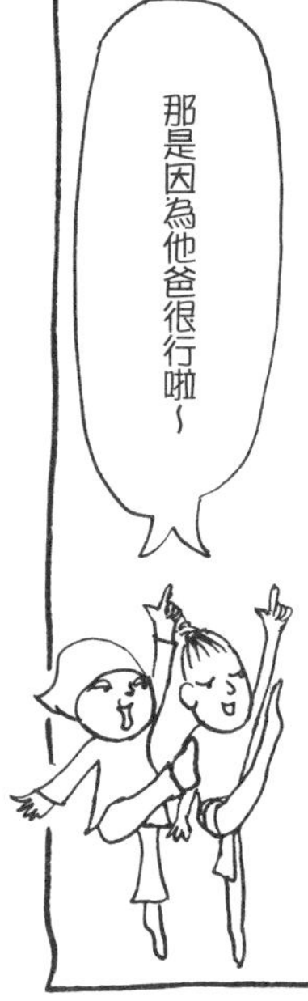

在18－兔的父王「煙·伊米修」的時代，科潘統治著馬雅的東南地區，富庶極於頂點。父親鞏固地盤後，兒子成了建築王——又是這種常見的型態。

由於父親打下了（免於外敵侵擾的）安全與財產基礎，「18－兔」得以把科潘裝點得很優雅。

在他的時代，也創造出新的石碑風格。

高大的浮雕雕刻

這種雕刻，18－兔建了九個，全是把自己的塑像弄成玉米神或科潘守護神的樣子。除了可以代表神，同時也是「18－兔」的肖像，具有雙重效果。考古學家席瓦奴斯·莫萊（Sylvanus Morley）受到這種高浮雕的感動，稱呼科潘為「美洲大陸的雅典」。

在馬雅世界裡，石碑明明都是放在建築物的前面部位，但「18－兔」卻是以獨立的形體將把石碑設置於大廣場處，這就是他的特色。

此外，他也建造了古典期馬雅最大的球類競技場。最美的似乎也是這一座。

完成於公元七三八年一月六日！

由第二代國王「席子·頭」首度建造，後來增建三次，成為本圖的最終形體。

馬雅的球類競技

如果在馬雅的球類競技中輸了，馬上會導致死亡。這件令人毛骨悚然的事，各位應該已經熟知了吧。

球類競技是國家重要的活動之一。在《波波爾・烏》裡，也多次出現賽球的場景。

球是裡面沒有空氣的沉重橡膠球（有2.5公斤之譜！）。也有人認為，球代表太陽，球類競技代表著天體的運行。

如果不設防被球打到會受傷，因此要做好防備。

選手是貴族，有時候國王自己也會打。

球賽中不能使用手腳，只能用腰去撞球，似乎很辛苦（也有一說認為，膝蓋與下臂、手肘也可以使用）。兩人為一組，或是增加更多人，分成兩組對抗。

據信只要把球打入位於高處的一個小圈圈中就獲勝，但對這種打法，平常用手要投進去就很困難了，如果只能用腰或膝蓋，不就像高爾夫球要打「一桿進洞」一樣，只能靠超級好的運氣了嗎……？

可以想像，頂多是這樣的情形：「球只要打到圈圈（或靶）就算得分，萬一打進圈圈裡就直接算贏」之類的（大多地方都沒有圈圈）。

雖然也有說法認為是獲勝的一方會成為活祭品，但考量到人的心情，應該不可能這樣。因此，「輸的一方要成為活祭品」的說法，現在似乎占了絕對多數。

18－兔的悲劇

仿效先王們的18－兔，在公元七二四年，為登基的基里瓜國王「卡哇克天空」（「卡庫・提留・強・約帕特」）舉辦了登基儀式。

但是在十四年後的公元七三八年，他卻被這個「卡哇克天空」抓起來斬首。

（記載上似乎不是使用「戰爭」這個字，到底如何演變為這樣的事態，還是個謎。）

就在球類競技場完成區區四個月後，如沐春風般的18－兔，身為一個極盡榮華之能事的國王，竟然以如此淒慘的方式結束了一生。

由於「18－兔」之死，基里瓜與科潘之間的關係也完全顛倒過來了。

一直以來，科潘都只把基里瓜當成交易的窗口看待。如今，過去由科潘管理的奢侈品，全都變成可以自己控管，基里瓜當然就繁榮了起來。

基里瓜到處蓋起高浮雕石碑，而且蓋得比科潘的石碑高得多，裝飾也更加細緻，好像在炫耀一樣……

這面E號石碑是南北美洲最大的紀念碑。重三十噸、高十．七公尺（地上部分七．六二公尺、埋著的部分三．〇八公尺）

基里瓜與科潘一樣把石碑建在廣場上，建築物的配置也學習科潘。

補充一下，中村誠一提出了一個大膽的假說：「『18－兔』和基里瓜的『卡哇克天空』，或許是父子的關係」。他的理由是，卡哇克天空對於科潘有著不尋常的執著，他等於是完全複製科潘的文化（出自《發掘馬雅文明》）。

科潘的衰退相當劇烈。有十七年的時間，科潘完全沒有建造任何紀念碑，就說明了這一點。

這段期間內，貴族的力量變大了。不過，究竟是國王為了度過科潘的危機，才拜託貴族提供協助，還是貴族自己乘人之危的，就不清楚了。

「18－兔」往後兩代，總算略有復活的現象。第十五代國王「煙松鼠」（即「卡庫．伊皮雅忽．強．卡烏義魯」）所建造的二十六號神廟的長長階梯上所寫的馬雅文字，是馬雅的文字碑中最多的。這是把「18－兔」原本興建的神廟再擴建為兩倍大小而成的。

目前可以在遺跡處看到的這道長長的階梯，在剛發現時（除了最下面 15 階之外）已經垮成一片一片的，這是重新組裝起來的。但因為組裝作業是在尚未解讀馬雅文字時進行的，句子並未連妥，使得解讀工作變得困難之至。

★他是一九六五年生的美國人，是個天才。他十二歲時就開始發表研究結果，是馬雅學界的莫札特。他所提出的說法，應該會不斷改寫馬雅的歷史吧（目前已有幾種既定認知遭他顛覆）。

包括「18－兔」起的石碑在內，共刻有約二千二百個文字。內容是科潘的歷史。

少見的是，石碑也提及了「18－兔」之死這種負面事件，或是對於科潘國運衰微所表達的嗟嘆。

據信，把這種事也寫進去，是為了展現對於復興國家的強烈意志。不過，把「18－兔」寫成「遭處死」似乎還是太過丟臉，因此只寫上「戰死」。

有趣的是，刻上去的不光只有馬雅文字而已，還加上了別種文字，好像用兩個國家的語言書寫一樣。

馬雅文字學者大衛・斯圖亞特（David Stuart）★稱這種文字為「迪奧狄華肯字體」，雖然是繪有迪奧狄華肯象徵性事物的文字，但據說全都是亂寫一通。

這是他們為了要展現自己的權勢，才把它弄成像是在寫迪奧狄華肯的文字一樣。

科潘的第十六代國王「雅修・帕薩赫・強・約帕特」（此起簡稱「雅修・帕薩赫」），建造出十六號神廟的最終外觀（目前所見的樣子）。

那時，他在神廟前設置了祭壇（通稱Q號祭壇）。這就是在科潘這個章節最前面提到的，刻在這裡的是科潘王朝創始的大綱。

每個側面各有四人，包括雅修・帕薩赫在內共有十六人的肖像。

雅修・帕薩赫把自己與開國者雅修・庫克・摩放在正中央，兩人展開對話，自己手裡拿著象徵王權的火神卡烏義魯權杖。

還在這個祭壇後方的地底下，挖出了奉獻給歷代國王的活祭品，共十五隻的美洲虎屍骨。

根據一九七〇年代至八〇年代對碑文的解讀，才知道這些都是國王。

由於外界認為科潘是個天文學與藝術發達的國家，在那之前，認為「這些是在科潘召開天文學會議時的學者肖像」的論點，還光明正大地成為主流過。

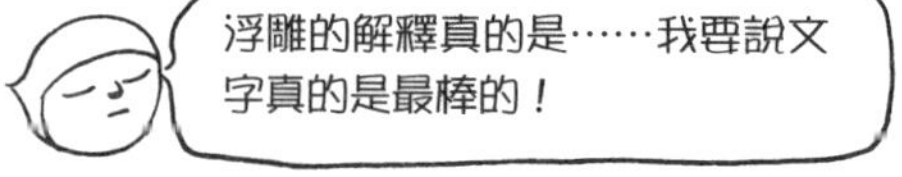

雅修·帕薩赫不是上一代國王的兒子，他的母親是帕倫克國王的女兒。一個像這樣嫁到這裡來的人，卻又和王位有所關聯，由此可以看出科潘與帕倫克間，也有相當深厚的來往。

至少在雅修·帕薩赫的時代，柯潘似乎已經和基里瓜重修舊好了。

公元八一〇年，雅修·帕薩赫出席了基里瓜舉辦的走完一個卡敦的儀式，這件事就刻在基里瓜的石碑上。

這也是基里瓜的最後一面石碑，後來王朝就瓦解了。

在雅修·帕薩赫之後，科潘還有一個叫「烏基特·圖克」的男子自稱為王，開始建造起紀念碑，但建到一半就丟著不管了。

這面紀念碑上的公元八二二年，是科潘最後的日期。

在公元八五〇年左右，宮殿遭人縱火（留有火燒的痕跡）。

即便如此，從挖掘出來的遺跡可知，在那之後，那裡還是有人繼續為貴族生產裝飾品。

因此，在王室的統治結束後，貴族與平民似乎仍留在科潘。

不過，到了十世紀後半，還是全部結束了。

究竟是怎麼一回事呢？
會不會是貴族發起的叛變？

古典期馬雅的滅亡

馬雅文明之所以是馬雅文明，就是因為它有個最大的謎團，「滅亡」。

最教人難理解的是，馬雅中部地區的王朝全部一起消失了。

雖然說是「一起」，但也不是「幾天內就全都滅亡了！」這種狀況，而是在公元八一〇年到九一〇年左右，大約一個世紀的期間內發生的。

有不少因素都可能導致滅亡。

你問我，我問誰！

在滅亡發生前不久，確實各國都面對接踵而來的問題。要說到有哪些問題，首先是

①人口過剩

糧食不夠每個人分，大家的營養都失調。

每個人都苗條到不行

調查科潘居民的骨頭後發現，當時的貴族與平民，都一樣處於嚴重營養不良的狀態。

可是，也有些國家的居民，骨頭全都健健康康的。

這畫的是什麼蠢圖啊

②環境破壞

有些國家附近的森林，漸漸變成不生草木的禿山。

由於馬雅的神廟都以灰泥雕刻包覆，必須使用大量的樹。

總之密密麻麻的都是雕刻。科潘等一些國家不知道是不是中間發現狀況不對，停止了使用灰泥。

灰泥的製作，必須要把石灰岩拿來燃燒整整兩天時間，燒成粉狀後，再與水攪拌在一起。這種燃燒的作業，需要大量的木頭（每製作一個單位的灰泥，要用掉四倍量的木頭）。

在燃燒的東西上澆水，就會變成漂亮的粉狀。

灰泥可以用來漆牆壁，也可以當成接著劑，是萬用的建築材料唷。

環境惡化的原因，還不只是製作灰泥而已。為了讓不斷增加的人民能有東西吃，必須不斷種田才行。採用燒田的方式，會比較快收成（燒過的田在收割後，必須要讓它休息十年才能再利用）。不等到土地肥沃就一直栽種東西，會讓土地過度消耗，最後導致收穫減少，引發糧食不足。

不過，也有的國家與這個問題完全無關。

③國王喪失威權、貴族抬頭，權力分散。像是帕倫克與科潘的例子那樣……

不過，也有的國家不必擔心這個問題。

④戰爭變得愈來愈激烈

馬雅的戰爭原本只以活捉國王為目的，但是在滅亡前不久，卻變成以殺光對方為目的。

例如，在坎昆這個都市裡，發現了國王與貴族總計三十一人遭殺害的痕跡。附近的道斯皮拉斯與阿瓜提克的逃離方式，也徹底訴說了這一點。

至少，在這個地區，可以斬釘截鐵說，國家滅亡的原因就是戰爭。

卡拉酷與科潘的中心地區也有遭到燒毀或破壞的痕跡（這與其說是戰爭，反倒比較像是內亂）

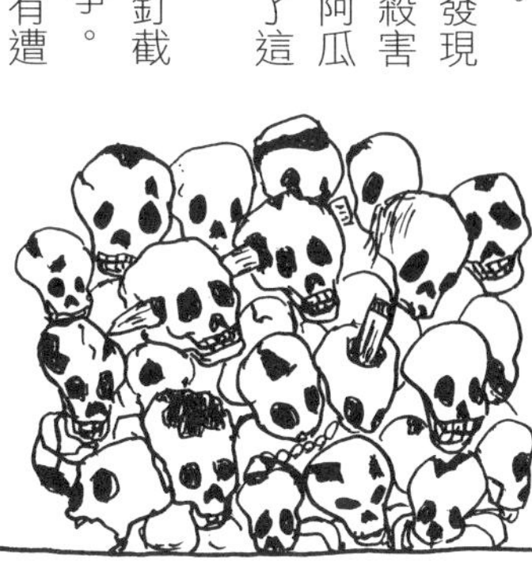

但也有很多國家完全看不到這樣的痕跡，也沒有緊急防禦的跡象呢。

提卡爾、瓦沙屯、雅旭基蘭等國家就是。

到這裡為止，都是不同國家各自碰到的狀況。但也有某種災難襲擊了所有國家，無一倖免。

那就是⑤**乾旱**。

根據地質化學的調查，發現公元後七六〇年左右到九一〇年左右，曾出現過四度的大乾旱。據說，在目前為止的七千年間，這幾次是最嚴重的乾旱。

馬雅各國陷入嚴重的用水不足狀況中。

對於原本會下雨的馬雅中部地區的居民而言，這個打擊很嚴峻。

相較之下，擁有石灰岩洞（有天然泉水）的馬雅北部各國，就沒有滅國的問題。

從這個事實來看，可以把乾旱當成是滅亡的主因吧。

也可以想像得到，乾旱會引發許多相關的連鎖反應。

由於不下雨，人民會懷疑起身為神的國王，發動叛亂。這樣的論點也是可以舉證的說法之一。

不過，仍有無數的疑問存在。

就在乾旱正嚴重之時，卻有國家像後面會講的塞依巴爾一樣，不但規畫重建國家，還重拾往日的繁盛。

此外，也有人認為，北部也有一些原本就極其乾燥的地區，如果乾旱嚴重到連有河川流經的中部都市國家全都滅亡，光靠石灰岩洞就想度過難關，應該很困難吧。（原來北部竟然沒有河川！）

研究者們以「不知道原因」為出發點，左思右想才想出，可能是因為內部叛亂、乾旱、環境破壞等各種因素共同造成馬雅的滅亡。

也只能這樣搪受啦～這種問題是不會有答案的。

這件事，就任憑每個人自由去想像了。

甚至於有人說，「古典期的馬雅文明根本沒有滅亡過」。

不過是人口以及政治、經濟權力的中心從南移往北方而已。

傑格米．薩博洛夫（Jeremy A. Sabloff）《新考古學與古代馬雅》

這也是相對來說可以認同的說法。因為，在那之前較為雅素的北部地區，突然變得華麗起來。而且，從傳承等層面來看，也曾經出現過由馬雅南部往猶加敦半島遷徙的浪潮……

不過，對於這種論點，也有研究者認為「古典期與後古典期之間，看得出來有明顯的文化斷層」，因此大家依然只當它是諸多論點中的一種而已。

滅亡後的馬雅中部

王朝雖然終結，但是絕大多數的國家，或多或少都還留下極少數的人居住過的痕跡，一直要到公元十二至十三世紀，才變得杳無人煙。

什麼嘛，原來不是在突然間就全部消失啊。

根據一位研究者的判斷，在王朝瓦解時，馬雅中部的總人口，掉到了十分之一。

這些人有些純粹只是原本的居民（平民），但有些應該是外地遷徙來的。

墨西哥也發生了大變動，看得出有搬到馬雅地區居住的樣子。墨西哥側風格的陶器，也在這裡出現。馬雅東方外圍的基里瓜，也出人意料地挖到了墨西哥側的代表文化查克莫（Chak Mool）的文物（關於查克莫，容後再述）。

王朝滅亡後的這些人，有樣學樣也建造了石碑，雖然煞有介事，但只刻上頭刻的馬雅文字根本不成文句。

為何馬雅中部沒有文明復興現象？

原本的這些文明，明明可以再回到這裡來的啊，但是馬雅中部地區卻再也沒有出現都市文明了（但也有例外，像是後面會談到的塞依巴爾）。

關於這一點，目前最有說服力的說法是，因為王朝瓦解後，「交易路線變了」。

一直以來的交易路線，是經由陸路或河路。但由於航海技術發達起來，他們開發出耐用的船隻，交易時就變成以海路為主了。

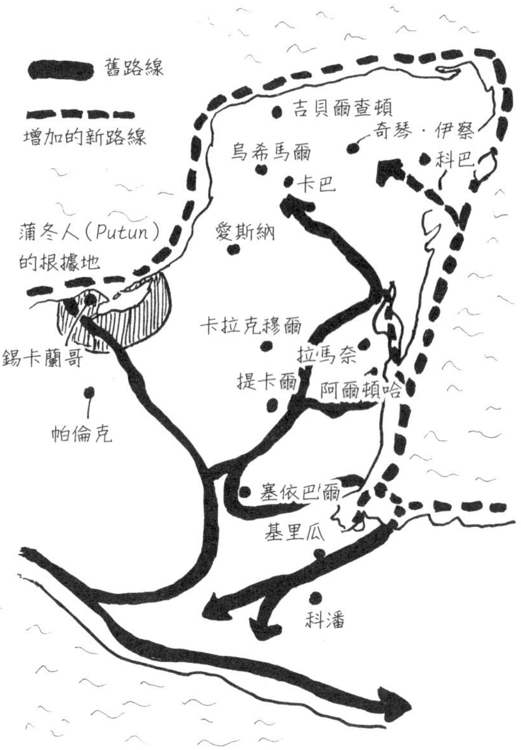

採用方便的海路後，如果再到偏離海路的地方建國，也沒有意義了。

如果考量到這樣的交易路線，也就能夠理解，為什麼土地貧瘠的北部能夠繁盛起來了。

甚至也有學者認為，在這種路線形成後，古典期馬雅的文明才瓦解的。

蒲冬馬雅

促成交易路線變更的，可能是蒲冬馬雅人，或者稱為蒲冬人的商人集團。

十六世紀時，西班牙人前來時，蒲冬人的根據地是一大交易中心。由於以馬雅語的一種「瓊塔馬雅語」為母語的這些人（後來也為瓊塔馬雅人），居住於只要再過去一點就會進入墨西哥文化圈的地方，因此他們既是馬雅人，卻又大大受到墨西哥側文化的影響。

不過，蒲冬人的這種特色，不過是西班牙征服此地時的樣子而已，因此也只能說「蒲冬人當時是這樣」而已。只是，考古學家約翰・艾力克・西尼・湯普生（John Eric Sidney Thompson）★據此描繪出一種情境：蒲冬人從古典期後半就開始活躍，在美索亞美利加到處生事的就是他們。

★較早期的馬雅學會重量級人物。英國人，卒於一九七五年。在他去世後的現在，現代的馬雅學者仍推崇他的研究貢獻，但是也有人回顧以往地感嘆道：「以前要是誰提出來的新說法不合他的意思，他就會攻擊對方到體無完膚，是個令人困擾的權威人士。」

蒲冬人側寫
蒲冬馬雅人沒有所謂的國家這種東西，他們分散為幾個族群。
而每個族群各自擴散到不同地方去。
據信，認為蒲冬人自古典期末期就存在，也認為他們扮演重要角色的這套說法，可以說明從馬雅文明瓦解，一直到後古典期之間，馬雅文化與墨西哥文化之間為什麼會出現複雜的交融現象（關於文化的交融現象，容後逐一說明）。
所謂的蒲冬人就像是，
只要有了它，無論除臭或保養，都可以全部解決唷，這位太太。
這樣的便利用品。
最近，也有人認為，事情並沒有單純到光靠蒲冬人就能解決所有疑點。
再者，正如接下來要講的塞依巴爾的例子那樣，也部分反駁了這套假說。
還有，以目前來說，在蒲冬人的根據地，尚無法找到稱得上是「那個時代存在過蒲冬人」的物證。
（雖然也可以這樣去看：蒲冬人基本上是商人，是一群實際利益至上的人，因此不太會留下文化或宗教性的東西）。
唔，總之，別說是「蒲冬人四處活躍」的說法了，就連「交易路線改變」的說法，也一樣不出假說的範圍。
對蒲冬人的描述實在是太模糊啦～
雖然只是假說，但蒲冬人後面還會再出現唷～

接下來是有點錯綜複雜的內容。

不讓「馬雅滅亡」的問題單純化的可恨傢伙

已經看不下去的人，直接跳到下一章托爾特克去吧！

首先是**塞依巴爾**。

塞依巴爾是自前古典期就興起的老國家。

不過，在新興國家道斯皮拉斯想要統治佩提修巴頓地區的野心下，塞依巴爾遭到併吞，在古典期結束的八世紀時，成了可憐兮兮的附庸國之一。

然而，就在道斯皮拉斯（以及阿瓜提克）遭到塔瑪林度（或者再加上哪個國家）的攻擊而瓦解後，隔了一段時間，塞依巴爾又東山再起了。

在塞依巴爾的十一號石碑的碑文中寫著：

「公元八三〇年
烏卡納爾（Ucanal）
王國派遣前來的
瓦圖爾（Wat'ul）
『抵達』了塞依巴爾。」

就這樣，塞依巴爾重建了。

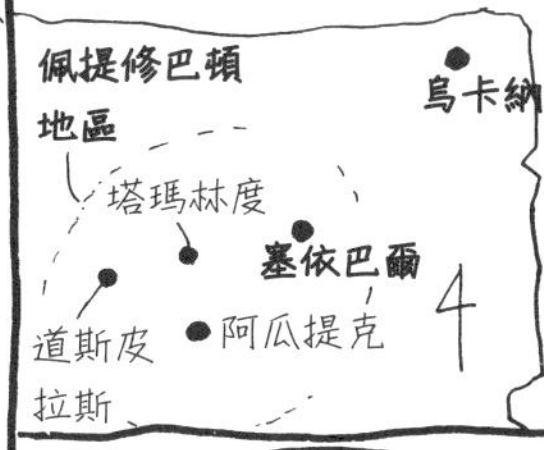

佩提修巴頓地區
烏卡納爾
塔瑪林度
塞依巴爾
道斯皮拉斯
阿瓜提克
4

在這位瓦圖爾國王「抵達」後，雖然也興建了許多石碑（至公元八八九年為止共十七塊），但內容上有點奇特，引起了大家的議論。

例如，瓦圖爾的肖像。

他的服裝與配備都是馬雅的東西，臉卻是長這樣。

不是常見的那種理想臉型，而是有稜有角的臉型，還有少見的小鬍子以及娃娃頭。

眼鏡出現了！

不過也有一直以來會用的馬雅臉型。

全都製作於公元八四九年的同一時期。

此外也有這樣的石碑。

代表在說話的對話框

這個鳥嘴人似乎是墨西哥側很有人氣的神，風神耶耶卡特爾（Ehecatl，後面還會出現一下下）。

由於石碑上出現這種對話框，再加上也出現了以墨西哥風格書寫的曆法文字，據推論，這是因為墨西哥側的文化流入。

並且流入塞依巴爾的文化不是來自迪奧狄華肯，而是在該國滅亡後的產物，也是日後在猶加敦半島興起的墨西哥風文化之先驅。

在這些奇異的石碑等文物出土前不久，學者們都還以為，是托爾特克人或蒲冬人等擁有墨西哥側文化的人們征服了塞依巴爾所導致的。

如今，托馬雅文字解讀之福，已經知道是附近一個叫烏卡納爾的馬雅國家重建了塞依巴爾，但就在塞依巴爾即將滅亡之前，究竟是出於什麼樣的牽扯，才會發展出這種隱含著墨西哥元素的文化？這個問題，尚未找出答案。

以目前為止的例子來看，大家在想要呈現王朝的威嚴時、在國家以全新面貌出發時，以及想要展現鬥志時，就可能會端出迪奧狄華肯文化來。

塞依巴爾會不會也是出於同樣的原因，為了表明自己想要煥然一新、力抗滅亡氛圍、今後努力拚戰下去的意志，才這麼做的呢？

就在周遭的國家一個一個終結的狀況中，塞依巴爾雖然展現出最後的氣節，努力還是落了空，在公元十世紀初左右，步上了終點。

普克（Puuc）

在馬雅中部開始瓦解的公元七五〇年前後，名為普克的地區卻相當興盛。自馬雅瓦解後的公元十世紀左右開始，普克的人口一下子增加不少。

其建築的裝飾技巧很獨特，因此取用其地區名稱，稱為「普克風」。

由於普克在某種程度上，承襲了馬雅的長紀曆與古典期文化，因此這也成為佐證「馬雅沒有滅亡，只是往北移動而已」這種說法的根據之一。例如，普克那裡非常流行與此相近的東西（解說如下）。

科潘通稱為「威茲怪」（Witz Monster）

因此會讓人覺得普克和馬雅之間其實是有關聯的。

不過在十一世紀左右，這些城市也全都毀滅了，普克地區的興盛時期很短。

知名的烏希馬爾是普克首屈一指的代表都市，奇琴伊察在整個歷史的前半時期，也承繼了普克風格。

從時期與位置來看的話，普克或許扮演了從古典期進入後古典期的過渡性角色或是橋梁的角色吧——

捲鼻子面具

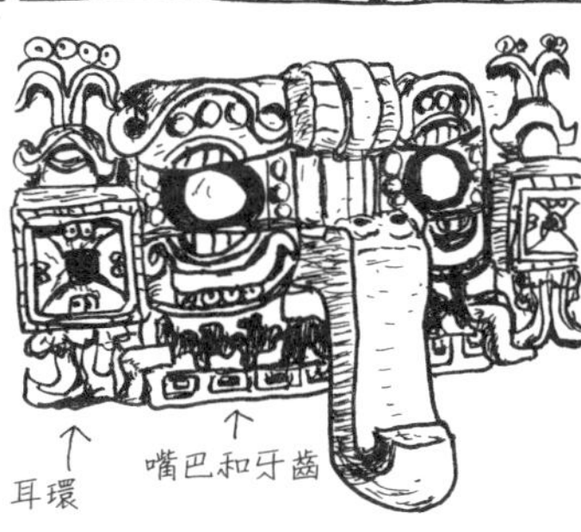

側面

很多建築物都會出現這雕刻唷。

還有看了之後讓人更摸不著頭緒的。

大家一向認為捲鼻子面具是雨神恰克，目前也還是比較多人傾向做這樣的解讀。

因為猶加敦北部是鮮少下雨的地方，於是大家就認為這個面具是用來祈雨的。

不過，上半段那個科潘的面具上所附的馬雅文字，在解讀後確知，它是用來象徵「山（Witz）」的東西（因此，研究者之間就開始稱科潘的面具為「威茲怪」）。於是，猶加敦北部與科潘的威茲怪相像的捲鼻子面具，可能就不是雨神恰克，而是象徵著「山」的東西了。

不過，「象徵著山」這個概念，實在很難理解，讓人無法馬上搞懂。

明明神廟這種東西就是用來象徵山的，為何還要刻意加上這種東西強調呢？

如果它單純只是用來祈雨的雨神面具，真不知道會有多好理解啊！雨神恰克本身似乎也有象徵著山的一面……

你真可悲耶～為何什麼事情都一定要好理解才行呢？

★艾爾塔印是從古典期後期興盛到後古典期的都市國家，嗜球類競技如命！在下一章托爾特克開頭處會稍微出現一下。

馬雅南部也有不同性質的文化！

科茲馬爾瓜帕文化

應該是從古典後期到後古典初期為止

畫成動物的樣子很吸引人～～
下面的小人們也很令人在意。
⬅與⬆據信都是球賽選手。
上面的看起來像是保齡球。

神

石雕上描繪的人物毫無活力的冷淡感，和位於墨西哥灣沿岸的艾爾塔印★的文物很像。

其實，用「像」或是「不像」這種角度來評斷不是很好，但由於這裡也挖出許多和艾爾塔印那裡製作的球賽用具相同的東西，不禁會讓人覺得，雙方之間似乎存在著某種關係。

從螃蟹的甲殼中冒出來的大叔！

也可以稱為「操縱螃蟹機器人的大叔」

墨西哥側的文化，似乎會像這樣，不時流入馬雅南部。

道斯皮拉斯

科茲馬爾瓜帕地區
也以可可產地而聞名
佔地約50平方公里

西班牙人征服馬雅時，比比爾人的居住區

比比爾人會分散為多個小單位生活。

※科茲馬爾瓜帕這個名稱，是根據這個文化區域的中心城市命名的。

西班牙征服美索亞美利加時，這裡住著一群叫比比爾族（Pipil）的人，因此西班牙人以為，他們就是肩負這種文化的民族。

比比爾人是一群講納瓦特爾語（以阿茲特克為首，墨西哥很多人會講的語言）方言的人，恐怕是從墨西哥側遷從而來的吧。

周遭淨是馬雅人，不知道會不會變得抬不起頭來呢～～

第六章
托爾特克文明

連是否存在過都令人懷疑
或許是最謎樣的文明

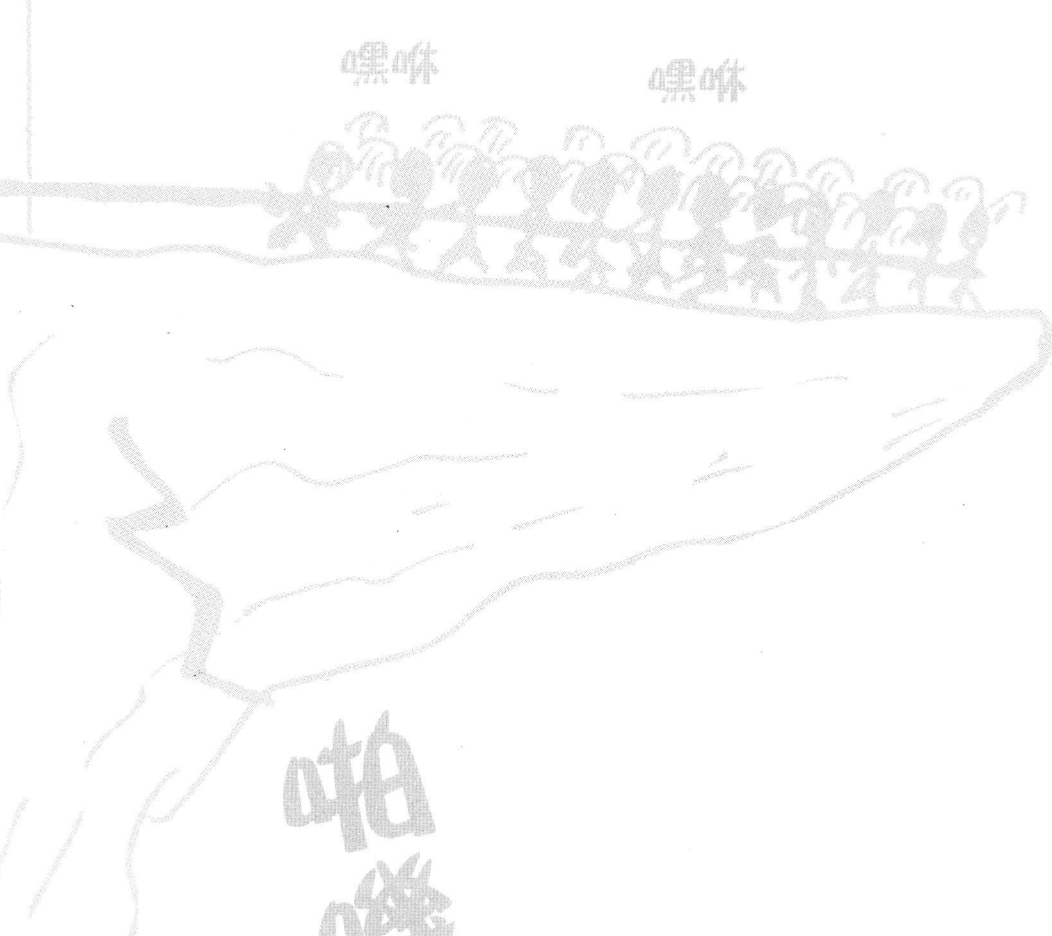

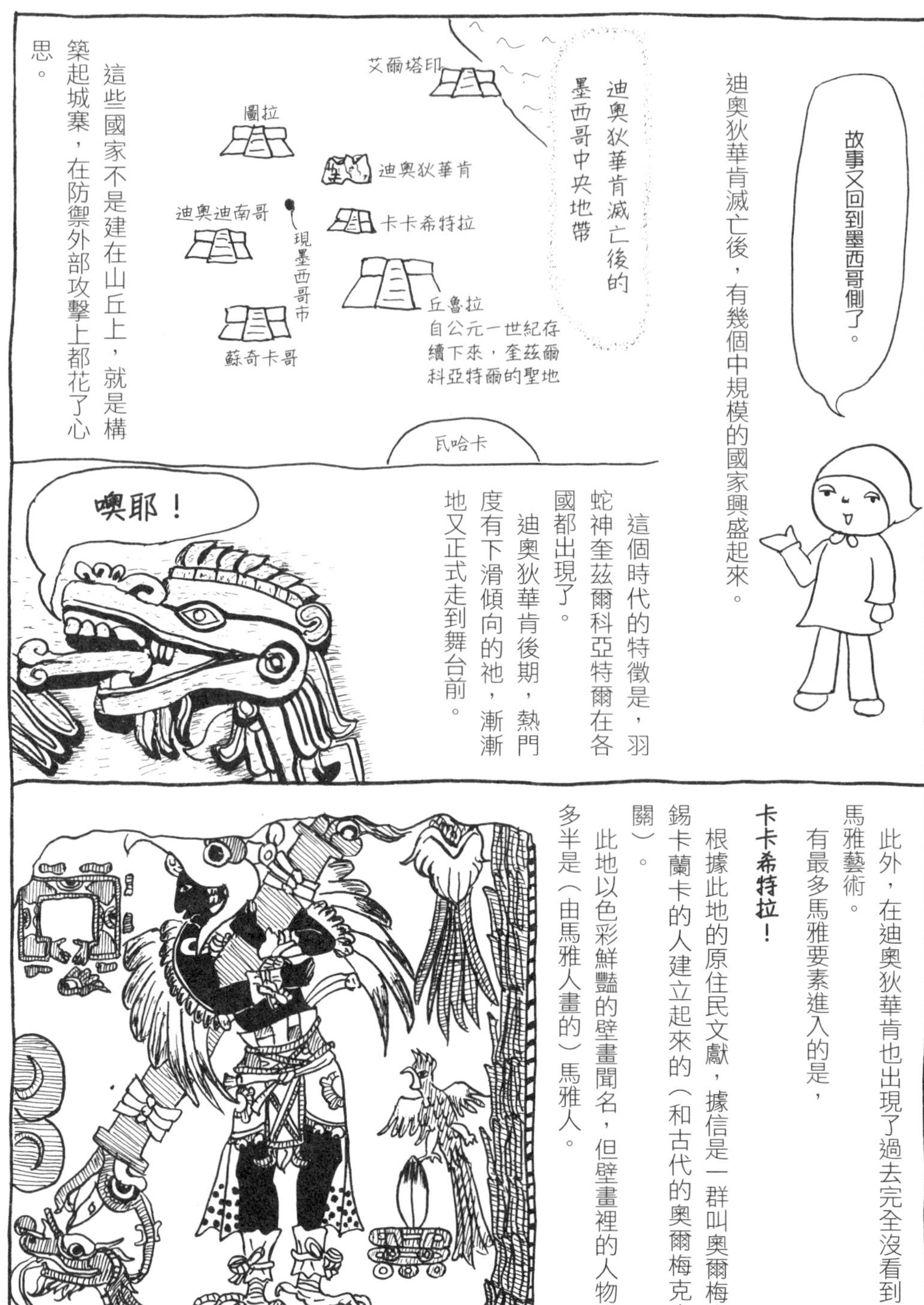

故事又回到墨西哥側了。
迪奧狄華肯滅亡後，有幾個中規模的國家興盛起來。
迪奧狄華肯滅亡後的墨西哥中央地帶
艾爾塔印
圖拉
迪奧狄華肯
卡卡希特拉
迪奧迪南哥
現墨西哥市
丘魯拉
自公元一世紀存續下來，奎茲爾科亞特爾的聖地
蘇奇卡哥
瓦哈卡
這些國家不是建在山丘上，就是構築起城寨，在防禦外部攻擊上都花了心思。
這個時代的特徵是，羽蛇神奎茲爾科亞特爾在各國都出現了。
迪奧狄華肯後期，熱門度有下滑傾向的祂，漸漸地又正式走到舞台前。
噢耶！
此外，在迪奧狄華肯也出現了過去完全沒看到過的馬雅藝術。
有最多馬雅要素進入的是，
卡卡希特拉！
根據此地的原住民文獻，據信是一群叫奧爾梅克－錫卡蘭卡的人建立起來的（和古代的奧爾梅克人無關）。
此地以色彩鮮豔的壁畫聞名，但壁畫裡的人物肖像多半是（由馬雅人畫的）馬雅人。
羽蛇神

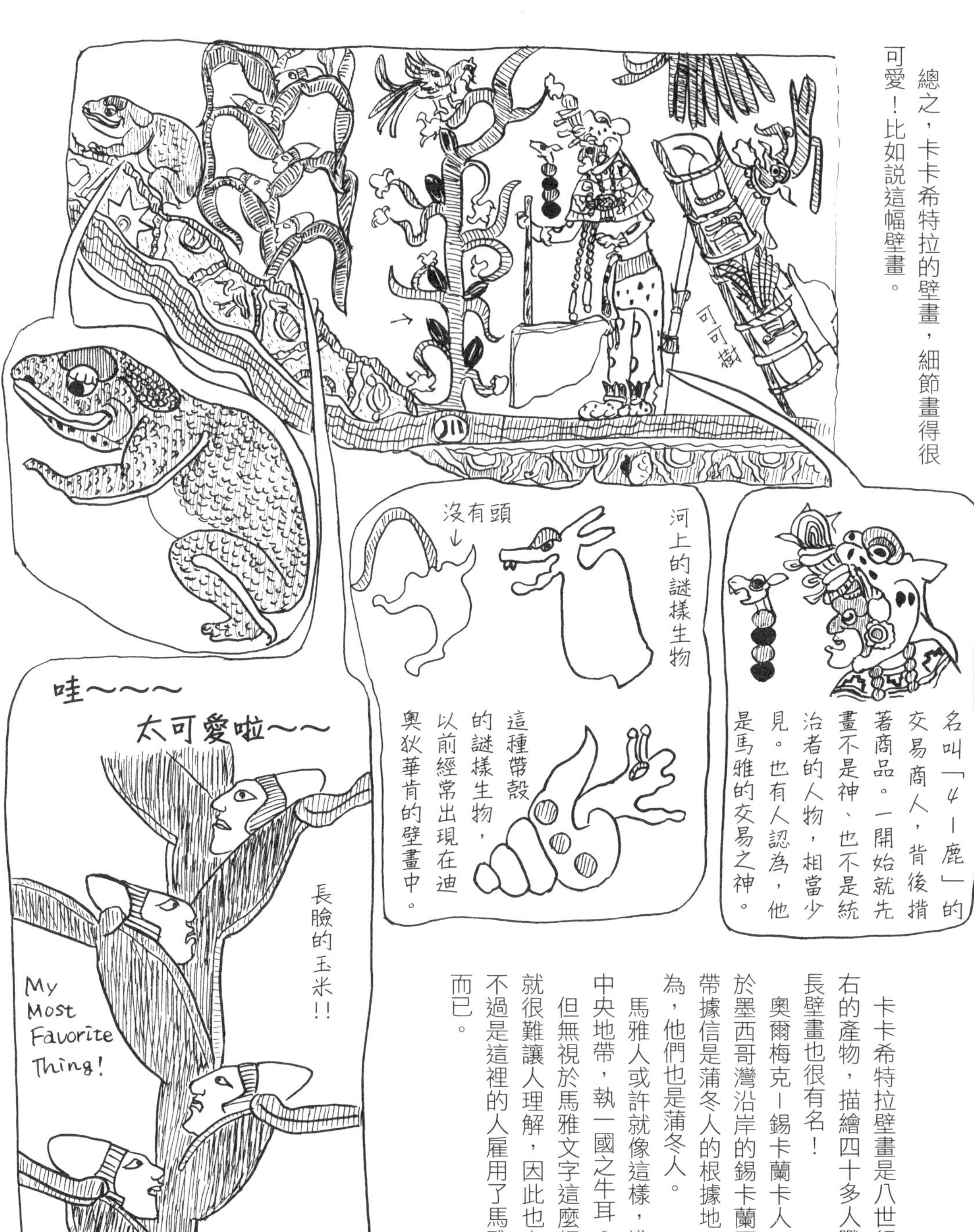

總之，卡卡希特拉的壁畫，細節畫得很可愛！比如說這幅壁畫。
可可樹
名叫「4－鹿」的交易商人，背後揹著商品。一開始就先畫不是神、也不是統治者的人物，相當少見。也有人認為，他是馬雅的交易之神。
河上的謎樣生物
沒有頭
這種帶殼的謎樣生物，以前經常出現在迪奧狄華肯的壁畫中。
哇～～～
太可愛啦～～
長臉的玉米!!
My Most Favorite Thing!
也有人深入解讀，認為是出現在《波波爾．烏》裡的雙胞胎之父混混納呼普。

卡卡希特拉壁畫是八世紀到九世紀左右的產物，描繪四十多人戰鬥場面的橫長壁畫也很有名！

奧爾梅克－錫卡蘭卡人，據信是來自於墨西哥灣沿岸的錫卡蘭哥。由於那一帶據信是蒲冬人的根據地，因此有人認為，他們也是蒲冬人。

馬雅人或許就像這樣，進入了墨西哥中央地帶，執一國之牛耳。

但無視於馬雅文字這麼好用的東西，就很難讓人理解，因此也有人認為，只不過是這裡的人雇用了馬雅藝術家畫的而已。

這些中型規模國家的榮景並不長，大約在十到十一世紀左右，就破敗了。

由於都市裡留有被破壞的痕跡，據信國家終結原因與內亂、戰爭，或是後面會談到的奇奇梅卡的來犯有關。

只有自迪奧狄華肯時代就是第二大國的丘魯拉不同，雖然它遭到不斷來犯的敵人所統治，仍一直存活下來，到西班牙人到來為止。

本章的主角國、托爾特克人所建立的圖拉一地，誕生於八世紀中期左右（根據文獻記載），略晚於這些中型規模國家活躍的時期。

圖拉在美索亞美利加處於什麼樣的定位、有過多大的權勢等等，完全是一團謎。

但在圖拉滅亡後，美索亞美利加這裡，對圖拉出現了一種稱得上是「詭異」的崇拜方式。

圖拉成了大家口中歌頌的，擁有前所未有的財富、如烏托邦般的繁盛國度，變成了各方嚮往的對象，甚至還有人謊稱起自己是圖拉的後世子孫。

墨西哥中部也就算了，連馬雅那裡，也有一群人自稱是托爾特克的子孫，把這樣的血緣當成掌握權勢的工具來運用。

由於「托爾特克人是出色藝術家」的說法一直流傳下來，因此在阿茲特克時代，托爾特克這個字，也有「名匠」之意。還有，「托爾特克優陀」（Toltecayotl，「托爾特克特質」之意）這個字，也用來指稱「品德出眾」、「志向崇高」的意思。

用法示範
美雪女士是一位很托爾特克優陀的人，請和我交往。
美雪女士她托爾特克優陀，為後世留下了典範。

《波波爾．烏》的基切人，也自稱來自托爾特克

在這本書裡沒有介紹到的《波波爾．烏》的後半部分，寫到了基切人自圖拉向馬雅南部移動的事。

因此，《波波爾．烏》可以看成一本在馬雅的神話中混入了托爾特克的文化與習慣的作品。裡頭出現了羽蛇，甚至還出現了「托爾特克特」（Toltecat）這個字。

還有，《波波爾．烏》的主要角色，幾乎都以出生日期命名，這屬於墨西哥側諸國常見的命名法（馬雅的「6－天空」女王雖然也是依據這種方式命名，但這類例子並不多見）。

只是，仍有不少研究者認為這些都屬於「自稱托爾特克人的蒲冬人」，並不採信前面的說法。

如果把當時眾人崇拜的國家流傳下來的東西，以現代的方式整理出來的話，會像這樣子。
托爾特克傳說
在族長米斯科亞特爾的帶領下，托爾特克的子民來到此地。
他們一進入墨西哥中部，就碰到一個年輕女子。
呆～
於是，米斯科亞特爾向女子射出了箭。
咻
為什麼？
一射一擋的情形重複了好幾次後，
咻
閃
咻
跳
女子接住了箭。
啪
超強
米斯科亞特爾向那位女子求婚。
啊～～什麼啊，竟然墜入情網啦？
女子答應了。
殺人（未遂）犯和被害人成了一對──
咦?!

從民族學上來看，這種極為粗魯的男女相識方式，以及求婚的動作，可以解釋為侵略某個國家，或是在描寫那個時代的政治聯姻。

這位運動細胞異於常人的女子，由於不把箭當一回事，因此有了「切瑪爾瑪」（盾之手）的稱號。

切瑪爾瑪結婚後，不久就懷孕了。

發亮
閃閃

可是，切瑪爾瑪身體那麼強健，卻因為生產三兩下就死了。

那是托爾特克的子民在庫爾華肯（Culhuacan）這片土地上定居下來沒多久的事。

出生的這個孩子，就是後人口中長久流傳下來的傳說人物。瑟・阿卡特爾・特庇爾辛・奎茲爾科亞特爾（Ce Acatl Topiltzin Quetzalcoatl）意思是「在『一－蘆葦』那天出生的王子奎茲爾科亞特爾」。

奎茲爾科亞特爾出生之後沒過多久，父王米斯科亞特爾就被圖謀篡奪王位的兄弟們所殺。

成為青年的奎茲爾科亞特爾，調查了父親的死因，向殺害父親的叔叔伯伯們報了仇。

他採取了美索亞美利加最流行的殺害方式，把這些人當成奉獻給神的活祭品。

殺死之後，他還把他們吃掉。

後來，奎茲爾科亞特爾遷都圖拉（圖拉・錫可可提特蘭），創造了一番新氣象。

圖蘭辛哥（Tulancingo）第二個定居處
圖拉（圖拉・錫可可提特蘭）最後定居處
湖
庫爾華肯 最初定居處

在奎茲爾科亞特爾統治下過沒多久，他們就在附近山裡找到了翡翠、金銀、鳳尾綠咬鵑的羽毛等各種寶物，在圖拉獲得了龐大的財富。

或許是因為這樣的富庶改變了奎茲爾科亞特爾吧。

他決定結束一直以來理所當然的習慣，不再進行把人當活祭品的儀式。

今後，祈祀就只能用翡翠，以及蛇、鳥與蝶類等活祭品。

由於這樣的行動，後世都稱「奎茲爾科亞特爾是個改革家」。

奎茲爾科亞特爾王統治下的圖拉，洋溢著輝煌的幸福光輝。

人民享受和平，糧食也十分充足，人人但覺人生美好。

然而，卻有三個巫師卻看不慣。

真無趣耶～要讓他們學會什麼叫做不幸。

三人的名字分別是

維齊洛波奇特利

提茲卡特力波卡

托拉卡胡耶潘

三人馬上變成老人的樣子，造訪了奎茲爾科亞特爾王修行的房間。

托爾特克的國王也身兼祭司之職，因此必須遵從職責定期進行斷食與冥想，以及傷害自己身體、讓血流出的苦行。

也不能碰女人，必須過著禁慾的生活。

他也不會做出坐享權力、酒池肉林般的行為。

三人看到奎茲爾科亞特爾王因為斷食而削瘦的臉龐，對他說：

瞧你這樣子！你這麼悽慘的表情如果被人民看到了，大家會做何感想？

講了這些話讓他感到不安後，

這裡有很棒的藥唷。

又假稱帶來回復青春的藥，讓他喝了好幾杯龍舌蘭酒。

酩酊大醉的奎茲爾科亞特爾在他們的安排下與女人同床共枕，而且還不巧地是自己的妹妹。
早上
呼～
哇～～！
揹下來換人民這邊了。
這次是由提茲卡特力波卡一個人變成年輕人的樣子，一絲不掛跑到市場中，叫賣綠辣椒。
這時，圖拉的第二把交椅（即主管政治部門）威馬克的女兒剛好經過。
提茲卡特力波卡迅雷不及掩耳，把性器官露給她看。
嘿嘿
又來了，這到底是什麼樣的故事情節啊～
女孩馬上就墜入愛河了。
哇～
喂，怎麼會變這樣?!
和故事開頭一樣，他們墜入情網的方式實在很難懂。
女孩得了相思病，不吃不喝，什麼也不做，臥病在床。
父親威馬克說：
跟那種變態在一起，你不可能幸福的！
您說的對！
雖然他試圖說服女兒，但看到女兒憔悴的樣子，
真沒辦法。
給我穿上衣服！
他還是讓兩人結婚了。

然而，這引來了人民的嫉妒。
你說什麼！！那種來路不明的性犯罪者娶了她？
如果那種傢伙也可以當乘龍快婿，我們也該有這個權利！
面對人民的激烈反彈，威馬克想道：
啊，這樣好了，把他趕到戰場上去不就好了。要是他死在那兒，那可是求之不得的好事。
於是，他派女婿與鄰國的敵人作戰，但是……
年輕人提茲卡特力波卡凱旋而歸，很了不起。
這麼一來，
這男的真厲害啊。
輕而易舉就扭轉國民看他的眼光，大家反而對他產生了好感。
也差不多該動手了呢。
成了萬人迷的年輕人提茲卡特力波卡，舉辦了宴席，請城裡的人們前來。他在席間唱歌，把氣氛炒得很熱。
然而，他唱的卻是咀咒之歌。唱著唱著，人們跳起舞來，而且完全停不下來。

那首歌引導著人民走到懸崖邊，
大家仍然不停往前跳，
啊
最後都掉到谷底死了。
可是還有人民活著吶～
接著，提茲卡特力波卡又變成魔術師到市場去。他把夥伴維齊洛波奇特利變成小人兒，在他的手掌上跳舞。
這麼有趣的畫面，當然吸引了人群前來。由於大家推擠得很嚴重，旁觀的人如骨牌般摔倒，壓死了許多人。
這時，混在人群中的托拉卡胡耶潘
都是他害的！
咒罵起提茲卡特力波卡，鼓動群眾。
群眾向提茲卡特力波卡與維齊洛波奇特利丟石頭，殺了兩人。
結果屍體散發出非比尋常的惡臭，
把在場的所有人都臭死了。
這些屍體還不夠多啊。
嘿嘿

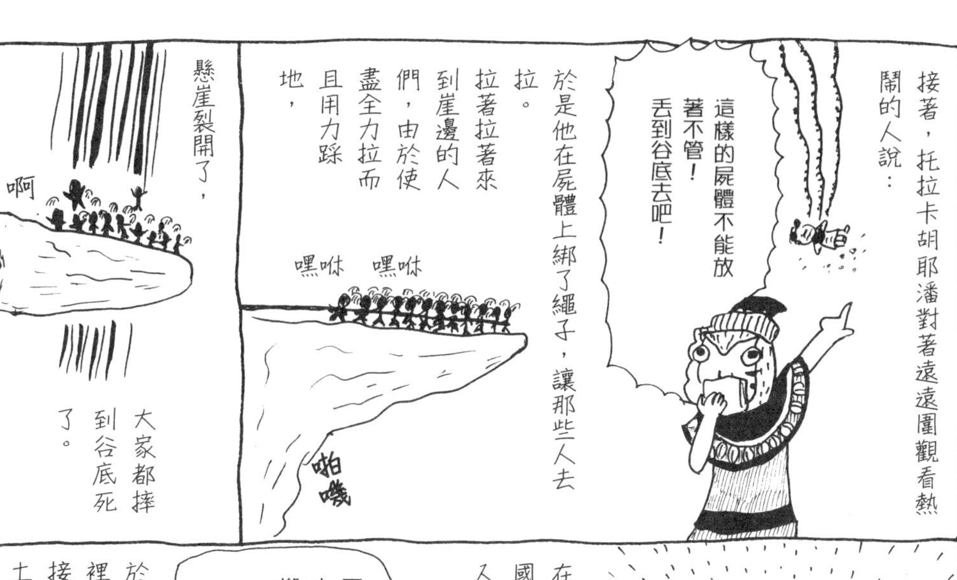

於是他燒了王宮，並把各種財寶埋在山裡、谷裡。

接著他帶著跟隨他的人們，離開了國土。

我發誓要在「1－蘆葦」那天回到這裡。
出發時，他留下了諸如此類的話。路上，因為太過寒冷，跟隨的人一個接著一個死了。據說其中最讓奎茲爾科亞特爾難過的是，有個總是能夠逗他笑的侏儒也死了。

到達海岸的一行人，搭著蛇之筏，踏上了邁向新世界的旅程。

就這樣，圖拉的奎茲爾科亞特爾國王的傳說，在此結束。

各位或許已經從故事的發展變得很奇怪這件事上察覺到了吧，這是多個傳說混雜在一起所形成的。

尤其是三人組登場的那裡，一定有問題！太扯了！
一直在殺光所有人，又不是小學生！

這表示舊宗教「奎茲爾科亞特爾」與新宗教「提茲卡特力波卡」間的對立。

也有人這樣說

這該不會是講故事的小朋友創作出來的東西，不小心流傳到後世才變成奎茲爾科亞特爾國王的傳說呢？

我實在有一種受騙的感覺。

那個壞蛋三人組的頭頭提茲卡特力波卡，漸漸成了墨西哥中部最重要的神。

雖然故事的這個部分看起來很扯，但研究者還是很努力在解讀其中的意義。

還有另一個版本的結局是，奎茲爾科亞特爾在船上自焚身亡。然後，從他的遺體化成的灰當中，出現了各種顏色的鳥；他的心臟也飛了出來，成了晨星。

這樣的內容，增強了故事的視覺元素。

當時在墨西哥中部，存在著多位叫做奎茲爾科亞特爾的國王或祭司。

故事似乎是以其中一位人格特別突出的奎茲爾科亞特爾為藍本，再把多位奎茲爾科亞特爾先生的故事加進來。或許就是因為這樣，他才會在自己把叔叔伯伯吃掉之後，還說不准用活祭品，出現前後人格不一致的情形。

提茲卡特力波卡

「冒煙的鏡子」之意

永遠的年輕人，掌管夜風與黑暗。

可是，一般不會想到什麼「冒煙的鏡子」這種名字吧。這些人的想像力還真豐富呢～

「提茲卡」指的是拿來當成鏡子使用的黑曜石哨。

如果考量到黑曜石會變得模糊不清，取這種名字，應該就不是那麼超乎想像了吧？

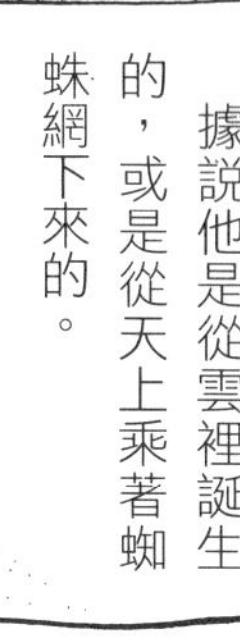

據說他是從雲裡誕生的，或是從天上乘著蜘蛛網下來的。

他的興趣是扮演火雞，好像很難讓人感到討厭耶。

不知道該說他的性格太複雜，還是沒有設定好。可以確信的是，他是個隨興行事、不會做什麼好事幫助人類的神，是個令人害怕的對象。

據說他也擔任奴隸的守護神，只要有奴隸受虐，他就會好好教訓一下施虐的人。

圖拉遺址

傳說中的圖拉，過去被稱為圖拉．錫可可提特蘭，據信就是位於目前墨西哥伊達爾哥州（State of Hidalgo）的圖拉遺址。

圖拉也建於山丘之上，擁有完備的防禦工事。

描述得更詳細一點的話，是在狹小的範圍內建立了兩個都市。

首先是在公元六五〇年左右建立的圖拉．齊可（圖拉．小），然後在公元八五〇年左右，此地遭破壞後，又把中心部移往距離一．五公里處，重新建立了圖拉．葛蘭迪（圖拉．大），也就是目前成為觀光景點的地方。

公元八五〇年時對舊圖拉的破壞，從何而來？畢竟還是出自於兩派的對立嗎？

不過，此地雖有奎茲爾科亞特爾的石雕，卻沒有提茲卡特力波卡的石雕（目前發現的狀況）。

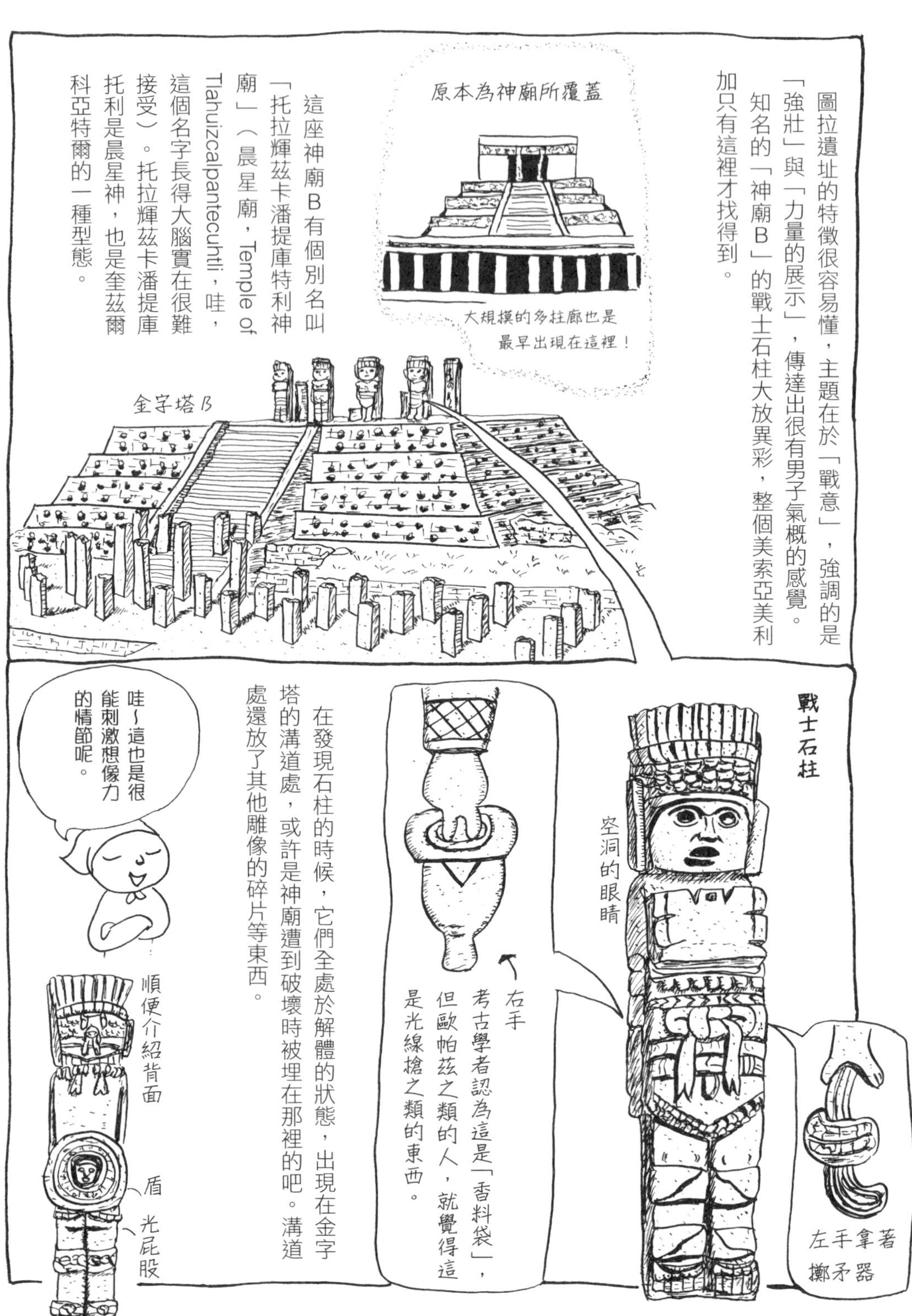
圖拉遺址的特徵很容易懂，主題在於「戰意」，強調的是「強壯」與「力量的展示」，傳達出很有男子氣概的感覺。知名的「神廟B」的戰士石柱大放異彩，整個美索亞美利加只有這裡才找得到。
原本為神廟所覆蓋
大規模的多柱廊也是最早出現在這裡！
這座神廟B有個別名叫「托拉輝茲卡潘提庫特利神廟」（晨星廟，Temple of Tlahuizcalpantecuhtli，哇，這個名字長得大腦實在很難接受）。托拉輝茲卡潘提庫托利是晨星神，也是奎茲爾科亞特爾的一種型態。
金字塔B
戰士石柱
空洞的眼睛
左手拿著擲矛器
右手
考古學者認為這是「香料袋」，但歐帕茲之類的人，就覺得這是光線槍之類的東西。
在發現石柱的時候，它們全處於解體的狀態，出現在金字塔的溝道處，或許是神廟遭到破壞時被埋在那裡的吧。溝道處還放了其他雕像的碎片等東西。
哇～這也是很能刺激想像力的情節呢。
順便介紹背面
盾
光屁股

神廟的浮雕乍看之下很可愛，卻不折不扣傳達出殘酷的氛圍。這四種浮雕密密麻麻地刻滿壁面。

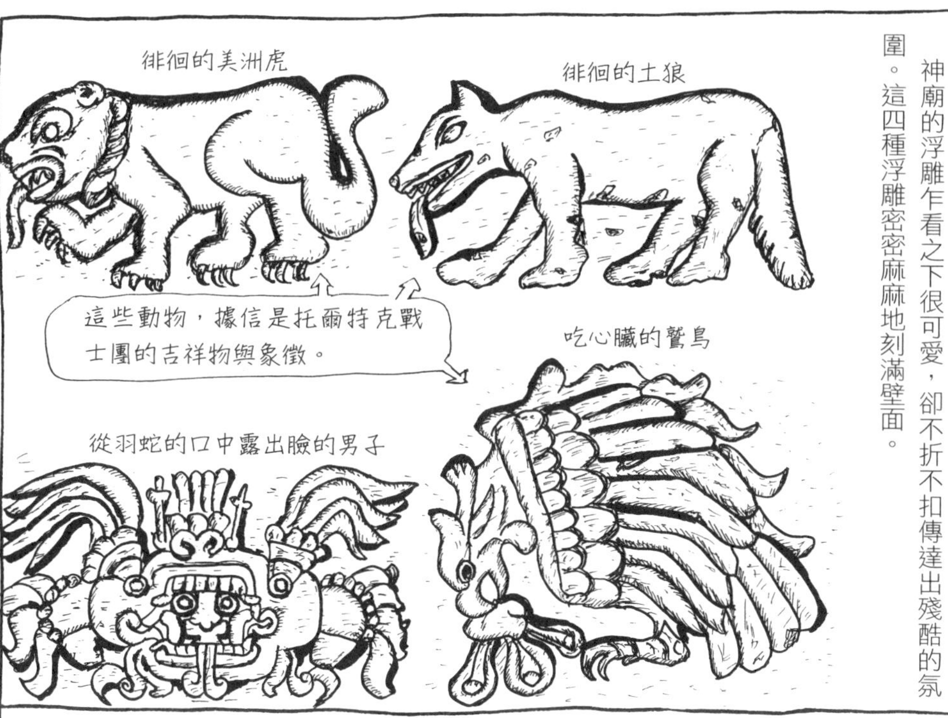

※→根據過去的說法，據信這種奇妙的生物是晨星神托拉輝茲卡潘提庫托利（兼奎茲爾科亞特爾）。

神廟B北面的牆壁上，不斷出這個浮雕。

被蛇吞掉的人。

剝落中的皮

還有，知名的這個也在此出土！

查克莫

這玩意到西班牙人到來為止都在各地活躍，但據信正式問世就是在這裡。

據信是把活祭品的心臟放在這裡。

在圖拉共挖出十二尊

根據麥可．柯所著之《墨西哥》（*Mexico: From the Olmecs to the Aztecs*）一書所述，開挖時的圖拉「由於已經被破壞到體無完膚的地步，幾乎無人認同此地的重要性」。

一直到一九四〇年代，在正式的挖掘下挖出大型建築物、多柱廊、獨一無二的戰士石柱等文物後，外界才總算認同此地的重要性，此地的遺址也才得見天日。

難解的托爾特克問題

雖然這個遺址據信就是證明托爾特克王國曾經存在的證據，但托爾特克人以及圖拉的問題，依然十分棘手。

首先來看看「圖拉」這個字（又稱特蘭〔Tlan〕或圖蘭〔Tulan〕），它原本有「蘆葦之地」的意思，代表著「人多到如蘆葦叢生般的地方」，也就等於「都市」的意思。

在托爾特克時代繁盛的大都市，名稱中全都有「圖拉」，像是「圖拉·蘇奇卡哥」（Tula Xochicalco）、「圖拉·迪奧狄南哥」（Tula Teotenango）等等。

不過，不同於其他都市，唯獨圖拉·錫可可提特蘭，不知道從何時起，省略了名稱中的「錫可可提特蘭」，變成只稱為「圖拉」了。

這也是之所以把這裡視為托爾特克人建立的傳說都市「圖拉」的最大原因。

在這個時代的墨西哥中部，圖拉也是都市當中面積最大的一個，約有十六平方公里，人口推估有六至八萬人。

差不多是其他都市的兩到三倍。

還有，在阿茲特克時期關於圖拉的一些資訊，也讓事情變得更複雜。

有一件事要感激阿茲特克時期的人，就是他們留下了清清楚楚的紀錄，連事情的狀況、出現的人物以及日期都寫了進去，是很出色的紀錄。而且，他們也把前一個時代托爾特克的歷史，也寫了進去。

由於有這樣的東西存在，一切應該都會明朗起來，不會有什麼問題。

但是，反而出現多種不同的解釋。

這是因為在思考時有個前提，就是「編年史當中，一定會有吹噓或為求好看而美化過的部分存在」。到底哪個該看成謊言而捨棄？每個研究者的看法都大不同。

實松克義在他寫的《馬雅文明新真相》一書中就表示，「學者有幾個，學說就會有幾種——這麼講，一點也不誇張。」

媒體素養

教你如何輕鬆看穿謊言

在托爾特克的傳說中出現的三個巫師當中，維齊洛波奇特利是後來阿茲特克時代的神，因此毫無疑問維齊洛波奇特利是阿茲特克加進去的！

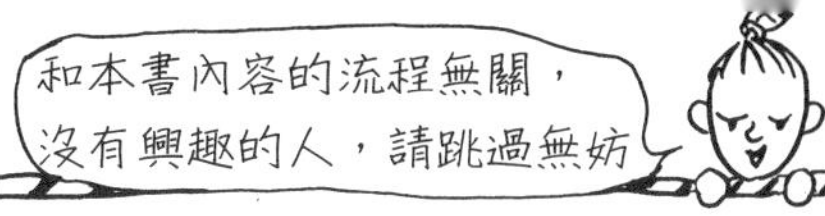

和本書內容的流程無關，
沒有興趣的人，請跳過無妨

研究者的研究素材

在為數眾多的資料中，與托爾特克有關的資料尤其重要的有三件。

前面講的傳說，也是取材自這些資料。

①佛羅倫斯抄本（*Codex Florentine*；新西班牙簡史）

西班牙傳教士薩哈岡（Bernardino de Sahagún，一四九九～一五九〇）與他身為阿茲特克貴族兒子的學生們，一起在墨西哥中部的各個城市走動，拜訪各地仍在世的故老，並將收集而來的口傳內容，再加上將原本四散的抄本匯整出來的成果，在一五七〇年代初期完成了這本抄本。

它是在佛羅倫斯找到的附圖抄本，因此被稱為《佛羅倫斯抄本》。這本抄本如果再加上西班牙譯文以及薩哈岡的解說，就成了在世界各地出版的《新西班牙簡史》一書（日文版只能讀到摘錄內容而已，真讓人焦躁）。

②切瑪爾波波卡抄本

薩哈岡的四個學生將收集到的口傳內容與抄本編輯而成的東西，收錄了《庫奧蒂特蘭編年史》（*Annals of Cuautitlan*）與《五個太陽的傳說》（*The Legend of the Five Suns*）。

③托爾特克・奇奇梅卡史

目前留存的阿茲特克圈的抄本（約十五本左右），恐怕有一半以上都是在西班牙征服當地之後才製作的。即便如此，據信大多都是把過去原有的東西忠實地複製而成。

抄本是經祭司背誦下，一代一代傳承下來的東西。西班牙人征服當地還沒有太久的時候，不少人都還牢牢記得抄本的內容。

薩哈岡收集來的資訊，以及西班牙人到來後的抄本，都是從這些祭司的腦中重現的。

……就像是用一些無聊的諧音湊出來的廣告歌曲，大家聽了就永遠忘不了一樣。其實很不想把腦容量用在這樣的東西上啊……。

把書的內容變成歌再記起來唷。

最近，SHOP99的主題曲一直在我腦中繚繞著，揮之不去，實在很煩！

什麼QQQQ嘛★！

★日文「99」的發音可以讀成「QQ」，而SHOP99的主題曲就是一直「QQQQ」……個沒完。

在原住民們的史書之一《托爾特克．奇奇梅卡史》中，把托爾特克人視為奇奇梅卡的一支。

這個部分由於不斷出現多個族群名稱，都是我們所不熟悉的，要讓腦子理解很是辛苦。不妨就把它看成是一個有著各種民族存在的國家，會比較容易理解吧～就像歐洲也有日耳曼族、斯拉夫族、塞爾特族那樣。

所謂的奇奇梅卡人，又是一群很難定義的人。基本上，他們是在迪奧狄華肯興盛時，位於墨西哥北部、從事狩獵與採收活動的一群人，等到迪奧狄華肯滅亡後，又出現在墨西哥中部，取而代之成為主角。

後來出現在阿茲特克時代的主要族群，全都被視為是奇奇梅卡人。他們對於這樣的出身都很感驕傲，不過奇奇梅卡這個字，有時候也會當成蔑視的字眼使用。比如說，有人說，奇奇梅卡帶有「與狗有血緣關係」的意思。

這似乎是因為，在阿茲特克時代，北部留存的奇奇梅卡人，過著文化程度低的狩獵生活，也是遠近馳名的粗暴一族，外界才會用那樣的眼光看待它。

不過，也有研究者認為，弓箭是奇奇梅卡人帶進美索亞美利加的，而且在北部的奇奇梅卡區域，也找到了一些宏偉的都市遺址，隸屬於迪奧狄華肯滅亡前後的時代。因此，他們過的並不是大家瞧不起的那種原始生活。

所以，最普遍的看法是，「托爾特克在奇奇梅卡人當中是最有文化的一支，先是來到墨西哥中部，然後與迪奧狄華肯的存活人士合作，才在伊達爾哥州建立圖拉．錫可可提特蘭」。這是墨西哥考古學家赫梅尼茲．莫雷諾（Jimenez Moreno）在一九五〇年代提出來的學說。

但是想到奇奇梅卡人既自稱是奇奇梅卡，又自稱是托爾特克而感到自豪，就覺得有點……

唔，一方面想為流著高貴的血液感到自豪（托爾特克），一方面又想為過去使過壞而感到自豪（奇奇梅卡），大概是這樣吧～

不過，也有不少人對此抱持不同看法。

日本的考古學家大井邦明，就認為是殘存下來的迪奧狄華肯人建立了圖拉。

在迪奧狄華肯那一章也談過，存活下來的人似乎是在迪奧狄華肯發動了政變。

再補充一下，大井先生也認為，圖拉遺址（圖拉．錫可可提特蘭）是眾多個圖拉的其中之一，當時所有冠上「圖拉」之名的都市，全都是傳說的圖拉。

一直到不久之前，都還有「迪奧狄華肯本身就是圖拉」的說法，以及「沒有什麼圖拉不圖拉的存在」的說法，廣為流傳，他們認為圖拉純粹只是一種理想中的國度而已……

說到這個，就連不算太久之前的事，也都難以釐清真相呢～

這個世界上，或許真的沒有什麼確實的東西了吧。

不過，有時候「不清楚的事」、「不清楚的點」，反而會是最有趣的地方呢。你可以對各方學說都覺得「有道理」，可以想吐槽就吐槽別人「講得很牽強」，也可以愛怎麼想像就怎麼想像，編出自己的一套說法來。

總之，要怎麼玩都可以，真的很棒。

順便介紹一下我剛才亂想出來的說法。

托爾特克的結局

十一或十二世紀時，托爾特克滅亡了。

在圖拉遺址可以看得到燒焦的痕跡，也找到許多人們遭到殺害的遺體，因此當時應該是遭到了什麼人的襲擊而滅亡的吧。

至於到底是內亂或是與鄰近國家的戰爭導致托爾特克滅亡，還是出於奇奇梅卡人的侵略，就不清楚了。

抄本中，也寫到托爾特克曾發生過戰爭的事。

托爾特克最後的國王，是從奎茲爾科亞特爾算起第六個國王，名叫威馬克。

（在前面的口傳故事中，他把女兒嫁給了變態的提茲卡特力波卡。）

威馬克逃離圖拉，與夥伴們搬到查普爾特佩克（Chapultepec，目前墨西哥城的森林公園）居住，但據說由於敵軍來襲，他被迫自殺（或是在洞穴內遭箭射中而殺害）。

關於這個威馬克還流傳著一項很低級的資訊★，就是「他喜歡的類型，是那種臀部有他四個手掌大的女人」。

就是這個啦，這個這個!!多麼有用的資訊!

哈〜

就是要有這樣的資訊，才能讓人感受到他是個有血有肉的人嘛。

此外，據傳威馬克時代有過饑荒，而且口傳的內容還講得很有童話故事的風格。

故事內容是：

某一次，叫做特拉洛奇（Tlaloque）的小雨神（類似特拉洛克的迷你版），來找威馬克賽球，只要威馬克能夠獲勝，就可以得到獎賞。

特拉洛奇要他從翡翠或玉米當中擇一當成獎品，威馬克毫不猶豫選了翡翠。因此，托爾特克的人民雖然獲得了財富，卻再也得不到糧食，因此一直挨餓。

對了，圖拉也有很多特拉洛克像哦。

好了，托爾特克講到這裡就先告一段落了。

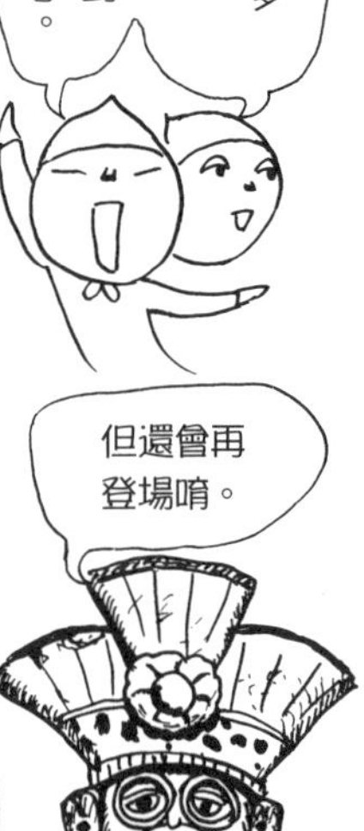

★《美索亞美利加建築》（桃樂絲・海登〔Doris Heyden〕與保羅・珍卓普〔Paul Gendrop〕著）一書中提到的，出處不詳。

第五章
猶加敦的馬雅文明

又回到馬雅這邊了
（後古典期 公元九〇〇年～十六世紀前半）

馬雅北部、猶加敦的主角，怎麼說都是奇琴·伊察。本章主要會介紹的是奇琴·伊察，以及在它之後繁盛的馬雅潘。
好了，主角從中部移往北部。
猛然坐起
北部的馬雅王國，可不是到後古典期才突然成立的!!
哦……
中部
南部
馬雅北部有些國家，從前古典期就存在了。中部的提卡爾與卡拉克穆爾正繁盛時，這裡也有幾個與中部同等規模的國家。這些國家與中部的國家一樣，有記長紀曆的習慣，也會建石碑，並把國王的名字刻上去。
早就存在的國家
古典期就存在
事實上不只這些。
吉貝爾查頓
阿肯克
奇琴·伊察
艾克·巴藍（Ek' Balam）
歐修金托克（Oxkintok）
烏希馬爾
雅修納（Yaxuna）
科巴
普克區（Puuc Zone）
愛斯納
北部的國家，確實也參與了古典期的馬雅社會。
北部國家之所以不像中部的國家那麼搶眼，是因為北部這裡，石碑等刻有文字的紀念碑少得可憐。
因此，很難重建歷史現場，在談古典期的時候，就變成主要都拿中部國家的東西來講了。
而且到了十至十一世紀左右就不再興建石碑，也不再刻寫長紀曆了。
國王的肖像也不刻上去了，不知道是否和國王的權力降低有關。古典期時，到處都看得到這張臉，現在也完全不再出現。變成看不到「個人」出沒了。
這也是無可奈何的啊～
好淒涼哦～
雖然這也不是我喜歡的長相就是了

托爾特克，歡迎光臨！

在文化面也煥然一新。

古典期的馬雅文化，完全消失了蹤影。

來自墨西哥的新風貌，進駐到馬雅北部。

首先，在墨西哥中部大受歡迎的奎茲爾科亞特爾，在這裡也開始出現在雕刻上！

而且會讓人覺得，奎茲爾科亞特爾在這裡還更受歡迎，它化身為樓梯的扶手、柱子或建築物的飛簷（如上圖），四處都看得到。

這裡也出現大量的戰士浮雕，但全都是墨西哥風的裝扮。

也有與圖拉的戰士石柱相同裝扮的人

這位老兄也出現了！

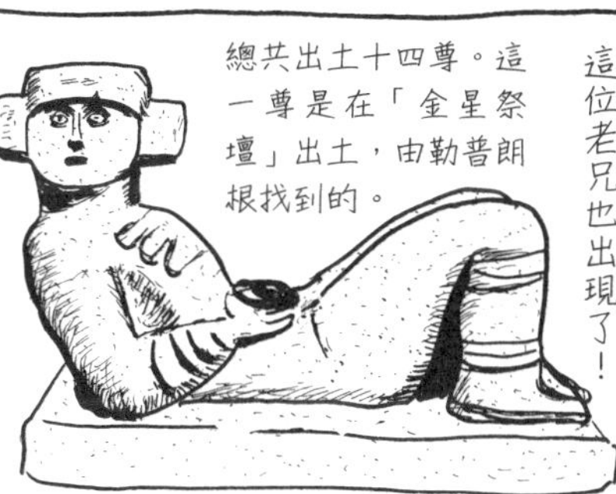

總共出土十四尊。這一尊是在「金星祭壇」出土，由勒普朗根找到的。

還有，與圖拉相同創作主題的浮雕，也一再出現。

從羽蛇的口中露臉的男子

還有美洲虎

還有鷲鳥

兩隻都在吃心臟

離題！談談查克莫

這個名字，是由十九世紀在奇琴．伊察找到多座查克莫的探險家勒普朗根（後面再介紹他），根據最接近馬雅語的發音所取的。據說是「紅美洲虎」、「美洲虎的大腳」之類的意思（根據美索亞美利加學者瑪麗．米勒與卡爾．陶貝所言）。事實上，那時到底叫做什麼，或者它代表哪個神，並不清楚。

除了奇琴．伊察與圖拉外，在馬雅中部的基里瓜、北部米卻肯的依哇齊奧，以及沿岸的托托納克區域，也都挖到了查克莫。

在匆潘特利這裡（納瓦特爾語的「骷髏頭之牆」）也出現了！

活祭品的骷髏頭陳列在一起。

骨骸的浮雕，團團圍住了大大的祭壇。

在圖拉一些祭壇也找到許多骷髏頭。

這個建築物，一直留存到後來的阿茲特克時期。

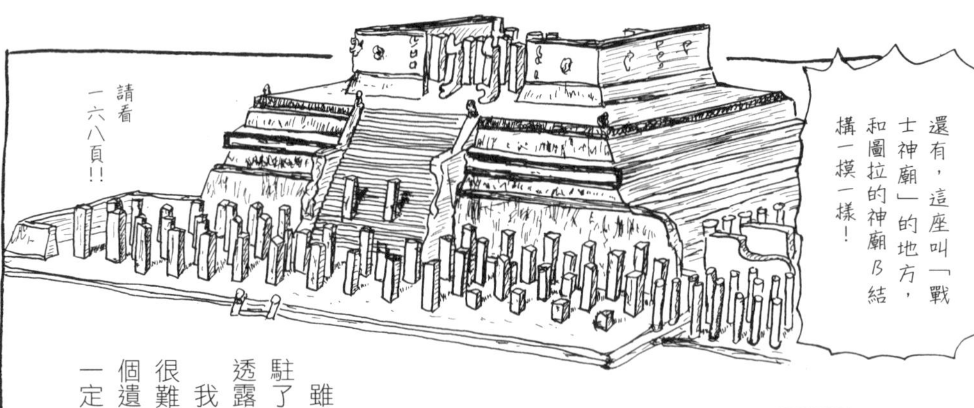

還有，這座叫「戰士神廟」的地方，和圖拉的神廟B結構一模一樣！
請看一六八頁!!

此外也有這種東西存在。

支撐祭壇的人像（通稱「男像柱」〔atlante〕）

圖拉也出現類似的東西

雖然在古典期時，迪奧狄華肯文化就進駐了，卻沒有像這個例子這樣，這麼明顯透露出墨西哥文化的傳入。

我雖然曾多次提到，「像」或是「不像」，很難稱得上是客觀的判斷標準，但從這兩個遺址的這些東西看來，可以說毫無疑問，一定是其中一個參考了另一個。

好了，那當年到底發生什麼事？由於這裡已經不使用長紀曆，也沒有了在石碑上刻寫紀錄的習慣，這下子，就只能從挖掘的成果去推測了吧？

不用擔心！

還是留有很棒的書面紀錄唷。

《奇藍·巴藍之書》

《猶加敦見聞錄》

談馬雅神話的部分也出現過這兩本文獻資料

不過，與阿茲特克的文獻一樣，這些資料並非可以安心照單全收。

複雜的情況後面再談，不過蘭達根據馬雅人代代相傳的說法，在書中寫下「有個叫庫庫爾坎的人，從西方來到這裡，統治了奇琴·伊察」。

所謂的庫庫爾坎，就是「鳳尾綠咬鵑（等於有羽毛）·蛇」的意思，是奎茲爾科亞特爾的馬雅語讀音，即羽蛇神。

★源義經（一一五九～一一八九）是日本平安時代末期的武士，也是日本人愛戴的傳統英雄。有一種說法是他並沒有英年早逝，而是西行蒙古成為成吉思汗。但由於證據薄弱，並非普遍的說法。

什、什麼！
這是圖拉的奎茲爾科亞特爾國王後來的故事?!

……按常理，誰都會想要這樣去解讀。而且還是在遠離圖拉的奇琴．伊察流傳的故事，真的好讓人充滿期待，就好像「源義經＝成吉思汗」★的說法一樣。

奎茲爾科亞特爾國王沒自殺耶！
他跑來馬雅的地方啦！
萬歲!!

在離開圖拉時，奎茲爾科亞特爾國王說，「要到托利蘭．托拉帕蘭（黑與紅之地）去。」以阿茲特克的方位（應該相當於自古以來墨西哥中部全域）來看，黑是北方，紅是東方，因此國王所講的話，也可以看成是「要去東北方」。

對了，就好像要幫忙增加這些證據的可信度一般，很多書裡都寫到：

「根據墨西哥側的抄本，奎茲爾科亞特爾國王，是在公元九八七年離開圖拉；相對的，馬雅端的文獻《奇藍．巴藍之書》，也寫著庫庫爾坎是在那個年代來到這裡的。

怎麼樣？時間也接上啦，很了不起吧——」

不過，關於這件事，由於九八七年這個年代的紀錄，是根據一些研究者的解釋才誕生的，屬於設計下的產物，因此很可惜，這個說法沒有辦法成為最大那一塊拼圖碎片，完成整個拼圖。

唔，其實可以不必把年代連接得這麼細也沒關係。因為，已經有許多證據證明，托爾特克人造訪過此地了。或許我太天真了吧？但我很希望相信，來訪的就是那位奎茲爾科亞特爾國王，他就在這裡平穩地度過剩餘的人生。

可是啊……

蘭達把庫庫爾坎描寫為「是個了不起的人物，在施行仁政、照顧好這裡後，又回墨西哥去了」，所以也可以把他看成是一個不太會想要平穩過日就好的人吧。

咦?! 他回去啦？

※ 關於該年代是設計出來的一事，在大井邦明先生的一系列著作中，有詳細的檢驗。

戰爭的證據嗎？

「戰士神廟」內牆上的壁畫

據信是托爾特克人乘船偵察馬雅城鎮的場景。

如果假設奇琴·伊察是一大交易都市，上面的圖，也可以解釋為是在描寫交易的樣子（另一種假說是，阿茲特克的商人都有武裝，因此這個時代也相同）。

不過，同樣在「戰士神廟」裡的這張圖，就完全散發出暴力的氛圍了。因為有這張圖，所以上面那張圖應該可以想成是「偵察」。

除此之外，這裡的壁畫也有水戰以及把俘虜當成活祭品的場景。這裡的壁畫很有意思，可以追蹤一連串事件的演變情形。

在石灰岩洞中找到的黃金圓盤上，也描繪著同樣的場景。

這是遭托爾特克的士兵戳刺的馬雅人嗎？

不過，這幅畫的時代難以確定。也有一種看法是，這是後來的時代發生的事情（馬雅潘vs.奇琴·伊察）。

也有另一幅壁畫出現在通稱為「美洲虎神廟（有兩層樓高）」的地方，畫的是大量的托爾特克士兵（？）進入城鎮，雙方大混戰的場景（如下圖）。

像這樣的壁畫作品，固然沒有確切的證據證明，壁畫中的人物到底是不是托爾特克軍，但是從托爾特克文化急遽進入，以及畫中散發出來的暴力氛圍來看，有人認為，是奎茲爾科亞特爾國王一行人征服了奇琴．伊察。這已經成為某種程度的公認說法。

不過，奇琴．伊察有很多普克風（參見一五二頁）的建築，有些雖然算是托爾特克風格，像是「戰士神廟」，在上方的部分卻採用了普克特有的捲鼻子面具。

本來我覺得圖畫得太小，很難看出什麼，有想過不要放進來算了，

但為了那些想了解到底是何種狀況的朋友，我還是把它放進來了。

引用自《古代馬雅》（*The Ancient Maya*），席氏奴斯．莫萊（Sylvanus G. Morley）、喬治．布雷納德（George W. Brainerd）著，史丹佛大學出版社（Stanford University Press）出版，一九五六年，局部放大。

雖然相較之下托爾特克文化搶眼得多，但兩種文化是以約莫同樣的比例在同一棟建築物中出現，和平共存。

陶器也是，同一層中有托爾特克風的，也有馬雅風的，同時存在。

在奇琴．伊察並沒有發生過馬雅文化暫時遭排除，變成清一色托爾特克文化的情形。

因此，有愈來愈多人覺得，奇琴．伊察只是與托爾特克有所交流、納入其文化而已，並沒有征服不征服的事發生過。

即便如此，認為「曾有征服一事」的一派，還是覺得「馬雅文化之所以能夠光明正大繼續留存，不過是征服者托爾特克對馬雅人民實施的懷柔政策」。

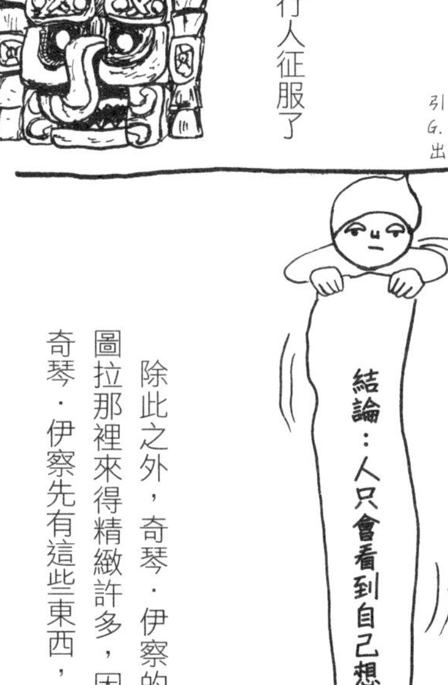

嗯
唔，這種說法也算有說服力。
結論：人只會看到自己想看的東西。

除此之外，奇琴．伊察的建築物與浮雕，要比圖拉那裡來得精緻許多，因此也有一種看法是，奇琴．伊察先有這些東西，才反過來影響圖拉。

所謂的考古學

我實在不該一直離題，
但是我不小心在《國家地理雜誌》中，看到一段文字……

有一位加拿大的考古學家是這麼說的：
「考古學是一種人文學術的領域，並非嚴密的科學，一切全看你怎麼解釋。」
考古學固然會部分仰賴放射性碳定年法等自然科學的技術做為基礎，但考古學中的「事實」，往往是來自於有限的樣本，因此不過是研究者一致認同的東西罷了。
（《國家地理雜誌》，二〇〇〇年十二月號）
以上，省略了部分內容。

原來是這樣呀～
我都不知道。原本還以為考古一定是「嚴密的科學」呢～

唉，真的嚇了我一跳。
而我的疑惑，似乎也因為這麼直接的一句話，而消解了。

伊察人

根據刻在普克風建築上的長紀曆碑文得知，在九世紀後半，曾經有一位叫做「卡庫帕卡爾（「火盾」之意）」的國王。
另一個碑文上，也已確認寫著三個人的名字，似乎是在印證蘭達寫的以下內容：

來自西方的三個謙恭有禮的兄弟，治理了奇琴．伊察。

其中一人去世或離開後，剩下的兩人墮落起來，遭人民殺害了。

在考古學上能夠確認的部分，大概就只能考證到這裡了，剩下的事情，就同樣只能仰賴蘭達的書，或是《奇藍．巴藍之書》了。

根據這兩本著作中所寫，奇琴．伊察與伊察人有很深的關聯，幾乎算是命運共同體了。

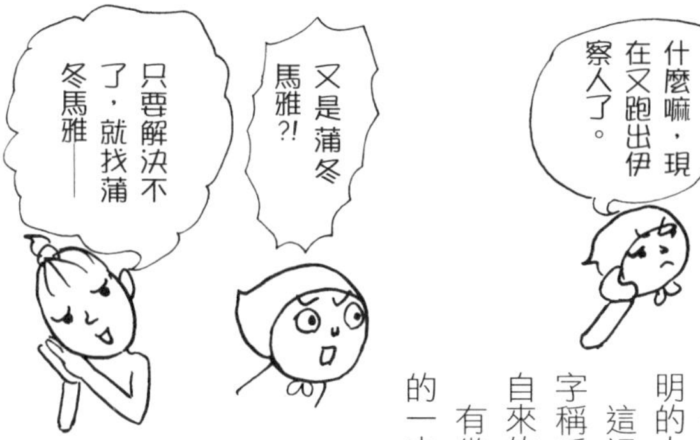

但是，這裡所講的伊察人，又是一群來歷不明的人。

這裡的馬雅人用「外來者」、「騙子」等名字稱呼他們；可以確定的是，他們是一群不請自來的新成員。

有幾名研究者認為，伊察人是蒲冬馬雅人中的一支。

除此之外，也有人提出新說法：「不，伊察人是中部馬雅瓦解後，逃到這裡的馬雅人。」

原因是，（在前面古典期馬雅瓦解的地方也提到過）各種文獻來源都略為提到，有一些人離開了南方。

不過，伊察人有個綽號是「無父無母的人」。

由於伊察人相信「人類到了五十歲以上，就會變成惡魔」，因此有著殺害父母這種令人不寒而慄的習慣，才會得到這樣的綽號。可是，對古典期的中部馬雅人而言，長壽依然是大家所尊敬、羨慕的，二者怎麼樣都兜不攏。

唔，不管伊察人到底是誰，根據《奇藍．巴藍之書》記載，他們是歷經艱苦的流浪旅程，才找到奇琴．伊察這片土地的。

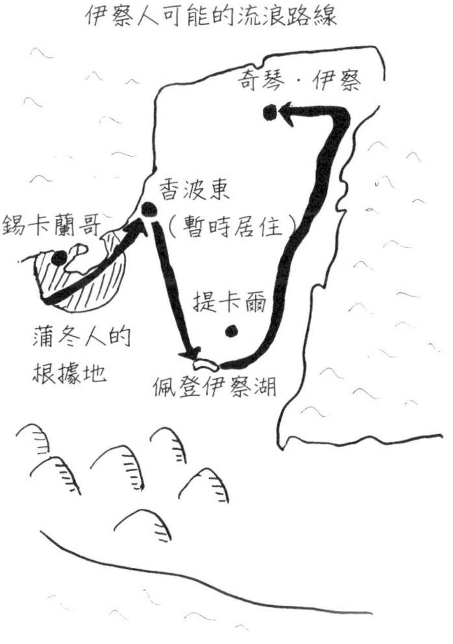

恐怕是因為這裡有很大的石灰岩洞，他們才決定在此定居，並且把這裡命名為「奇琴．伊察」，代表著「伊察的泉水口」之意。

聖泉

猶加敦半島北部，有很多會湧出地下水的圓形洞穴，就是所謂的石灰岩洞（馬雅話稱為「佐諾特」〔dzonot〕，西班牙腔就變成 cenote）。

在沒有河也沒有湖的這裡，它是唯一的集水處，因此城鎮會以它為中心建立。

在石灰岩洞當中，尤其有名的是奇琴．伊察的「聖泉」（Sacred Cenote）。

公元七〇〇年左右起，這裡就開始成為舉辦儀式的地點，聚集了許多朝聖者。

在奇琴．伊察遭放棄後，仍有絡繹不絕的朝聖者前來。

他們相信，雨神恰克住在水底

每次只要舉辦向雨神恰克的祈雨儀式，大家就會把許多寶物丟進聖泉裡。

不知道是不是跟其他國家交易而來的東西，在聖泉裡連瓦哈卡或墨西哥中部製作的東西，或是遠到巴拿馬或哥斯大黎加的黃金製品都有（雖說是金，大部分還是合金）。

還有，他們也會把很多人推到聖泉中，因此這裡有「活祭品之泉」的稱號。

至於把人推下去的藉口是，要他們把來自恰克的訊息帶回來。當然，很多人都就此枉死（底部距水面有二十二公尺），但據說也有人好不容易活著回來的。

十六世紀，西班牙人到來後，這樣的活動也依舊持續舉辦。

這裡曾經有過一種煞有介事的傳說：丟到泉中的活祭品，都是年輕的處女。

因此，二十世紀初，有一位充滿冒險心的美國領事愛德華．赫伯特．湯普森（Edward Herbert Thompson），為了確認這件事，不顧馬雅人的強烈反對，試圖潛到了水深十二公尺處，結果發現有二十一個小孩、十三個成年男子、八名女子的遺體（均在二十歲以上）。

他的探險也因而釐清了一些與傳說有些不同的事實：女子並不是那麼年輕，而且最多的是小孩。

用年輕的處女來編織傳說，會比較動人吧。而且會更具悲劇性，甚至於散發出某種淒美的感覺。

但如果是小孩的話，可就不是鬧著玩的了，變成另一種層面的事。

此一發現的榮耀，當然是屬於湯普森先生的。但由於當時的潛水器材還很簡陋，讓他失去了聽力。

湯普森先生原本就深受古文明吸引，之所以擔任領事一職，也是因為他希望一邊在當地親身接觸與研究古代馬雅使然。

他甚至還熱情到，為了確切做好調查，把奇琴·伊察周邊的土地給買下來（目前一家叫 Mayaland 的飯店的所在地點，就是其中的一部分）。

不過，雖然他留下了考古方面的成果，運氣卻相當差（或者，也可以看成是他擁有完全不考慮風險、不顧一切往前衝的行動力，才會因而經常失敗）。有個叫大衛·亞當森（David Grant Adamson）的人，曾經如此描述湯普森：

跳進活祭品之泉時，他的鼓膜破裂，而且「叢林熱」（惡性瘧疾）發作，結果年紀輕輕就禿頭了，還因為中了裝有毒針的馬雅特殊陷阱而瘸了腿。不只這樣，他的腳趾還被掉落的銅像壓爛。由於他潛水太久，他的雙手浮腫，滿是傷痕（部分內容省略）。

引自《馬雅文明：征服與探險的歷史》（*The ruins of time: four and a half centuries of conquest and discovery among the Maya*），大衛·亞當森著。

是說，他到底想把人家講得多慘啊？
而且講「年紀輕輕就禿頭」也太多餘了吧。

在亞當森的書裡，他若無其事、略帶惡意地把「年紀輕輕就禿頭」放到文中，實在讓我不寒而慄。

後來，湯普森先生在奇琴·伊察的家還慘遭祝融肆虐，他辛辛苦苦收集來的挖掘品或重要文獻，全都付之一炬。

而且，他曾因挖掘品的權利問題與政府起過磨擦，在墨西哥的財產也全遭充公，可以說是霉星高照。

後來也一直有人繼續調查聖泉，截至目前為止，已經找到一百二十七具遺體。

其中竟然有七十九%是三至十一歲左右的小孩。遠少於這個比例的第二多，是成年男子的骨骸；女性骨骸少之又少。

在這些遺體當中，據說也有幾具的頭部出現多處凹痕，或是鼻骨斷掉的。

究竟是摔下去時撞到的呢？
還是摔下去之前就被毆打的呢？

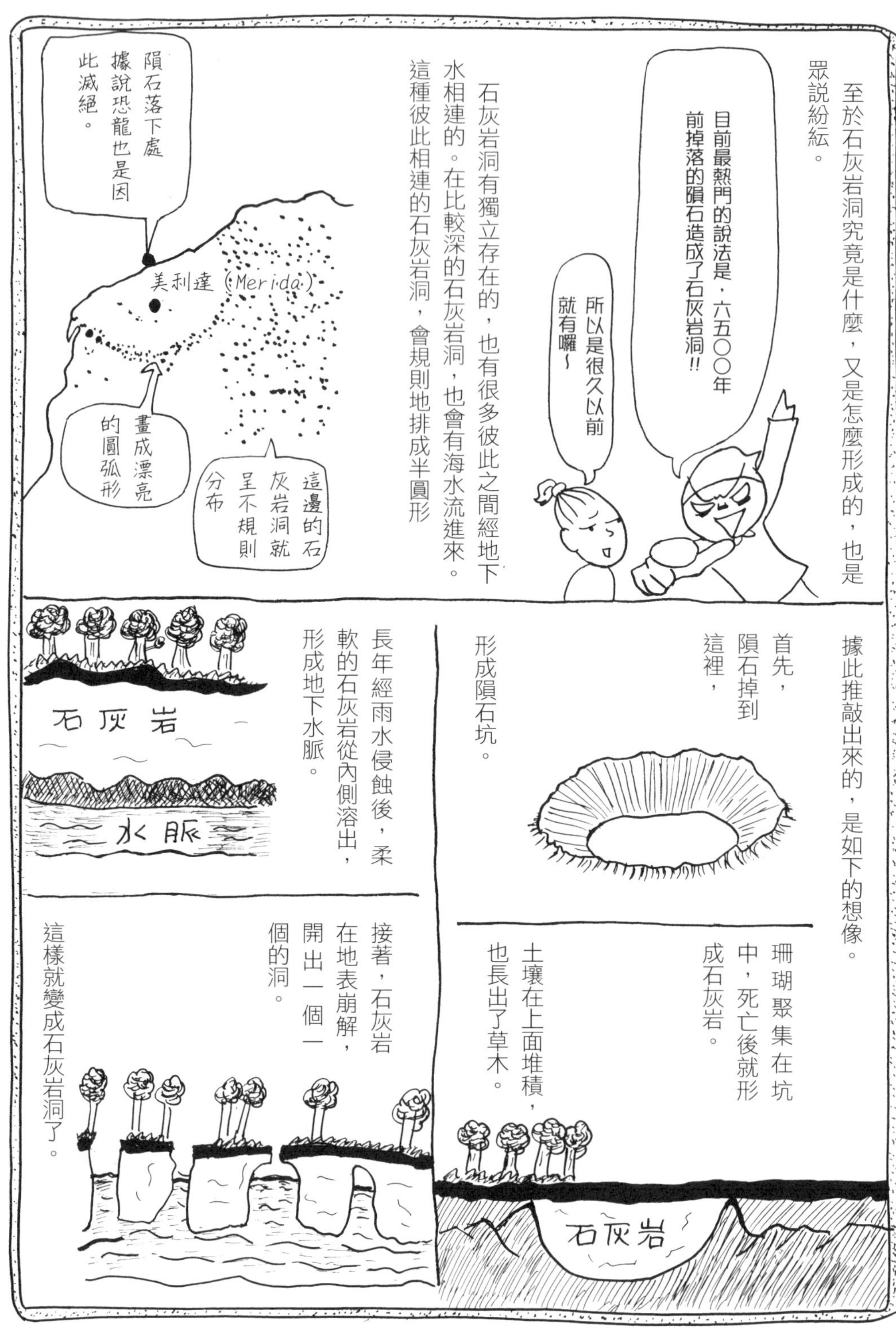
至於石灰岩洞究竟是什麼，又是怎麼形成的，也是眾說紛紜。
目前最熱門的說法是，六五〇〇〇年前掉落的隕石造成了石灰岩洞!!
所以是很久以前就有囉～
石灰岩洞有獨立存在的，也有很多彼此之間經地下水相連的。在比較深的石灰岩洞，也會有海水流進來。這種彼此相連的石灰岩洞，會規則地排成半圓形
隕石落下處據說恐龍也是因此滅絕。
美利達（Merida）
畫成漂亮的圓弧形
這邊的石灰岩洞就呈不規則分布
據此推敲出來的，是如下的想像。
首先，隕石掉到這裡，
形成隕石坑。
長年經雨水侵蝕後，柔軟的石灰岩從內側溶出，形成地下水脈。
石灰岩
水脈
珊瑚聚集在坑中，死亡後就形成石灰岩。
土壤在上面堆積，也長出了草木。
石灰岩
接著，石灰岩在地表崩解，開出一個一個的洞。
這樣就變成石灰岩洞了。

好了，再回頭看伊察人的部分。

根據蘭達所寫，「伊察人和庫庫爾坎同時期居住在奇琴．伊察，成為統治者的夥伴」。

接著他又寫到，「至於伊察人是比庫庫爾坎早來、晚來，還是一起來的，在馬雅人間流傳的說法，也各有分歧」。

從蘭達的記述可以得知的是，總之有多個族群聚集在奇琴．伊察這裡。

不過，也有人認為，什麼托爾特克人根本沒來，只有伊察人來此而已。

抱持這種說法的人，論點在於：「伊察人（是蒲冬馬雅的一支，住在馬雅與墨西哥交界線一帶，因此）也受到托爾特克文化的影響，並將這種文化帶到奇琴．伊察來」。

他們認為，蘭達所講的庫庫爾坎國王，也只是伊察的國王借用傳奇性國王的姓名而已。

不過，在據信伊察人曾經待過的墨西哥灣沿岸的蒲冬馬雅地區，目前並未發現留有托爾特克文化的痕跡（唔，目前也還沒有發現蒲冬人自己的遺址）。

大家都那麼喜歡這個地方耶。

不過可以和統治階層和平共存就是了。

唉，又回到原點了。

除此之外，還有一種更細膩也更複雜的說法是，庫庫爾坎國王有兩人，一個是托爾特克人，一個是伊察人。但由於再講下去沒完沒了，我們還是繼續講別的吧。

馬雅潘建國

伊察人光是經營奇琴．伊察還覺得不滿足，又以奇琴．伊察為範本，創建了新都市馬雅潘。

停用達兩百年的石碑，也復活了。不過，文字不是刻上去的，而是用塗料寫上去的，因此現在已經消失，不知道石碑上寫過什麼了。

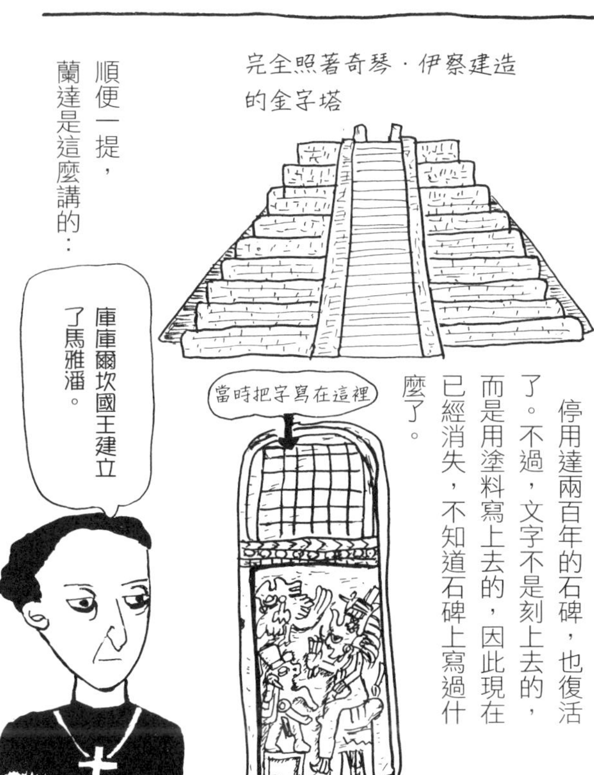

順便一提，蘭達是這麼講的：

奇琴·伊察與馬雅潘兩個都市暫時共存了一段時間，但等到馬雅潘一個叫「柯柯姆家族」、在伊察人當中以家世悠久自豪的有錢家族掌握了王位後，事情就變得詭異起來。

在這個部分，我們把柯柯姆家族當成伊察人的一員，但是實際上詳情如何並不是很清楚。

只是因為相較之下比較多的文獻都是這樣說的（但文獻中都是用比較模稜兩可的寫法），我也就照著這樣寫了。

究竟柯柯姆家族同樣是伊察人，是當地的馬雅人，還是另一個新的族群呢？能夠確定的是，這群人自稱是「科科姆家族」。

這部分的族群關係實在很難理解。

而且，也有研究者不是用「伊察人」的說法，而是用「伊察家族」的說法，把伊察當成是家族名稱……

在蘭達的書中或馬雅人的書中，都把科科姆家族描寫成不擇手段、充滿野心的家族。

他們從阿茲特克圈雇來傭兵，藉其武力恫嚇猶加敦北部的各國，將所有國家都納入自己的統治。

接著，又把各國的國王及其家族關到馬雅潘城裡當成人質，強迫各國朝貢（這是馬雅潘的收入來源）。

吉貝爾查頓
依薩馬爾
奇琴·伊察
馬雅潘
科巴
馬雅潘掌控的範圍

不知道是不是因為馬雅潘想要獨擅勝場，它開始著手殲滅奇琴·伊察。

馬雅潘的國王混納克·凱爾（Hunac Ceel），巧妙地唆使奇琴·伊察的國王，要他強行將依薩馬爾國王的妻子搶來納為己有。

由於奇琴·伊察國王完全照著馬雅潘國王的話去做，奇琴·伊察最後遭到全猶加敦各國的厭惡，最後奇琴·伊察國王丟下國家逃出猶加敦了。

混納克·凱爾

這是我根據他的名字擅自想像的長相

他原本是在國王底下幫忙跑腿的，但是因為他跳進奇琴·伊察的聖泉還能活著回來，因而受到人民的尊敬，最後當上了國王。

※也有一種看法是，混納克·凱爾才是創建馬雅潘的第一代馬雅潘國王；來自科科姆家族的他，造就了家族的榮華富貴。

離開猶加敦的伊察人，狼狽不堪地照著祖先們當年前來這裡的路線往回走，在當年曾經一度定居的湖旁小島上棲身。

奇琴·伊察
佩登伊察湖
塔亞薩爾

後來，馬雅潘也遭捨棄，西烏家族以及科科姆家族的存活成員與居民，各自搬遷到了新的土地上居住。

馬雅潘的人們跑到蘇圖他（Sotuta）去
馬雅潘
西烏家族跑到馬尼（Mani）去

另一方面，馬雅潘的人民再也受不了科科姆家族的暴政了。在西烏家族★的國王的帶領下，他們發動了叛亂，殺光了科科姆王室的所有成員，只有一位外出洽商的王子倖免於難。

順便一提，很久以後，在西班牙征服馬雅的時代，科科姆家族向西烏家族報了仇。他們邀請西烏家族參加宴會，像當年那樣，在會中殺害了所有西烏家族成員，只留下一個活口，不過還是把倖存的那個人眼睛弄瞎。

以上是根據《奇藍·巴藍之書》以及蘭達的著作重新整理出來的歷史。

馬雅潘瓦解後，猶加敦分裂為十六個小國，一直到西班牙人到來為止，這些國家都不斷在彼此競爭。

順便一提，到這裡為止之所以沒寫年代，是因為《奇藍·巴藍之書》裡頭的年代，可以做多種解釋。

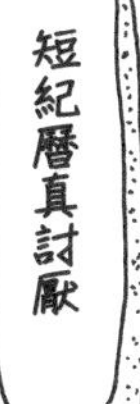

前面提到，長紀曆在後古典期消失了。不過，精準一點講的話，長紀曆還是存在著，只是變短了許多。

古典期的長紀曆為十三巴克敦
＝約五千二百年一輪

後古典期的長紀曆為十三卡敦
＝約二百五十六年一輪

由於一般都稱此為短紀曆，後面我也稱之為短紀曆。

★西烏家，不知道什麼時候從西方來到南方的一群人。

雖然用短紀曆紀錄歷史，但這些紀錄全都是以一個卡敦（約二十年）為單位記載，只有「在這個卡敦時曾發生過什麼事」、「那個卡敦又是怎麼樣」之類的東西。因此，難以得知在這二十年中，到底哪一年發生哪件事。

每一個二十年的名字，是以二百六十天曆法中最後一天的名稱來稱呼的，因此永遠都會有「阿哈烏」（二十天的最後一天）這個字。

第一個卡敦的名字是「卡敦11阿哈烏」，接著的二十年是「卡敦9阿哈烏」，再接下來的二十年是「卡敦7阿哈烏」，數字每次減少2，一直到「卡敦1阿哈烏」之後，下次就變成「卡敦12阿哈烏」，然後同樣每次減少2，一直到「卡敦2阿哈烏」後，再變成最後一個卡敦「卡敦13阿哈烏」。

下次，又會出現最先的卡敦「卡敦11阿哈烏」，反覆地一輪（約二百五十六年）一輪接續下去。

由於是這種循環式的曆法，因此就算有人說「在卡敦4阿哈烏時，發生過某件事」，也難以確定到底是哪一年發生的。

包括西班牙占領當地的時代在內，後古典期以降的馬雅人，都有一種難以撼動的宿命觀，認為同一個卡敦都會發生同樣的事。

也就是說，他們相信，每經過二百五十六年，歷史就會重複同樣的事。

「卡敦8阿哈烏」經常都是「發生大變革的時候」。來看看每到這個卡敦，伊察人會碰到什麼事。

卡敦8阿哈烏
捨棄奇琴·伊察

卡敦8阿哈烏
捨棄查坎普東（現香波東）

卡敦8阿哈烏
混納克·凱爾的胡言害得伊察人再度捨棄了他們在奇琴·伊察的家

卡敦8阿哈烏
馬雅潘遭捨棄與破壞

因此，每次到了「卡敦8阿哈烏」，他們總會捨棄自己的土地。

講個離題的事。由此可知，古典期的瓦解，或許也是因為馬雅人特有的這種宿命觀，才會讓他們放棄自己的城市。

每隔約二百五十六年就再來一次的卡敦8阿哈烏，相當於「公元一四四一年至一四六一年」、「公元一一八五年至一二〇四年」、「公元九二八年至九四八年」、「公元六七二年至六九二年」中的其中一個。而其中看起來最有可能的，恐怕是根據蘭達的記述以及考古學的分析所得知的、馬雅潘的滅亡年代——在「公元一四四一年至一四六一年」的那個卡敦8阿哈烏（馬雅潘也如同文獻所寫，留下了破壞的痕跡）。

除此之外，哪個事件屬於哪個卡敦8阿哈烏，就看研究者自己的解釋了。

解釋的角度不一而足，例如有人會把以上這些事件的記載，直接一個個套到這幾個年代中，然後把奇琴·伊察的建立時間，設定在五世紀（公元四一五年至四三五年）；有人卻把奇琴·伊察建立的年代套到更後面的時期去，因為他們認為「一般而言，不可能來這裡兩次」，因而無視於「再度捨棄了奇琴·伊察」的「再度」兩個字；另外也有人認為，伊察人捨棄奇琴·伊察的卡敦，就是馬雅潘瓦解的那個卡敦。

就算姑且不去管長短紀曆的事，《奇藍·巴藍之書》一樣是一部很難懂的書。它的措辭好像咒語一樣，主詞可能不知道什麼時候突然就變了，或是不同卷之間寫的年代出現矛盾，不然就是馬雅語太過艱澀，導致不同譯者所譯的內容跟著不同……

唉……

更麻煩的是，西烏家族與烏希馬爾之間的關聯。

據記載，西烏家族在卡敦8阿哈烏的時候，捨棄了位於西方的故鄉，流浪到烏希馬爾統治了當地兩百年，還和馬雅潘與奇琴·伊察結成三國同盟。

然而根據挖掘調查，得知烏希馬爾在十一至十二世紀左右已遭捨棄，與馬雅潘的全盛時期在時間上有很大的落差，不可能形成三國同盟。

西烏家族在西班牙人到來時，仍住在馬尼；滅掉柯柯姆家族的主謀，應該也毫無疑問是西烏家族。但是與烏希馬爾之間的關聯，就不確定了。

順帶一提，從建築物的碑文與石碑可以得知，九世紀末到十世紀初，曾有一位叫恰克的國王，統治過烏希馬爾。

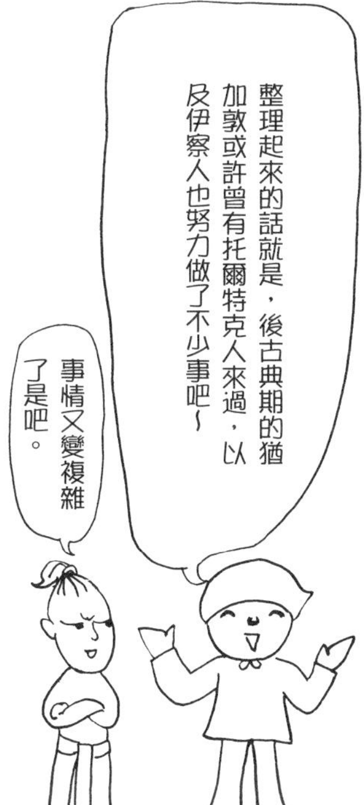

後古典期的南部馬雅

後古典期的時候，不光是猶加敦而已，南部也有來自西方的移民。

南部兩大勢力

《波波爾．烏》中寫到的基切人
首都烏塔特蘭

基切人的敵國
卡克奇克爾人
首都伊西姆切

除此之外，還有許多原本就是馬雅人國家的小國。

馬雅

現在講的地方

不光是基切人，卡克奇克爾人也自稱來自圖拉。

姑且不論他們是否都來自西方，總之這兩個族群都是來自別的地方，然後使用武力讓自古以來住在當地的馬雅人臣服後，統治了當地。

《波波爾．烏》當中神話的部分是由原本住在這裡的馬雅人傳述的；新來的統治階層帶來的，則是該書後半流浪記的部分，另外再加上一些點綴用的墨西哥色彩的部分。大致上是這樣的組成吧。

雖然嚴格區隔出自己與平民百姓的不同，但統治階層很快就融入了馬雅文化，語言與文化都與馬雅同化了。

……這其實也只是相對來說較為盛行的假說而已，後古典期南部馬雅的統治階層是否真的是外來的人，尚無法確知。

傳入南部的神廟新樣式，是把兩座神廟並排在一起。

基切人與卡克奇克爾人是在什麼時期來到馬雅南部的，也還是個謎團。

有人認為是托爾特克瓦解後不久，但也有人說是十四世紀左右，眾說紛紜。

不過，考量到這種兩座相連的神廟在墨西哥側流行的時期，最吻合的說法應該是，基切人與卡克奇克爾人在比較遲的十三至十四世紀左右，才來到此地。

由蘭達主講的

馬雅人的生活

在西班牙剛統治這裡時就進入猶加敦的傳教士蘭達，在著作中介紹了馬雅人的生活情形。

應該沒人像我這麼愛馬雅人、這麼疼他們，又這麼努力傳教吧。

蘭達先生的大名會在本書一再出現

首先，從馬雅人的時尚講起。

馬雅人認為，鬥雞眼是一種美。

他們會幫小朋友在瀏海上綁個小球，從小就讓孩子們瞪著它看，形成鬥雞眼。

據說，這是在模仿太陽神基尼奇。不過，一開始太陽神為何會是鬥雞眼呢？會不會是因為他們覺得鬥雞眼很美，才把太陽神想像成這樣……？

這是雞生蛋、蛋生雞的無解問題。

大發現

一講到眼睛，古代馬雅人似乎覺得大眼睛很醜。

首先，看看《波波爾・烏》的一段話。

這麼難看的長相，有著一雙大眼，而且還穿得這麼窮酸樣，會覺得難為情，應該是理所當然的吧。

引自《波波爾・烏》，部分內容省略。

還有，在各種地方的馬雅人畫像，無論是男是女，沒有一個人有著滴溜溜的大眼睛。

唔，眼睛雖然並沒有到非常小，但都是眼珠小、眼白多，就是很像美國影星詹姆斯・伍德或日本已故影星三浦洋一那樣的兇惡眼神。

看到這張臉，真的會覺得好煩躁啊～

還有，扁平的頭也是一種美！

小嬰兒出生後第四到五天左右起，就會在他們的頭上安裝矯正器具。

下巴不能留鬍子!! 為了讓下巴不會長鬍子，也是一樣在孩子小時候，就會拿火去燒他們下巴的皮膚。

這是出於對玉米的愛嗎？

搬東西的時候也很方便唷。

不知道是不是出於一種替代下巴鬍子的作用，每個男生都像女生一樣留長髮。

還有，馬雅人很愛刺青。

男人身上的刺青愈多，別人就會愈把他當作硬漢。

當然也會穿耳洞。

這很有不良少年的精神耶。

女生也和男生一樣，有刺青也會穿耳洞。

但為了餵奶，胸部不刺青

沒有所謂化妝這回事。

還有，會把牙齒削得尖尖的。

他們認為，這樣很美觀。

總之就是一直在改造，整型萬歲！他們是一群與自然美無緣的人。

接著來談**馬雅女性**的魅力。
哇——總之馬雅的女生很美就對了——!!
西班牙的女生，根本望塵莫及！
不光是外表上的美而已，個性也很美——
她們很有禮貌，不能夠盯著男生看，或是對男生笑。
每當有男生走過，
女生會轉身背對著男生並讓路給他。
轉
哪個女孩要是想對男生拋媚眼，
母親會把芝麻塞到女兒眼睛裡去。
長鼻浣熊是女孩們的慰藉，她們會把長鼻浣熊當成寵物一樣，極為疼愛。長鼻浣熊會和小狗一樣，跟在主人的後面到處跑。
真的很療癒呢——
唉……要講到駭人的部分了……
關於活祭品
只要一碰到什麼壞事，像是乾旱、傳染病或爭端等事情，馬雅人會認為這是因為諸神在生氣而害怕得發抖，所以要獻出供品或自己的財產，或是殺害動物獻出心臟，或是獻上自己的血。
他們會在臉頰、舌頭及陰莖等地方開洞，有時候還會切除自己身體的一部分。
也有集體進行的流血儀式。
男子們會一同聚集在廣場上，在每個人的陰莖上打上小洞，然後用繩子將所有陰莖串成一串。
莫名其妙!!

他們會滿不在地乎把人當成活祭品。
活祭品不分男女，可能是奴隸，或者有時候為了表達向神奉獻自己，也有父母會把孩子當成活祭品交出去。
例如，也有這種使用弓箭的儀式。
大家一起盡情狂舞，並把要當活祭品的人綁在柱子上。
由祭司拿箭猛刺犧牲者的跨下，
刺
再把血塗在偶像上。
好殘忍
等到指令一下，大家就紛紛朝著犧牲者的心臟射箭。
（阿茲特克也有這樣的儀式）
這些惡魔～
關於死亡
雖然有活祭品儀式，但絕不表示馬雅人很看輕死亡一事。
他們反倒很嚴肅看待死亡，或說極度害怕死亡。
只要沒有什麼不幸的事情發生，他們就不會獻什麼活祭品。證據在於，只要有人死亡，他們會不斷以各種想得到的方式悲嘆哀號，好幾天又哭又叫。
聽到馬雅人這麼悲愴的聲音，我的心也悲痛起來。
往生者會埋在住家的地板下方。
一般來說，馬雅人會就此捨棄這個家，搬到新住處去；但也有人並不在意，繼續在這個家生活下去。

如果去世的是偉人，狀況就有些不同。

柯柯姆家族的國王死去時，大家是先切開他的頭、去掉肉，只留下骨頭。然後，把後腦的地方切掉，只留下臉部的骨頭。接著，塗上瀝青等素材充當肉的部分，做成與死者生前一模一樣的臉孔，再供奉於家族的祭壇上。

關於風氣

這個部分，阿茲特克也是相同的。

馬雅人很重視社交活動，也很看重情理。

他們會舉辦盛大的宴會，盛大到一個晚上就把自己努力好幾天才賺到的收入給花光了。

應該沒有比這樣還慷慨的了吧？

獲招待參加宴會的人，一定也要舉辦同等規模的宴會回禮才行。

假如參加對方的宴會後，自己還沒舉辦宴會回禮就去世了，他的家人甚至於會送錢給對方。

還有，馬雅人在任何時候，一定都會準備東西送人。

到別人家去的時候，不能夠兩手空空。

款待客人的一方，一樣也會送東西。

還有，馬雅人也一定會準備東西請人吃，不可能沒有！

假如家裡沒東西吃，就算向鄰居借，也要招待客人。

就連出門在外偶遇時，也會拿東西送對方。

就算自己幾乎要變得一無所有，一樣會為了對方而開開心心送禮。

馬雅人的了不起之處，各位覺得如何呢？
各位是否也了解到，我有多融入馬雅人的生活，和他們關係有多好了嗎？

托蘭達的福，得以一窺馬雅人的真實生活！

這裡介紹的馬雅人生活情景，不過是蘭達所寫下、關於馬雅人的一小部分而已。

在現存的文獻中，沒有任何一份講述馬雅人的生活像他報告得這麼詳細的。

石碑或抄本，固然能夠告訴我們馬雅在歷史或神祇方面的情形，但對於市民的生活，根本隻字未提。

蘭達在西班牙占領當地的時代，風評很糟，但是也多虧了他，活靈活現的馬雅人的生活情景，才能在我們腦海中形成。

這本書中所講的馬雅人的生活，固然是發生在西班牙人占領時期，但書中所描述的各種場景還是可以讓我們知道，舉凡改變頭部或牙齒的形狀、活祭品制度等等，在馬雅古代也一樣存在。

習俗這種東西，出乎意料不會有太大的改變。

那就來看看

系列專欄 幾個做傻事的傢伙

第二個

傳教士蘭達

（1524～1579年）

一五四九年，西班牙人征服猶加敦後不久，就派遣他到這裡來。

由於他對於天主教的傳教活動極有熱情，因此對那些遲遲沒有捨棄傳統諸神的馬雅人，他曾經當成異端來審問（一五六二年，在馬尼）。這是他出名的另一件事。

有四千五百四十九人接受了西班牙式的可怕拷問。

有六千三百三十人接受了鞭笞

有一百五十七人死亡

還有，這時候他還徹底燒光了馬雅人的畫像或抄本。

蘭達做得太過火，引起其他神父的不滿，導致一五六五年在母國西班牙召開了蘭達的審問會。

審問結果到四年後才出爐，而《猶加敦見聞錄》就是他處於這種苦悶的狀況中撰寫的。

有人認為，蘭達寫《猶加敦見聞錄》是為了在法庭上為自己辯護之用；但實際讀過後，會覺得他真的打從心裡對西班牙士兵的殘暴感到氣憤，也打從心裡同情馬雅人、尊敬馬雅人。

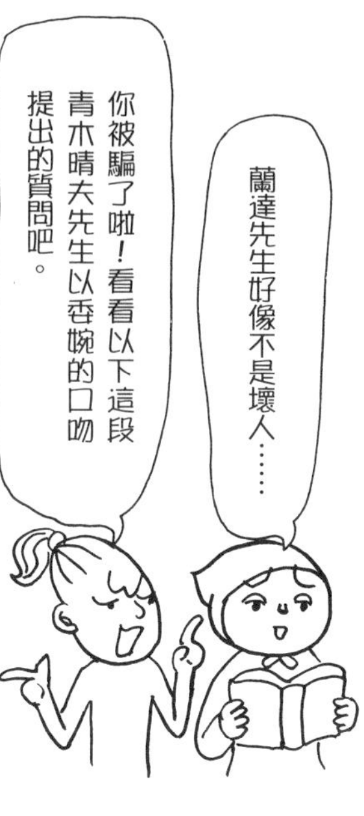

蘭達先生好像不是壞人……
你被騙了啦！看看以下這段青木晴夫先生以委婉的口吻提出的質問吧。

雖然很多人批判蘭達對馬雅人的宗教鎮壓行徑，但是在學者當中，也有人肯定蘭達的行為，認為《猶加敦見聞錄》很有貢獻，尤其是這本書對解讀馬雅文字的重要性，不亞於羅塞塔石碑對於解讀埃及象形文字的重要性。

他們認為，蘭達的鎮壓之舉，不過是反映出當時的想法而已。但，真的是這樣嗎？（中略）

在此我想問各位讀者一個問題，問完後，大家就別再談論蘭達的功過了吧。

我的問題是，假設像馬雅那樣，來自西班牙的天主教教士，在十六世紀進入日本開始傳教，但是卻鞭打了六千多名背叛天主、回頭信原宗教的日本人，拷問了四千多人，一年內有一百五十多人因而死去。還因為藉口說是異教的書，而燒掉了當時日本的九成書籍，但是只寫下一本介紹日本文學、宗教、曆法、社會、習俗等事項的書。

這樣的話，我們應不應該把這個人的行為，當成只是在反映當時的想法而已，認為就算他燒掉了《萬葉集》或《源氏物語》，但只要留下一本《日本見聞錄》，就應該感謝他？

（除「中略」之外，仍有少部分省略之處；摘錄自《馬雅文明之謎》，講談社出版）

審判的結果是，蘭達無罪，於是他又恢復主教之職，在美利達傳教至死為止。

蘭達的這件事讓我們了解到，對一個人的判斷並不是那麼單純，直接分成好人或是壞人的～

還有就是，太盲目相信宗教，確實也會造成困擾……

接著也順便介紹一下這個人

系列專欄 幾個做傻事的傢伙

第三個

勒普朗根

探險家

奧古斯都·勒普朗根

Augustus Le Plongeon
(1826～1908年)

為查克莫命名的勒普朗根，也和布拉速魯一樣，是個深為亞特蘭提斯著迷的男子。

勒普朗根除了接收了布拉速魯所設定的「馬雅人是姆大陸滅亡後逃出來的後代，後來渡海跑到埃及建立文明」的這種說法，還補上了更多的細節。

勒普朗根在解讀馬雅壁畫、浮雕、抄本之後，認為這些講的是「烏希馬爾與奇琴．伊察的女王姆（Moo），渡海前往馬雅的殖民地埃及，並在那裡變成女王伊西絲（Isis），建立了埃及文明的基礎。

建造獅身人面像的，也是姆女王」等等……

勒普朗根牽強附會的程度，遠遠超過布拉速魯。

例如，他認為，查克莫是一個在埃及與猶加敦兩地活躍的王子的塑像。而且，塑像的形狀還代表著南北美洲。

奇琴．伊察的柱子上有著植物的根附著過的痕跡，勒普朗根則認為那是電線，證明馬雅人已經擁有電力通訊技術了。

除此之外，他還提出數不清的論點，一直到他去世。

公尺制是馬雅發明的。

馬雅語有三分之一是希臘語。

耶穌在十字架上講了馬雅語。

除了「馬雅文明出自亞特蘭提斯人之手」的說法外，自古以來，「出自以色列某個失落的部族」是很常見的說法。

至於現代的常見說法，大概就是外星人、超古代文明★的人等等吧。

這一尊是從奇琴的匆潘特利出土的

★超古代文明是指早於世界四大文明就存在的、謎樣的高度文明。亞特蘭提斯、姆大陸等等都屬超古代文明。

第八章
阿茲特克文明

美索亞美利加最後的大型華麗文明
（公元一三二五～一五二一年）

圖拉滅亡後，進入奇奇梅卡的時代。究竟是奇奇梅卡滅了圖拉，還是圖拉滅亡之後，奇奇梅卡趁虛而入，一切的經過將永遠是謎了。

總之，奇奇梅卡成了墨西哥中部的霸主。

十三世紀左右的墨西哥盆地

夏托坎湖（Lake Xaltocan）
夏托坎（Xaltocan）
迪奧狄華肯
提納悠卡（Tenayuca）
特斯可可湖（Lake Texcoco）
特斯可可（Texcoco）
阿茲卡波查爾科
庫爾華肯
恰爾科湖（Lake Chalco）
蘇奇米爾科湖（Lake Xochimilco）
錫可（Xico）

除了墨西哥盆地的湖邊幾個自古以來就存在的國家之外，又誕生了幾個新的都市國家。

據說接收了迪奧狄華肯難民的老國家

除此之外尚有無數個小國家。

這個部分的擴大圖如右圖
仙波雅拉
特拉斯卡拉
威秀欽哥（Huejotzingo）

不光是湖邊而已，整個區域都有新王國成立。

再次解說奇奇梅卡

已經找到有抄本上寫著，「奇奇梅卡是在領導人梭羅特爾的帶領下，來到了墨西哥」。

抄本中也寫到，奇奇梅卡目擊了已遭破壞的圖拉，因此如果光讀這份抄本，會認為他們是在圖拉滅亡後才到來的……

只是有件事很麻煩，奇奇梅卡，這個名字一樣也是個不明確、模稜兩可的字。

廣義的奇奇梅卡，代表著來到墨西哥中部的北方民族之通稱；但也有狹義的奇奇梅卡。

就像下圖這樣……

奇奇梅卡（廣義）
- 奇奇梅卡（狹義）
- 阿茲特克
- 特帕涅卡（Tepaneca）
- 特拉斯卡拉
- 阿科爾氏（Acolhua）
- 恰爾卡（Chalca）
- 威秀欽哥

還有很多其他的。

由梭羅特爾擔任領導人的奇奇梅卡，似乎是狹義的奇奇梅卡。

如前所述，這些國家幾乎全都自稱是托爾特克人的後代。

由於托爾特克人並不是已經滅絕了，或許有些國家接受了逃難的托爾特克人，或是有些國家是托爾特克人自己又成立的，但是因為大家都爭相自稱托爾特克人，反倒使真正的狀況落入五里霧中，沒人知道。

在這些國家中，有兩個在奇奇梅卡到來前就存在的老國家，遠較其他國家繁榮：

庫爾華肯與阿茲卡波查爾科。

庫爾華肯周遭的國家，都認同該國屬於正統托爾特克人，也都對庫爾華肯另眼相看。

而阿茲卡波查爾科則是個擁有壓倒性軍事力量的富足國家。

阿茲特克，報到！

流浪民族

原本待在北部的阿茲特克人，總算起身來到墨西哥中部。廣義而言，他們也是奇奇梅卡的一支。他們在公元十二世紀中開始移動，比夥伴們晚，到公元十二世紀才進入墨西哥中央地帶。

阿茲特克人所陳述的旅程，大概像接下來這樣。內容來自《波杜里尼抄本》（*Codex Boturini*，又稱「旅程連環圖」）。

阿茲特克人原本住在一個浮在湖面上、叫作阿茲特蘭（「鷺鷥之地」的意思）的島上。

另一種說法是，阿茲特克人在一個叫齊可莫茲托克（「7—洞穴」之意）的地方，與其他夥伴一起出現。

還有哦。

引用自《阿茲特克・奇奇梅卡史》（抄本）省略頗多部分

謎般的洞穴以及許多人

足跡代表「移動」

阿茲特克這個名字的由來，是從前述的傳說之地阿茲特蘭來的。

阿茲特蘭位於哪裡，並不清楚。

但有幾個可能的地方：

墨西哥北部自然不在話下，甚至有人認為，更北方的美國南部（新墨西哥州、亞利桑那州等）也有可能。

也有人認為，它不是個真正存在的地點，只是虛構出來的。

由於阿茲特蘭的讀音使然，因此也成為亞特蘭提斯多個可能的地點之一。

好了，阿茲特克就在自己的神維齊洛波奇特利的引導下，展開旅程找尋新天地去了。

降下神諭的維齊洛波奇特利

背後揹著維齊洛波奇特利

中途遇到的八個族群，也跟著阿茲特克人走。

女祭司

三個祭司

阿茲特克的領導者們

在不同抄本中，可能變成七個族群，或是名稱不同。

馬特拉欽卡（Matlatzinca）

特帕涅卡

奇奇梅卡

馬里納爾卡（Malinalca）

庫伊特拉瓦卡（Cuitlahuaca）

蘇奇米爾卡（Xochimilca）

恰爾卡

威秀欽卡（Huejotzinca）

⇐ 這些族群在這個時候早已來到墨西哥中部了。阿茲特克是因為不希望外界覺得自己跟在別人屁股後面跑，所以撒了謊。

半路上，有一、兩個族群脫隊離去。
例如，來到帕茲卡洛湖時，有些人太開心了，跑到湖裡。
哈哈
但大家都嘲笑他們。
太丟臉了！
然而，有人偷了他們的衣服，
被迫只能光著身子。
啊
這些人決定分道揚鑣，留在當地。
滾吧你們，混帳!!
不想和那種傢伙講同樣的語言。
最後連語言都改變了。他們就是目前仍住在米卻肯的塔拉斯科人的祖先。
還有，一位女巫師馬利納爾蘇奇特爾由於太過蠻橫，大家趁她睡著時，丟下她走掉了。
偷溜～
馬利納爾蘇奇特爾決定，
帶著部下在某個山丘上定居，這就是馬里納爾可這片土地的起源。
可惡——
原本是馬特拉欽卡人的土地。十五世紀末時，為阿茲特克所征服。也有一說是，馬利納爾蘇奇特爾是維齊洛波奇特利的妹妹。
塔拉斯科人（又稱普雷佩恰人）
根據傳說，他們是出於這種不知該說是太過悠閒還是太過糊塗的個性，而脫離了阿茲特克一行人。
但事實上，他們確立了一套與墨西哥中部截然不同的文化。
外界認為，無論陶器或服裝，他們都與南美的文化類似。
也有研究者說，他們的語言和秘魯的克丘亞（Quechua）語很類似。
這裡大部分的人雖然都使用以阿茲特克為首、墨西哥中部的人都講的納瓦特爾語，但占全體一成的統治階層，卻講塔拉斯科語。這又是另外一個謎了。
塔拉斯科王國
墨西哥中部
據說也可能是南美來的！

阿茲特克人在維齊洛波奇特利的引導下，讓八個種族先走，自己慢慢走。

半路上，維齊洛波奇特利告訴他們：

你們的名字不再是阿茲特克了。現在起，你們叫墨西卡（Mexica）——

因此，這些人捨棄了阿茲特克的名字，變成墨西卡。

由於西班牙語的發音習慣，墨西卡成了現在的國家墨西哥（Mexico）。

墨西卡的意思是什麼，並不清楚，有很多說法。像是「月亮的肚臍（正中央）」，或是「因為維齊洛波奇特利有個別名叫墨西特利（Mexitli），所以墨西特利的子民就是墨西卡」等等。

因此，正確來說，應該從這時起就改叫他們「墨西卡、墨西卡人」，但大家長久以來對他們的印象就是「阿茲特克」，再改也沒意義，因此就用「阿茲特克、阿茲特克人」稱呼他們吧。

阿茲特克這名字

一直到西班牙人到來時，都沿用「墨西卡」這個名字，後來甚至成為國名，現在卻又回到該視為乳名的阿茲特克去了。

據說，這是因為十九世紀有一位學者開始用阿茲特克稱呼，才在社會上普及起來。

現在，阿茲特克這個名字也具有另一層廣義的意思。

十四至十六世紀稱為「阿茲特克時代」，這段期間內，墨西哥中部的所有文化，統稱為「阿茲特克文化」。

毫無疑問，「奇奇梅卡」一定也是類似的情形吧。

還有，也有人把當時位於墨西哥中部的各個群體的人，一律稱為「阿茲特克人」。

所以，阿茲特克這個字，也和奇奇梅卡一樣，既是代表廣大一群人的字，也是精確表示墨西卡的字。

我們的腦子，又要因此混亂了。

真是的，翻譯過來的名字我本來就不是很習慣了，竟然接連冒出來，我覺得好累啊……

不過，維齊洛波奇特利當時為什麼要迫使他們改名呢？

最後，阿茲特克人總算抵達了墨西哥盆地。不過，適於居住的地方，當然早就被占走。

他們沒有地方可以建國。

他們也只能請別人收留了。

只是，阿茲特克人每次都被對方當成累贅，一直重覆上演被對方趕走的戲碼。

對於早已過著優雅高尚生活的奇奇梅卡的前輩們而言，阿茲特克不過是外頭來的異類，不過是一群土裡土氣的鄉巴佬而已。

外界都稱他們是「誰也不認得的一群人」、當他們是無賴，甚至發動戰爭要趕走他們。

阿茲特克人只好去找那位因為繼承了托爾特克血統而廣受尊敬的庫爾華肯王國的國王說，

求求您，讓我們住下來，我們什麼都願意做。

哇——討厭的傢伙跑來了。

但他們似乎個性很粗暴，要是我拒絕，好像會發生什麼麻煩事……

庫爾華肯國王想了一想，只讓他們去住在毒蛇橫行、只有岩石的荒野地帶提沙潘（目前的大學城一帶）。

死了最好～

呃

然而，阿茲特克人卻把毒蛇給吃光光了。

哇～～好豐盛呀——

這些傢伙真難搞！真不想和他們打交道呀——

後來也一直發生類似的事，
這是國王送你們的。拿去當神廟用的供品吧。
哇～好開心——
可是，
啊
都是一些髒東西。
還有，阿茲特克人以庫爾華肯的傭兵身分參戰時，對方也不提供武器給他們。
其他國家的幫手
亮晶晶
阿茲特克
破爛爛
雖然擺明被欺負，阿茲特克人卻沒有一點沮喪，還是在戰爭中有效地利用了自己粗暴的天性，不斷立下戰功。
不過，他們一直未能習慣於這裡的規矩。
阿茲特克人把俘虜抓回來時，會把對方的耳朵割下來。
還曾經因為拿出裝滿耳朵的袋子，嚇了庫爾華肯人一跳。
您看～～～！我們割了這麼多唷！
一向野蠻的阿茲特克人，在周遭的影響下，總算漸漸習慣過有文化的生活了。
也由於戰功顯赫，他們贏得了庫爾華肯人的信任。
甚至娶了庫爾華肯人當媳婦，一直過著安定的生活。
這時候，他們稱自己為「庫爾華．墨西卡」（Culhua Mexica）。
能夠和庫爾華肯人建立密切關係，真的好幸福呀～～
可是……
他們心想，一定要好好報答照顧自己的庫爾華肯國王。

於是，他們告訴庫爾華肯國王！
令千金那麼美，我們希望邀請她到祭典裡綻放美麗的光芒。
並向國王借來了女兒，來扮演維齊洛波奇特利的新娘。
好了，到了祭典那天，昏暗的光線中，開始有人為庫爾華肯國王跳起舞來，
定神一看。
那是我女兒？
什麼
舞者穿的，竟然是自己女兒的皮!!
啊
想當然，國王震怒了!!
他揮軍攻來，阿茲特克人就逃了。
為什麼?! 我們只是照著祭典慣例去舉辦而已啊？
阿茲特克人又失敗了。
旅程的最後，總算建了自己的國家
無處可去的阿茲特克人，在湖邊生活。
有一天，祭司做了這樣的一個夢，
有一隻鷲鳥在仙人掌上吃蛇。那裡就是你們的土地——
後來，浮在湖上的小島上，就出現了這樣的畫面。
當然，他們就在那兒建國了。
這個也畫在墨西哥的國旗上唷！

★也和率領阿茲特克的領導者叫做特諾奇特利（Tenochtl）有關。

建國三十年時，原本的領導者特諾奇特利去世了。

我們也像別的國家一樣，設置國王一職吧。

討論後的結果，他們決定，國王的人選不從內部挑選，而從庫爾華肯的王室中找人。

欸，為什麼?!

而且他們先前不是才對庫爾華肯做了恩將仇報的事嗎？

阿茲特克人親眼看到，當地有多麼重視托爾特克的血統，對爾特克的血統多麼自豪。他們認為，一定要擁有高貴的血統，才能獲得認同。

因此，他們才決定由外界認為繼承了托爾特克血統的庫爾華肯人，來擔任國王。

這樣剛好可以安撫先前暴跳如雷的庫爾華肯。

這種血統至上的事，我是完全無法理解啦——

實在太巧了，當年阿茲特克人還待在庫爾華肯時，就與王室成員生了個孩子★。

或許庫爾華肯的國王是從政治角度做出的判斷吧，他同意了這項要求。

就這樣，第一代國王阿卡馬庇奇特利（Acamapichtli）誕生了。

這孩子不光有庫爾華肯與阿茲特克的血統，還擁有特斯可可王室血統，在血脈上可說是相當完美。

這樣就沒人會瞧不起我們了。

建立起自信的阿茲特克，又有了進一步的動作：藉由政治聯姻，拉攏強國阿茲卡波查爾科。

原本以為這樣就安然無恙了，誰知道在阿茲卡波查爾科換了新國王之後，改變策略，打算一口氣擊垮得意忘形的阿茲特克，迫使對方全面臣服。

這時候的阿茲特克，正是第四代國王伊茲科亞特爾（Itzcoatl）當政之時。他的選擇是，反擊阿茲卡波查爾科。

★關於這一點，眾說紛紜。

阿茲特克與特斯可可建立起合作關係，並向阿茲卡波查爾科宣戰之後，過去曾經嘗過阿茲卡波查爾科苦頭的國家，也都紛紛表示要加入阿茲特克的行列，一同攻打阿茲卡波查爾科。

在這些過去總是受欺負的藩屬國一同發動攻擊下，強國阿茲卡波查爾科總算吃了敗仗（公元一四二八年）。

阿茲卡波查爾科瓦解之後，阿茲特克掌握天下的大門，就這麼緩緩開啟了。

阿茲特克與在討伐阿茲卡波查爾科的戰爭中團結一致的特斯可可、特拉科潘（現稱塔庫巴）結成三國同盟，直接承接了阿茲卡波查爾科原本統治的區域。

這就是所謂的「阿茲特克王國」。

此時的領導者，是特斯可可的賢君尼薩華爾科悠特爾（Nezahualcoyotl）。

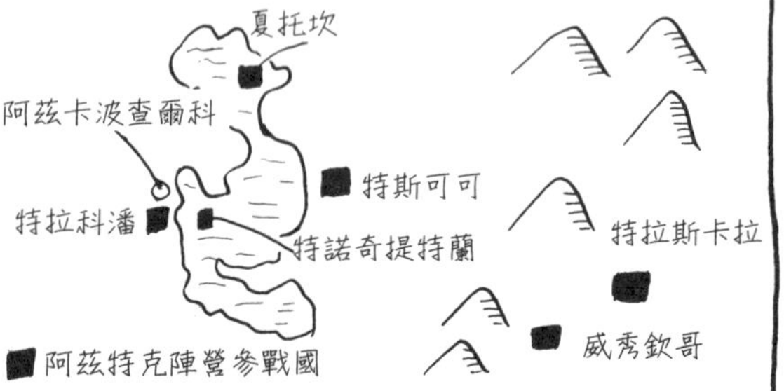

尼薩華爾科悠特爾

尼薩華爾科悠特爾是墨西哥最受歡迎的歷史人物，可以和坂本龍馬在日本的人氣相匹敵。

他很有人望，在戰爭中以英勇著稱，而且多才多藝，會寫美麗的詩，總之是個完美的男人。

他之所以這麼受歡迎，首先是因為他是帶領奇奇梅卡到達墨西哥中部的梭羅特爾的直系子孫，因此他有高貴的血統。

此外，也是因為他真實演出了標準的英雄故事：費盡千辛萬苦，重新贏回王位。

他的名字是「飢餓的土狼」之意。

（1402～1472年）

尼薩華爾科悠特爾的苦難

小時候，他曾親眼看見，在戰爭中落敗的父親，落入了阿茲卡波查爾科軍的手中，慘遭殺害。

後來，他輾轉亡命各地，度過毫無寧日的青年時期，總算回到特斯可可，取回自己的王國。

但阿茲卡波查爾科依然要他的命，迫使他再次亡命。這種種都是他碰到的苦難。

由於他久經世故，因此很了解弱者的心情。

三國同盟在瓜分他們征服的國家時，會剝奪這些國家統治者的職位，但尼薩華爾科悠特爾卻會讓自己分到的區域之統治者都回復原職。

沒有多久，阿茲特克與特拉科潘都起而效尤。

應該寬大以對，就不會引起對方無謂的怨恨。

他為人也很急公好義。

由於特斯可可湖是鹽水湖，每次泛濫，特諾奇提特蘭的農田都會變成無法耕種，因此他為對方建了堤防（全長十六公里），以防止鹽水跑過去。

尼薩華爾科悠特爾的聰明之處在於，他不會強硬提出自己的主張，或是提出異議，來強迫其他人照做。

他總是自己先做看看，讓別人認同那是最好的方式，進而自動自發地仿效他。

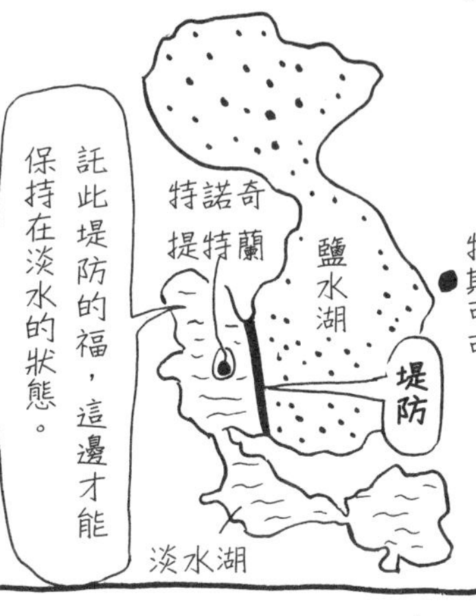

他也為國家建立了完備的法典。

原則上，他是把自古以來的既定規則制定為法律，但犯了同樣過錯的人，身分如果較高，必須比身分較低的人承受更嚴厲的懲罰。

這意思是，身分較高的人，應該當大家的模範，因此要謹言慎行。

他依法行事，到了可說是嚴格的地步，連自己的兒子犯了法，也一樣處以死刑。

還有，他講過一句話「神無所不在」，也很有名。

這是相當新穎的說法，意思是只要你有心見神，就讓祂浮現在你心裡即可。

這等於是他在批評當時大家視為理所當然、崇拜偶像的習俗。

阿茲特克那邊半強迫地向他提出「要不要幫維齊洛波奇特利蓋神廟」的要求時，他照著蓋了，但是卻在那座神廟的前面另蓋了一座更氣派的神廟，可是不放塑像，也就是空無一物。

他一直都以類似這樣的方式，凸顯出偶像崇拜的愚蠢之處。

這樣的情節，由後來成為天主教徒的人民從宗教的角度來看，一樣會覺得他是個了不起的人物。因此，他的名聲就愈來愈高了。

他也是個思想家暨哲學家。

尼薩華爾科悠特爾也是個有名的詩人，他會在詩中感嘆世事無常的道理，因次作品超越時代、憾動人心。

在墨西哥，他的詩似乎到現在都還會在演講之類的場合中被大家引用。

尼薩華爾科悠特爾的詩

這世界沒有永遠
有的只是片刻的時間
翡翠會碎
黃金會溶
鳳尾綠咬鵑的
羽毛也會折斷
這世界沒有永遠
有的只是片刻的時間

引自《墨西哥夢》（The *Mexican Dream*），勒·克萊喬（J. M. G. Le Clezio）著

阿茲特克王國

阿茲特克此後的軍事行動，都直接促成領土的擴大，並以破竹之勢繼續進軍。

連曾經提供地方給阿茲特克暫住的庫爾華肯，都成了該國的統治疆域。

唯一失敗的，是遠征塔拉斯科王國。該役以慘敗收場，遠征時派出的三萬名士兵，最後只有不到十分之一活著回來，奇慘無比。

特拉斯卡拉也是到最後都維持獨立狀態的國家。

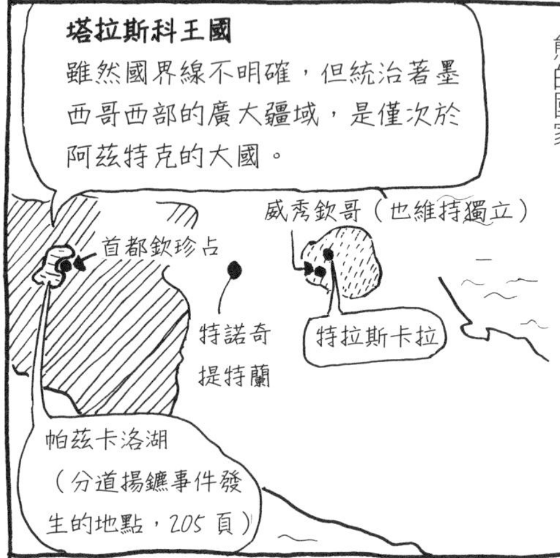

塔拉斯科王國
雖然國界線不明確，但統治著墨西哥西部的廣大疆域，是僅次於阿茲特克的大國。

首都欽珍占
特諾奇提特蘭
威秀欽哥（也維持獨立）
特拉斯卡拉
帕茲卡洛湖（分道揚鑣事件發生的地點，205 頁）

至於阿茲特克國內，阿茲特克人的另一個都市特拉提洛克，當時正以商業都市之姿，迎接黃金時期。

可是，由於當地蓋了比特諾奇提特蘭還大的神廟，以及商業活動興隆，因而引發特諾奇提特蘭的嫉妒與來犯。

在這場戰爭中，女人家都很拚。她們全身赤裸，拚命以丟擲糞便之類的方式試圖抵抗，但勝利女神並沒有向她們微笑。

最後，在公元一四七三年時，特拉提洛克的國王遭殺害，徹底遭貶為附屬都市。

好像是當時主要的戰法之一。

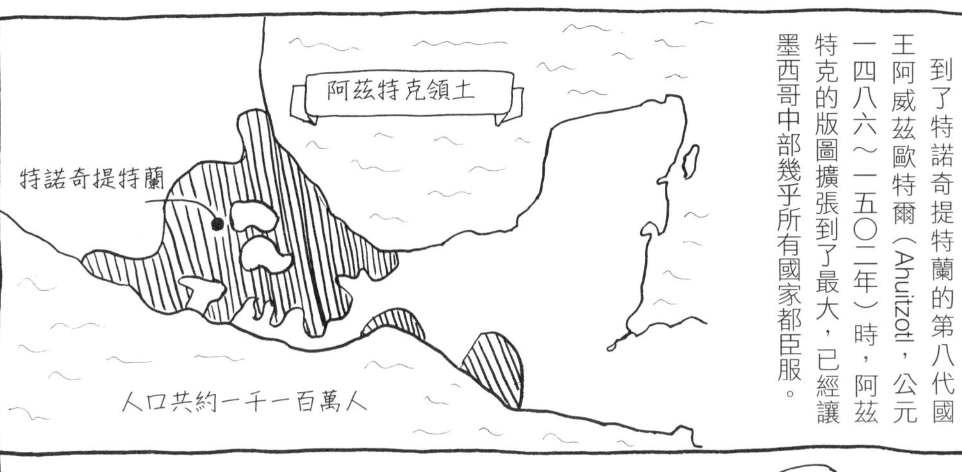

到了特諾奇提特蘭的第八代國王阿威茲歐特爾（Ahuitzotl，公元一四八六～一五〇二年）時，阿茲特克的版圖擴張到了最大，已經讓墨西哥中部幾乎所有國家都臣服。

在他任內，特諾奇提特蘭的大神廟也建成了（公元一四八七年）。

維齊洛波奇特利的神廟

特拉洛克神廟

這座神廟，是阿茲特克人一開始定居在特諾奇提特蘭時，所蓋的寒酸小廟上，再覆蓋上每一代國王的新神廟後，所形成的大型神廟。

另外，他們也在都市地帶興建了用於供給大量用水的水道。

不過，一開始由於水量沒有控制好，供給得過多而引發大水災。那時，阿威茲歐特爾國王想要逃走，卻慌慌張張撞到出入口上方，因而死亡。這樣的死法，還真是少根筋。

接下來，到了國王莫克提斯馬二世（Moctezuma II，又譯蒙特蘇馬二世）時，三國同盟事實上形同消滅了。

因為，特拉科潘（塔庫巴）已完全成為矮了阿茲特克一階的國家，原本強盛的特斯可可，也由於阿茲特克干涉其內政、指派聽自己話的人擔任國王，使得權力中心全部都落入阿茲特克的掌握。

過去的阿茲特克那麼粗暴、那麼缺乏文化，還因為初來乍到而遭輕視，此刻總算成為墨西哥盆地的霸者了。

怎麼樣？在短短兩百年裡，我們就進步到這種程度了。

不過，阿茲特克完全稱霸的時期，只有短短五年就結束了。

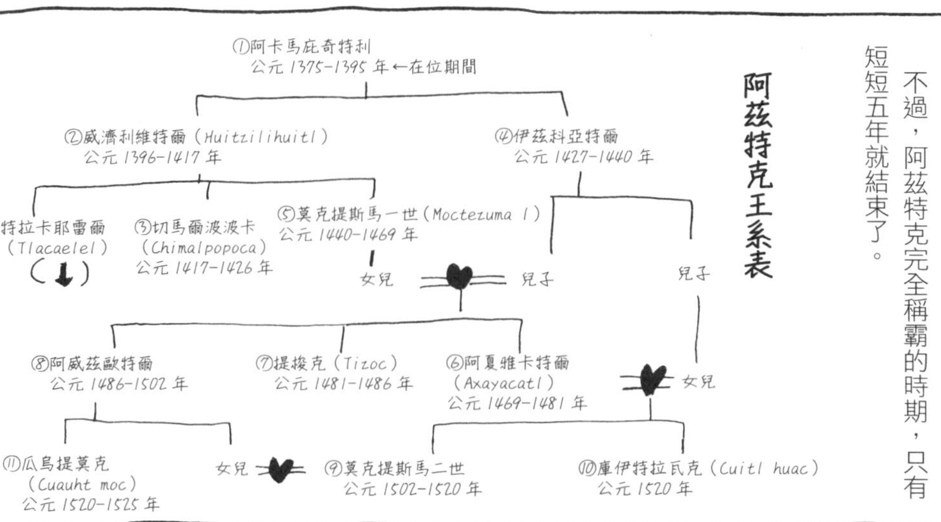

特拉卡耶雷爾

（1398～？年）
據說活到一百歲

阿茲特克的興盛，背後有個叫特拉卡耶雷爾的大推手。

特拉卡耶雷爾是國王的顧問，他以第二把交椅之姿，輔佐了從伊茲科亞特爾起的三代國王。

由於他太受愛戴，大家都求他當國王，但他拒絕道，「無論當不當國王，我都一樣會為國家竭盡所能，因此扮演輔佐角色就很夠了。」留下了一樁美談。

阿茲特克會決心與阿茲卡波查爾科開戰，也是因為當時二十九歲的特拉卡耶雷爾意志堅定的演說內容使然。

「這場戰爭絕對該打。要是打輸了，可以吃了我沒關係。」

他用這段話說服了猶豫不決的國民。

如前所述，該戰爭的勝利，開啟了阿茲特克麻雀變鳳凰的契機。

其後，為整頓國家，特拉卡耶雷爾斷然實施了大刀闊斧的改革。

他根據尼薩華爾科悠特爾的法典，也在阿茲特克將法律變成文化，使它成為一個有規範的法治國家。他還下令焚書，把內容有害於阿茲特克的東西全都燒掉。

接著，他徹底教育國民，讓他們體認到自己是神所揀選的子民，也培養國民的愛國心。

在這樣的過程中，神話發揮了很大的功用。他把自古在墨西哥中部流傳的神話，改編成適合阿茲特克的版本。

接著就來看這個
阿茲特克神話
五個太陽的傳說
阿茲特克的世界源頭
在十三層天國的最頂端，
地上
有兩個造物主。
女
男
奧梅西華特爾（Omecihuatl）
奧梅提庫特利（Ometecuhtli）
他們創造了四個神。
黑提茲卡特力波卡
紅提茲卡特力波卡
白提茲卡特力波卡
藍提茲卡特力波卡
希培．托泰克
奎茲爾科亞特爾
維齊洛波奇特利
看起來好像某某戰隊耶~
阿茲特克將這三位神化為上方的神。
四位神祇創造了有九層的地獄（米克特蘭），又創造了統治九層地獄的米克特蘭提庫特利（Mictlantecuhtli）與祂的妻子。
此外，也創造了雨神特拉洛克
以及祂的妻子，水之女神查爾丘特利奎。

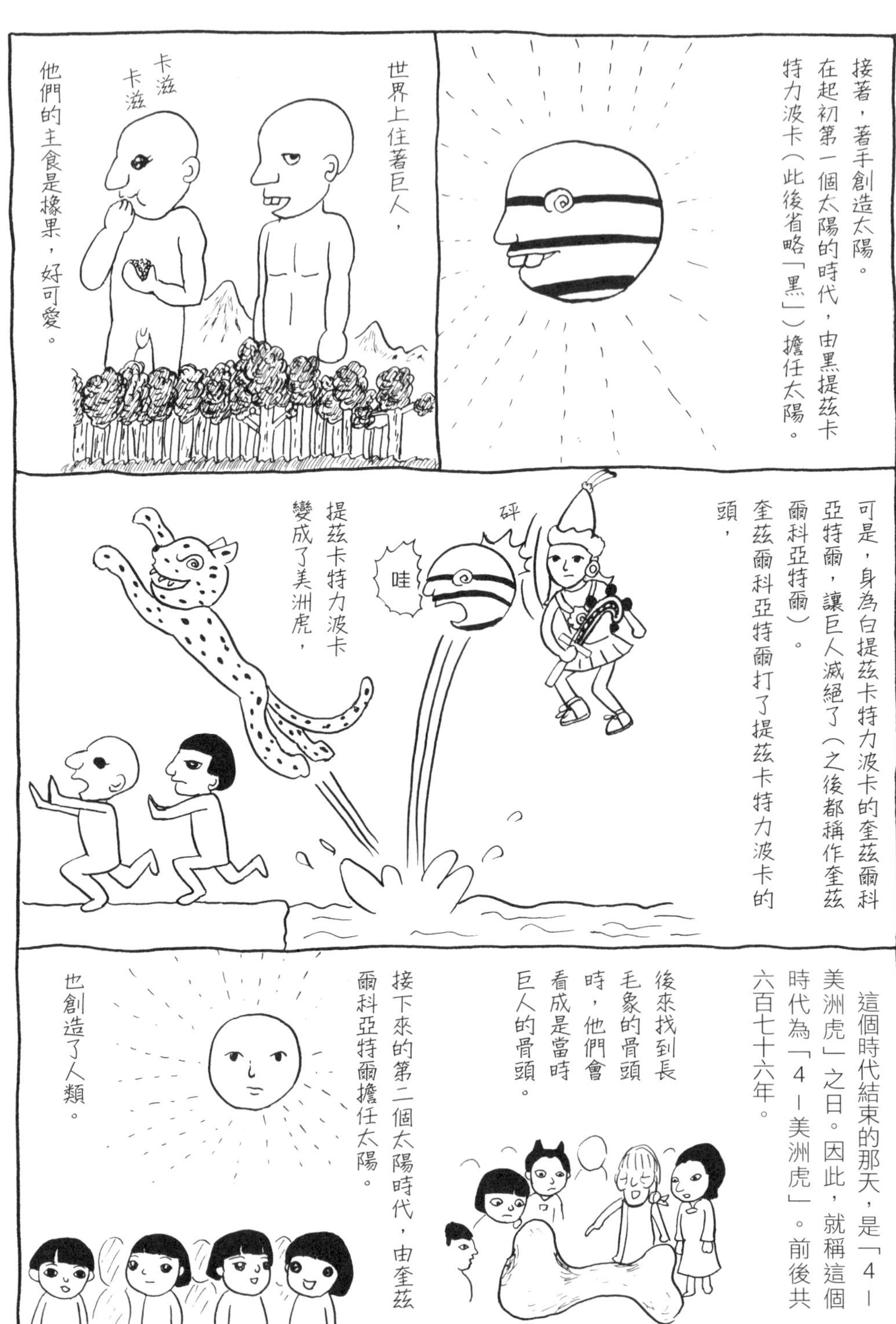
接著，著手創造太陽。
在起初第一個太陽的時代，由黑提茲卡特力波卡（此後省略「黑」）擔任太陽。
世界上住著巨人，
卡滋
卡滋
他們的主食是橡果，好可愛。
可是，身為白提茲卡特力波卡的奎茲爾科亞特爾，讓巨人滅絕了（之後都稱作奎茲爾科亞特爾）。
奎茲爾科亞特爾打了提茲卡特力波卡的頭，
砰
哇
提茲卡特力波卡變成了美洲虎，
這個時代結束的那天，是「4－美洲虎」之日。因此，就稱這個時代為「4－美洲虎」。前後共六百七十六年。
後來找到長毛象的骨頭時，他們會看成是當時巨人的骨頭。
接下來的第二個太陽時代，由奎茲爾科亞特爾擔任太陽。
也創造了人類。

但這次換提茲卡特力波卡用強風把大家吹跑了。
特力波卡
好不容易存活下來的人們，全都變成了猴子。
這個時代結束於「4－風」之日，因此稱為「4－風」（唉，真拗口的描述方式）。前後共六百七十六年。
第三個太陽的時代，由特拉洛克擔任太陽。
咦？不是由那四兄弟嗎？
？
也創造了新的人類。
這個時代，由於奎茲爾科亞特爾降下了火雨而終結。
淋到火雨的人類，變成了火雞。
這個時代稱為「4－雨」，前後共三百六十四年。
也有人認為，這是他們對「西特列火山爆發（五〇頁）的記憶」。
第四個太陽的時代，由查爾丘特利奎擔任太陽。
不要一直和大家預期的不一樣嘛～
真是的，接下來藍和紅提茲卡特力波卡就沒有什麼戲分了。該說是獨厚某些角色嗎？雖然比重的分配很奇怪，但就是這樣了。

這個世界，最後因為提茲卡特力波卡的洪水而滅亡了。
那時存活下來的人們，變成了魚。
洪水是全世界神話一定會有的橋段
這時代稱為「4－水」，前後共三百一十二年。
在太陽傳說的故事裡，不知道為什麼要安排藍與紅提茲卡特力波卡？分成四種顏色，好像對故事也沒有多大的影響。
即便如此，四種顏色的提茲卡特力波卡，倒還是擔任重要的工作：分別守護不同方位。
北
黑
提茲卡
特力波卡
東
紅
提茲卡
特力波卡
西
白
提茲卡
特力波卡
南
藍
提茲卡
特力波卡
和我們的不同耶。
在這個洪水的橋段中，還出現了可以和亞當、夏娃以及諾亞匹敵的人物。
有一對夫妻，名字叫塔塔（Tata）和妮妮（Nene）。
提茲卡特力波卡不知道出於什麼原因很欣賞這兩人，要保護他們不受大洪水侵害。
你們躲在這棵樹裡，等洪水退吧。
接著，他拿出玉米說，
你們一人吃一根。但除此之外什麼都不能吃！
兩根玉米怎麼可能夠吃！塔塔與妮妮很快就肚子餓了。由於水退了，他們就跑到外面。
有這麼多食物在游泳耶！
來把牠們吃掉吧！

塔塔與妮妮不知道魚是人類變的，就把牠們抓起來用火烤。
啪哩
啪哩
提茲卡特力波卡馬上就發現了
啊——怎麼違反我們的約定了？
他迅雷不及掩耳地砍了兩人的頭，
咻——
把頭接到了屁股上。
砰
據說第一隻狗就是這麼來的。
呃，再來要進入下一個太陽的時代了。在那之前……
海裡突然出現了怪物。
啪嘰
啪嘰
從空中監視著地上的提茲卡特力波卡與奎茲爾科亞特爾，連忙共同把那隻怪物的身體撕成兩半。
這時，怪物扯斷了提茲卡特力波卡的一隻腿。
怪物的下半身變成了新的天空。

上半身
咚
則變成了新的大地。
怪物的許多眼睛變成了泉水或是洞穴，
身體的凹凸處變成了山峰或深谷，
體毛變成了花花草草，
毛孔中長出了各種植物。
知道了這件事的諸神說：
他名叫特拉爾提庫特利（Tlaltecuhtli），是個了不起的神，是我們的夥伴！看他們做的好事。
什麼解釋都沒有，就突然又多出神來了。世上的神話就是這樣。
要治好每天都痛苦地活著的特拉爾提庫特利，需要以人類當活祭品。
我需要血！我要和我一樣一邊受苦一邊流的血!!
唉，難得攜手合作，竟然沒好事。
提茲卡特力波卡裝上黑曜石的鏡子充當新的腳。
奎茲爾科亞特爾為了創造人類，到地下的九層地獄去。
他向統治那裡的米克特蘭提庫特利提出了
新的時代需要人類。請把日前滅絕的人類的骨頭分給我。
這樣的請求。

可以啊——只要你把這個海螺吹響，繞九層地獄四圈，我就答應你。
他明明是我們創造出來的，怎麼這麼跩。
那個海螺上沒有洞，吹不出聲音來。但奎茲爾科亞特爾找蟲子來幫他開洞，再把蜜蜂放到海螺中，一面讓它發出聲音，一面繞九層地獄四圈。
但得到的答案卻是，
我還是不想給你～
於是奎茲爾科亞特爾心想，
你叫我做那種蠢到不行的事，怎麼可以不給我骨頭。
啊
他搶了骨頭就逃走了。
米克特蘭提庫特利放出鵪鶉，要牠們追趕奎茲爾科亞特爾。
跌倒
鵪鶉的攻擊嚇到了奎茲爾科亞特爾，就在他跌坐在地上時，骨頭摔碎了。
骨頭這時變成了大小不一的碎片，這就是人類彼此之間體格差異的由來。

奎茲爾科亞特爾好不容易把骨頭都收集起來後，前往據說是「萬物起源地」的塔摩安羌（Tamoanchan）。
諸神早已等候多時了。
骨頭交給一個叫西瓦科亞特爾（Cihuacoatl，有「蛇女」之意）的女神，磨成了粉。
接著，以奎茲爾科亞特爾為首，諸神把自己陰莖的血，混入那些磨好的粉，做出了人類。
這裡想要表達的，據說是「所以，每個人身上也都有神性存在唷！」
窸窣
窸窣
哦，是哦。可真教人感激哦。雖然是陰莖的血，還是得要感謝才行是吧——
啊，這麼說起來，我們其實也是從陰莖誕生的是嗎？
可是，開口閉口陰莖陰莖的講這麼多次，還真是害羞呀。
接著，奎茲爾科亞特爾必須為人類解決食物的問題。
嚼～嚼～
吐
唔，該怎麼辦呢？
此時，他看見了一隻螞蟻搬運玉米的樣子!!他跟在那隻螞蟻身後，最後找到一座裝滿食物的山托納卡提佩特爾（Tonacatepetl）。他從那裡帶回了玉米粒，交給了人類。
伸
這就是你們的食物唷。
呃……

★龍舌蘭可做為纖維、建材之用，或是拿來製酒。在墨西哥，它是自古以來就用處多多的植物。龍舌蘭酒也是用龍舌蘭的莖釀出來的。

納納氐欽燒的不是香料，而是燒自己的疥瘡。
搓～搓～
疥瘡?!還真是新穎的想法啊！
怎麼每個國家的神話，都是這麼幼稚的啊？
什麼大便啦、小便啦之類的排泄物，都是用來為故事增添色彩，但是能想到疥瘡，真的是太了不起了。
本來我以為，其他國家的神話，應該不會也有疥瘡吧？於是搜尋了一下，結果發現愛奴的神話當中，竟然有個女神，會請別人吃用自己的疥瘡熬煮出來的料理呢。
這也讓人嚇了一跳
於是，擔任太陽的儀式開始了。
此時，也能看出貧富差距。
納納氐欽穿的是紙做的衣服
只剩下跳進火裡，就完成儀式了。
然而，提庫西斯提卡特爾卻猶豫不決。
抖抖
抖抖
他嘗試了四次，卻因為腿軟而做不到。
這時，我們納納氐欽——
一下子就跳進火裡去了。
哇哇哇
諸神為之讚嘆不已。
太棒了！
納納瓦欽，
恭喜你！
看起來又土、又窮、又弱的主角，事實上卻比誰都還有勇氣……這種故事，到哪裡都是最受歡迎的，對吧！故事的發展總算可以讓我產生共鳴了！

看到他跳進去的提庫西斯提卡特爾不甘示弱，
可惡！
終於也跳進火裡去了。
受到納納瓦欽感動的鷲鳥與美洲虎，也一起跳了進去。
我們陪你一起跳！
但因為火已經快熄了，牠們兩隻動物只是被燒焦而已。
左看
右看
嗯？
哎呀—
據說就是因為這樣，美洲虎身上出現了黑色的斑點，鷲鳥的羽毛也變黑了。
只是，人們還是很讚賞牠們的勇氣，把牠們當成阿茲特克軍隊的吉祥動物。
根據《波爾波尼庫斯抄本》所載
過了一段時間，東方的天空出現了由納納瓦欽擔任的太陽（稱為托納提烏）。
提庫西斯提卡特爾也出現了，同樣散發出光輝。
閃亮
閃亮
閃亮
好刺眼
兩個太陽實在是太過刺眼了，因此有位神把眼前的兔子丟向了提庫西斯提卡特爾。

提庫西斯提卡特爾的光芒減弱了，兔子的形狀也印在上面了。
就這樣，祂變成了月亮。
和日本一樣，阿茲特克也覺得月亮的表面看起來有兔子的形狀（馬雅也是）。
本來以為這樣就結束了，但這兩個發光體卻動也不動。諸神不知道它們為何不動，正感到慌亂時，太陽講話了：
因為我想要血啊。
哇──突然變成驚悚故事了！那個謙虛的勇者納納瓦欽，竟然變成這麼邪惡的角色了。他是不是暗中在為一直以來受到欺負的事而生氣？
對此事感到火大的晨星神托拉輝茲卡潘提庫特利說：
你這個疥瘡男，是在跩什麼跩！
祂把矛擲向了納納瓦欽。
俐落
接
接
但太陽根本不當一回事。
反而把矛都擲了回來──
刺穿
由於頭部被矛刺了過去，托拉輝茲卡潘提庫特利變成了石頭與寒氣之神伊茲特拉科利烏奇。
據說就是因為這樣，清晨才總是十分寒冷。
諸神又展開了民主討論，大家決定要犧牲自己。
沒辦法了。
奎茲爾科亞特爾拿刀子把諸神的心臟一個一個挖出來。
外表像狗的神梭羅特爾覺得好可怕，自己一人逃走了。
溜

祂一下變成雙胞胎玉米，

一下變成分兩株的龍舌蘭，

最後跳進水裡，變成了墨西哥蠑螈。

這個部分變成是用揆羅特爾這個字，玩類似變音的把戲。

墨西哥蠑螈是一種原產於墨西哥的動物，語源來自納瓦特爾語。

變

（稱為揆羅特爾）

一種畸形

變

（稱為梅揆羅特爾〔mexolotl〕）

變

（稱為阿揆羅特爾〔axolotl〕）

不過，完美主義的奎茲爾科亞特爾，還是窮追不捨。因此，他最後沒有讓揆羅特爾逃掉，把他獻給了神。

哼

啊—

但也另外有一種版本是，揆羅特爾成功逃走，在諸神死亡後，變成孤獨一人，結果因為太過寂寞而號哭起來。由於他不斷流淚，連眼睛都流掉了。

有時候揆羅特爾會被畫成這副模樣，應該就是來自於這段後續情節。

就這樣，現在這個太陽誕生了，人類的這個時代也展開了。現在這個太陽的時代，稱為「4—動」。

據說這第五個太陽，有一天也註定會因為地震而滅亡。

在這個神話中，最能讓人民學到的一件事是，

「犧牲自己、成為活祭品，是一種充滿勇氣、正確而且了不起的行為，並且可以成為太陽的養分。就連諸神也都犧牲了自己，因此不要拒絕犧牲自己」。

阿茲特克的偉大神祇
維齊洛波奇特利誕生的故事
有一天，一個名叫科亞特利庫耶(Coatlicue)的喪夫女神，正在打掃科亞提佩克(Coatepec，「蛇山」之意)
科亞特利庫耶有「蛇裙女」之意
又是寡婦又是打掃的，這個開場還真是有日常生活的感覺呀～
此時，空中飄落一個羽毛做成的球。
飄飄
?
於是，科亞特利庫耶
唔，好漂亮。
把它收進懷中。
那個球不知不覺間消失了，科亞特利庫耶也跟著懷孕了。
是哦。
但是科亞特利庫耶已經有了四百個兒子和一個女兒，大家都對母親懷孕深感氣憤。
真是不檢點耶。
為人母親怎能做這種事。
尤其抗拒這件事的是，她的女兒科悠爾夏烏奇(Coyolxauhqui，「黃金鈴」之意)。
齷齪的女人！真教我作嘔！
出於青春期的女孩特有的那種潔癖心態，她對母親懷孕暴跳如雷。
在本書很前面的地方曾經提過，「四百」有「大量」的意思

正當科亞特利庫耶因為孩子們的怒氣高漲而感到害怕時，
母親大人，沒問題的，你什麼也不用擔心！
肚子裡突然出現鼓勵她的聲音！
科悠爾夏烏奇帶著四百個兄弟，前來要教訓母親。
咚咚咚咚
這時候，全副武裝的維齊洛波奇特利，
從科亞特利庫耶的肚子裡誕生了，
他砍下了姊姊科悠爾夏烏奇的頭！
還把她大卸八塊。
嘿－
科悠爾夏烏奇身體的各個部分，從科亞提佩克（蛇山）往下滾落。
四百個兄弟，也絕大多數被維齊洛波奇特利給殺了。
維齊洛波奇特利的人生，就在如此華麗的登場中展開了。
也有學者認為，這一戰象徵著天界的運行。
星
400人
兄弟
月
太陽
但是和五個太陽的神話說法不同就是了。

阿茲特克的諸神

把到此為止的神話總結起來的話，阿茲特克的頂級神祇總之有以下幾位。

維齊洛波奇特利

是戰神，也是太陽神

維齊洛波奇特利有「左方（南方）的蜂鳥」之意。在美索亞美利加的社會中，蜂鳥象徵著血與戰爭。「左」在阿茲特克有著「強有力的那一方」的意思。有時候也會像提茲卡特力波卡，腳上掛著會冒煙的鏡子，應該是一個借用了美索亞美利加諸多知名神祇的不同要素，才創造出來的神吧。由於最早率領阿茲特克人來到墨西哥的領導者中，也有巫師之類的人，於是也有人認為，或許是人們因為崇敬巫師，才將他神格化，變成了提茲卡特力波卡之一。

攻擊性的蜂鳥
雕刻於放血工具上

祂雖然是個大神，到目前卻連一尊單獨的石像都沒有找到。（在抄本中的模樣，也只是外觀上的造型而已，呈現不出什麼個性）。

唯一的石像是背在人的身上（但卻有類似胸部的東西，因此或許並不是他）收藏於墨西哥國立人類學館物館

科亞特利庫耶

維齊洛波奇特利的母親

看起來好可怕唷。這是足以代表墨西哥國立人類學博物館的著名塑像。

頭部是以兩條面對面的蛇構成的臉，雕起來很花工夫。

是說，為什麼會想要這樣子雕啊？這些創作者可真是了不起啊～

科悠爾夏烏奇

這一件也是必定會刊載於墨西哥美術書籍中的知名作品，收藏於大神廟博物館（Templo Mayor Museum）。

這是被維齊洛波奇特利大卸八塊的樣子。

發現地是在維齊洛波奇特利神廟階梯的下方，如實地象徵著神話中從科亞提佩克滾下來的描述。

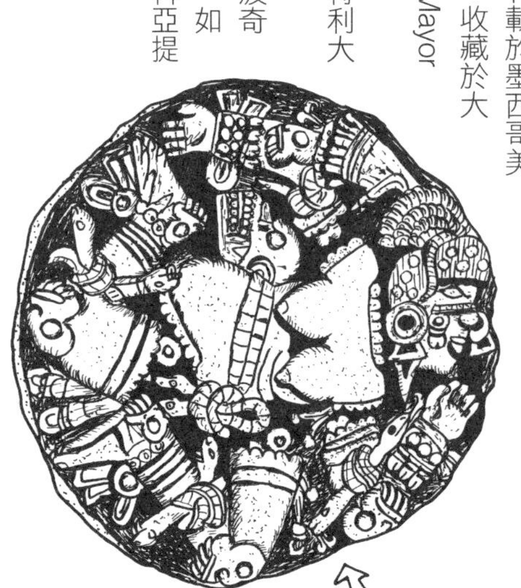

有人認為，這兩位神自古以來就是受到崇敬的大地母神，是在阿茲特克人到來之後，祂們的特質才遭到扭曲的。

這幾位古老的神，到了阿茲特克時代，受到了更多人的崇敬與信仰。

特拉洛克

威風十足展現出身為老前輩的威嚴

特拉洛克自古以來在美索亞美利加一帶就是最至高無上的神，阿茲特克也相當關注這位神祇。

祂受到與維齊洛波奇特利同樣程度的崇敬，神廟也設在維齊洛波奇特利旁邊。

提茲卡特力波卡

外表很有機械感

祂的攻擊性特質很對阿茲特克人的味，因此極受喜愛。

這樣講不知道對不對，美索亞美利加的眾神雖然聲勢浩大，卻缺少一個統領眾神或是擔任首領的神存在。固然有造物主的存在，但是存在感很薄弱……如果以希臘神話來講的話，就好像是少了宙斯，卻有好多個戰神亞瑞斯一樣。

每位神都給人一種精靈或是小妖怪般的感覺，比較沒有神的感覺耶——

希培・托泰克

祂穿戴著屍體的皮，眼睛總是閉著的（或者該說是半睜半閉？）

嘴巴張得開開的，最裡面才是真正的嘴

這位神讓人感覺好痛好可怕，但祂的形象在諸神當中卻是最好理解的。根據薩哈岡（一七一頁）所言，阿茲特克時代的希培・托泰克，和納納瓦欽一樣得了皮膚病，還有眼睛也得了病。

祂會把自己的病傳到每個人身上——起泡啦、化膿啦等等，雖然不會致命，卻很讓人不舒服。

尤其是眼睛的疾病：小自眼屎，大至視力模糊、白內障、青光眼等等，各種眼疾都是祂的傑作。真是教人討厭的神呀。

奎茲爾科亞特爾

根據圖拉的傳說，這位神並不喜歡活祭品。

不過，那指的其實是祭司國王奎茲爾科亞特爾，這位神本身和其他的神一樣，都歡迎活祭品。在丘魯拉那裡，有許多人被當作獻給他的活祭品而遭殺害。

到了這一帶，奎茲爾科亞特爾擬人化的模樣變多了，又加了許多功能在他身上，連分身都出現了，變得與原本的奎茲爾科亞特爾愈來愈不相同（不過，倒是一樣保有羽蛇的樣子）。

有時候，他也身兼一個叫耶耶卡特爾的風神，

也是托拉輝茲卡潘提庫托利（晨星神），也曾經是雨神。

梭羅特爾

祂似乎原本也是薩波特克的神

雖然到最後都拒絕犧牲，給人一種膽小怕事的印象，但這是正常的啊，一般來說都不會想犧牲吧！

雖然祂是這麼個不太夠格的神，但竟然是奎茲爾科亞特爾的雙胞胎兄弟（不要去管一開始的什麼紅色或藍色提茲卡特力波卡之類的說法了，因為阿茲特克把過去的神話與自己的神話混在一起，人物身分的設定會變來變去）。奎茲爾科亞特爾是晨星神，梭羅特爾則是金星（黃昏之星）神，也是畸形之神。如二二九頁所述，梭羅特爾這個字與畸形、雙子有關（引自《馬雅‧阿茲特克神話宗教事典》，*An Illustrated Dictionary of the Gods and Symbols of Ancient Mexico and the Maya*）。不知道是先有這位神，後來才衍生出詞，還是這位神是從文字之中創造出來的？

從納納瓦欽、希培‧托泰克、梭羅特爾等神可以得知，在阿茲特克的世界裡，身障者、生病者，也都能大大方方在檯面上活躍（不光是阿茲特克，這也是美索亞美利加的共通要素之一）。

他們甚至認為，人會生病，反倒是代表受到神的愛護。侏儒或是畸形的人尤其特別，國王會養他們。

敬重侏儒

美索亞美利加的共通文化！

在阿茲特克神話中，侏儒被視為神的跟班；在現實生活中，他們也受到優渥的對待。

他們不缺工作，可以幫國王打理生活起居，或是以表演者的身分展現才藝。

不過，雙胞胎就有苦頭吃了。

他們認為，雙胞胎的魔力很強，不是大吉就是大凶，而且會把周遭的人都牽扯進去。他們也認為雙胞胎會導致父母其中的一人死亡，因此也可能會在雙胞胎一出生時，就把其中一人殺掉。

其他令人在意的神

阿茲特克的神，光是比較重要的，就有四十位以上，而且還有部下啦、分身之類的，實在很難搞清楚。

特拉索爾提奧特爾（*Tlazolteotl*）

主管愛、性慾以及豐收，相當於阿茲特克的維納斯

原本似乎是瓦斯特克的神。

特拉索爾提奧特爾還有個別名叫特拉艾爾瓜尼（Tlaelquani，「吃排泄物者!!」的意思）。

雖然感覺真是髒到不行，但特拉索爾提奧特爾會有這個別名是因為，祂會傾聽人們的懺悔。

聽別人的懺悔，就像是「吃穢物」一樣。

有些塑像的嘴巴周圍是黑的，據信是代表祂吃了穢物。

哎，祂實在是超級髒的——

宴會之神

奧馬卡特爾（*Omacatl*）

主管宴會時的找人事宜。

我就從中挑選讓我深深著迷的這兩位來介紹好了。
哇～分工可真細，他們創造了好多神來。

誰要是在宴會之前沒有好好祭拜自己，奧馬卡特爾就會把毛混在宴會的料理中，做為懲罰。

毛會刺激賓客的喉嚨，或是讓他們胃痛。

怎麼會有這麼小家子氣的騷擾方式啊！不過還滿可愛的～

阿茲特克的死後世界

人死後可以上天堂或下地獄的區分標準並不在於「生前的行為」，而在於「怎麼死的」。

不管平常累積了多少善行，都與此毫無關係。判斷的標準是死亡時的痛苦程度，以及貢獻程度。

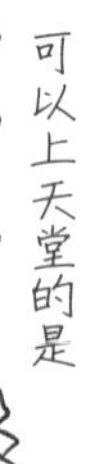

可以上天堂的是

成為活祭品的人

戰死的人

生產時死亡的人

大家認為，這些人會成為太陽的養分，對於延緩世界末日有貢獻。

這樣的死法固然也很痛苦，但能夠上天堂是因為生下戰士的功勞。當時在生產時死亡的例子恐怕很多，應該也需要一些撫慰吧。

成為活祭品的人以及戰死者的靈魂，平常住在東方的天國，每時太陽自東方昇起時，他們會陪伴太陽到正午為止。

自正午到黃昏為止，就由生產時死亡的女人們的靈魂相伴。這些靈魂是住在西方的天國。

然後，在四年之後，他們會投胎化做蜂鳥或美麗的蝴蝶。

此外，溺斃、被雷打死等等與雨、水有關係的往生者，或是侏儒、殘廢者，以及皮膚病、傳染病、痛風的人，會受到雨神特拉洛克的喜愛，因此在死後會前往位於天國第四層、由特拉洛克所治理的樂園特拉洛坎（Tlalocan）。

除此之外正常死亡的人，會到地下的九層地獄去。

由於阿茲特克人相信，到了冥界，會有狗載著自己渡過錯綜複雜的湖與河，因此狗是很受歡迎的寵物。

主人去世時，狗跟著陪葬、埋在一起。

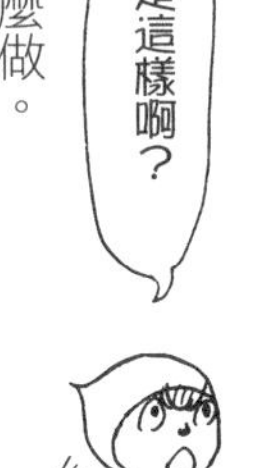

欸，是這樣啊？

而且他們認為，黃狗最適合這麼做。

如果是白狗，

如果是黑狗，

嗯？
我身體才剛洗乾淨耶。
欸?!我毛才剛染過耶。

都會以冷淡的態度拒絕，因此派不上用場。

地下的冥界很寒冷、狂風大作，是個東西會四處亂飛的危險地方。

食物只有蟲子和毒草而已。

半路上，山不時會崩下來，或是必須和可怕的怪物作戰，還有天空也會有刀子掉下來。

生前沒有挖出自己的心臟獻祭，結果到了這裡，還是必須要做。

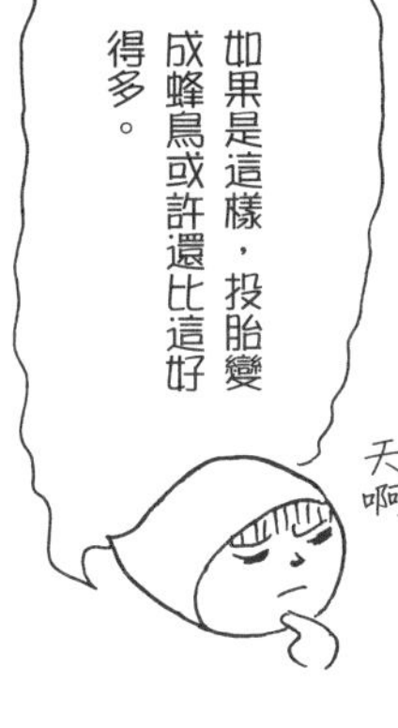

歷經長達四年的苦難之旅後，到達最深的第九層處，也就是冥界之主米克特蘭提庫特利所在地後，靈魂會完全消滅。從這個角度來看，形同有個最可怕的未知世界在那裡等著自己。

如果是這樣，投胎變成蜂鳥或許還比這好得多。

天啊

雖然也有研究者解讀為，「靈魂不是消滅，而是終於在那裡安息」，但無論如何，都不會再投胎。

因為他們認為，不可以像這樣，完全沒有犧牲任何東西就死去呀！

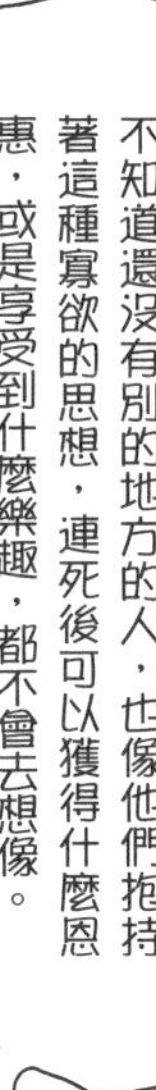

不知道還沒有別的地方的人，也像他們抱持著這種寡欲的思想，連死後可以獲得什麼恩惠，或是享受到什麼樂趣，都不會去想像。

⑴活祭品

沒錯！阿茲特克的人們很環保，會用心保護地球環境，更甚於個人利益。

因此，為了延長太陽的壽命，他們有一種使命感，希望至少能夠延緩一點世界末日的到來。

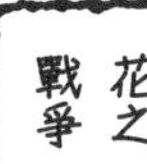

過去原本就存在的活祭品的習俗，到了阿茲特克時代，就更是普遍了。他們開始有系統地大量舉辦各種儀式。

充當活祭品的，是戰俘或奴隸。為了確保活祭品數量足夠，阿茲特克刻意不征服敵國特拉斯卡拉與威秀欽哥，一直維持戰爭狀態，並定期舉辦「花之戰爭」，把它當成像是什麼體育項目的競爭一樣。

「花之戰爭」聽起來好像很夢幻、很瀟灑，其實是出於一種現象：戰場看起來很像花圃一樣：

因為，流了血倒下的士兵們，看起來就好像花一樣。

讓人不寒而慄吧。

由於在國家的成功教育下，每個人心中都深植著「成為活祭品可以維護太陽的生命，是很崇高的行為」的想法，大多數的士兵，在成為戰俘之後，都會坦然接受這樣的命運。

某個成為阿茲特克戰俘的特拉斯卡拉人，由於戰技高超，阿茲特克並未讓他成為活祭品，而是讓他成為軍隊的一員。

拜託！請讓我當活祭品。
欸—?!
我不要—
結果，他在戰場上極其活躍。
國王打算要給他獎賞，
你可以回你們國家去。我會給你很多獎賞唷。
不，請盡快把我獻給神吧。
他還是選擇了成為活祭品……

還有某個國王的故事。

一次，聽到自己的兒子在戰爭中成為對方俘虜的消息時，

他大喜過望。

但對方卻讓他兒子回國來。國王認為，好不容易得到的榮耀豈能遭剝奪，於是親手讓兒子變成了活祭品。

諸如此類的故事，還有許許多多都流傳了下來。

舉行活祭品儀式的時機，除了贏得戰爭時的紀念、增建神廟時的落成典禮，以及國王即位等值得慶祝的事項外，每個月還會舉辦一次以上的祭典。

特諾奇提特蘭最大的金字塔、維齊洛波奇特利與特拉洛克的雙神廟（二一五頁）落成時，舉辦了為期四日的活祭品儀式。

據說，準備成為活祭品的人排成好長的一排，等待著被殺，活祭品達兩萬人，甚至有一說高達八萬人。

但這再怎麼想都只是阿茲特克的敵國或西班牙人捏造的而已。不過，犧牲的活祭品，應該還是有幾百個或幾千個。

在乾淨的都市裡，神廟是唯一會發出惡臭的地方。據說因為血附著在上面，看起來都黑黑的。

祭典

阿茲特克的基本曆法有三六五天與二六〇天兩種，沒有長紀曆。在安排祭典時，會使用三六五天的曆法，仔細排定。

暫且不提要在落成典禮之類的場合中犧牲的大量活祭品，平常成為活祭品的人，都會受到悉心的對待。

活祭品的處理方式，基本上是在金字塔上由四名祭司壓著活祭品的四肢，取出他的心臟後，再砍掉他的頭，並將屍體滾下金字塔。

取自《佛羅倫斯抄本》

接著，屍體大概都是由大家分食。

取自《馬里亞貝奇亞諾抄本》

有人把這樣的行為解釋得很美好，說什麼它像是聖餐禮（藉由食用神的身體而分到一些神性）一樣，或是因為他們認為可以藉由與神共進餐點，而實現與神交流的目的之類的——

可是還撒上鹽巴以及加入蕃茄或辣椒熬煮，費了好大工夫讓它更好吃對吧～這樣到底算什麼？

如果是戰俘，俘虜者與被俘者之間，會形成「父子」關係。因此，俘虜者不會去吃被俘者的肉。

不過還是有文獻記載，俘虜者會把最好吃的大腿部位帶回家做為獎賞。因此實情如何，不得而知。

活祭品除了基本的處理方式外，還會因為祭典性質的不同，而有不同的處理方式。

對此，西班牙傳教士薩哈岡有詳細的記載。

由於實在太多，我只挑一些來介紹。

向特拉洛克祈雨的祭典（於阿茲特克曆一月時舉辦）

在這個祭典中，為了祈雨，阿茲特克人會在山頂上取出大量小孩的心臟。

事實上，目前已在丘魯拉的特拉洛克祭壇以及特諾奇提特蘭的特拉洛克神廟，找到了塞有大量小孩屍體的洞穴。

雖然祭典是在一月舉辦，但是到進入雨季的四月為止，每個月還是會有小孩子遭到殺害。

他們相信，小孩子哭得愈厲害，雨就下得愈多。

希培祭典（於阿茲特克曆二月時舉辦）

首先，取出俘虜的心臟，再剝下皮，

俘虜的主人披上人皮，

會穿在身上二十天，直到下個月為止。

肉的部分當然是大家分食。

到了下個月，把皮收到神廟後，祭典暫時算是結束了。這時才總算可以洗澡。

接著會舉辦有如續攤般的宴會，這時會使用成為活祭品者的骨頭，進行各式各樣的儀式。

希培祭典都是在春天舉辦的，所以是要透過剝皮的行為，促使種子發芽嗎？

為了讓祭典更熱鬧，也會舉辦有如羅馬的角鬥士競賽般的表演儀式。

由四名全副武裝的阿茲特克士兵，依序與身上掛著大石塊的俘虜作戰，俘虜只要連戰連勝，就可以不用當活祭品。

雖然也有厲害的強者贏得競賽，但據說他們還是拒絕獲釋，選擇成為活祭品。

提茲卡特力波卡祭典（於阿茲特克曆五月時舉辦）

首先，要在舉辦祭典一年前，挑選一個年輕人擔任提茲卡特力波卡的化身。

這個年輕人必須要健康、英俊、聰明，而且身體要很完美，身上不能有任何傷。

在這一年時間內，他們會盛裝打扮這位年輕人，在各方面給他最好的享受，給他最好的食物與教育。

路上的行人看到他，都必須向他跪拜。

祭典前二十天，會分派四個女孩給這個年輕人。身負重任的這些女孩，都是精心培養出來的夢幻美女。到祭典當天為止，年輕人可以和這四位美女盡情縱慾。

到了上場前五天，會為年輕人每日召開盛大的宴會與祭典，把他捧上天。

接著，終於到了最後一天。他會自行爬上神廟，

頭髮已經剃掉了

一年期間吹過的笛子，切成一節一節的。

在那裡接受取出心臟的儀式。

這樣就結束了。

年輕人的頭骨會像下圖這樣，以馬賽克加工與裝飾。

為了隔年的這個祭典，必須馬上再找另一個年輕人，重複一次同樣的流程。

在不同月份還有女神的版本，同樣會有處女在受到百般奉承後遭殺害。

她到死前都還笑著跳舞。

西烏提庫特利（火神）祭典（於阿茲特克曆十月時舉辦）

在這項祭典中，會先把幾個人一起丟進火中。

等他們燒得夠久之後，再從火中拖出來，在他們斷氣前，把還在跳動的心臟取出來。

算起來，這種祭典每個月（二十天）會舉辦一次以上，一年算下來的話達十八次（因為一年有十八個月），而且每次都還持續好幾天。

而且，在這些固定祭典外，還會突然有祭典要辦，等於一年到頭有一半左右的時間都在辦祭典了。

每年最後多出來的五天是不吉之日，沒有祭典，總算有了一段什麼也不做的日子（鬆了口氣）。據說，出生在這幾天中的人，「不管做什麼都行不通，會一輩子過貧困的生活」。

還有，在三六五天曆與二六〇天曆的齒輪都走完一圈的五十二年時，對阿茲特克人而言就是一世紀。在迎接新的五十二年時，也會舉辦盛大的火之儀式。

引用自《波爾波尼庫斯抄本》，這是經大幅簡化後的圖。

阿茲特克人一向相信，在一個世紀結束的時候，天上的太陽也會跟著毀滅，因此他們很害怕這樣的時刻到來。

至今的四個太陽，也全部都是在世紀末毀滅的（太陽的存在期間全都設定為五十二的倍數）。

在一年最後這一天，一到夜晚，大家會一起把所有火滅掉。

這個時候，祭司們會到山丘上觀察星象。只要昴宿星通過天頂，就等於是得到了神的保證，新的世紀會一切平安。

完成觀測後，再同時點燃全部的火。

這個時候，會把第一把火生在活祭品上。

生起火後，會切開活祭品的胸口、取出心臟，放入火中（哇——）。

阿茲特克人對這些祭典的規矩與順序，全都規定得很仔細，如果祭司稍微出了一丁點差錯，就會被打個半死。

阿茲特克的祭司

由於每天都舉行獻活祭的儀式，血會黏在他們的長髮上，乾掉變成一塊一塊的。他們自己也會因為放血而混身是傷。

②占卜

對阿茲特克的人們而言，生活都是以占卜為基礎。

舉凡結婚、動身前往戰場、旅行，或是要進行什麼事情時等等面臨人生的某種轉機時，一定都會請占卜師幫忙算算看。

每個人的命運，是由二六〇天曆法中的生日決定的。例如，出生於「1－蛇」之日的人適於當商人；出生於「1－花」之日的人適於走藝人路線。生日決定了適合的職業。幸與不幸，也一樣都註定了。

例如，生於「4－狗」之日的人，做什麼都一帆風順；出生於「9－風」之日的人，做什麼都枉然，一輩子都會消沉。出生於「9－鹿」之日的人，是無可救藥的懶鬼；出生於「2－兔」之日的人，會因酒傷身。即便如此，就算生於不吉之日，只要找個接近生日的吉祥日，取成自己的名字，就能改變命運。因此，倒也不是那麼悲觀、那麼嚴格。

二六〇天曆法中可愛的日期文字

1. 鱷魚（西帕克特利）
2. 風（耶耶卡特爾）
3. 房（卡利；Calli）
4. 蜥蜴（奎茲帕林；Cuetzpalin）
5. 蛇（科亞特爾）
6. 死（米奇茲特利；Miquiztli）
7. 鹿（馬扎特爾；Mazatl）
8. 兔（托奇特利；Tochtli）
9. 水（阿特爾；Atl）
10. 狗（伊茲庫因特利；Itzcuintli）
11. 猴（歐索馬特利；Ozomahtli）
12. 草（馬利納利；Malinalli）
13. 蘆（阿卡特爾；Acatl）
14. 美洲虎（奧塞羅特爾；Ocelotl）
15. 鷲（瓜烏特利；Cuauhtli）
16. 鷹（科斯卡瓜烏特利；Cozcaquauhtli）
17. 動（歐林；Ollin）
18. 燧石刀（提克帕特爾；Tecpatl）
19. 雨（基阿烏義特爾；Quiqhuitl）
20. 花（蘇奇特爾；Xochitl）

會以出生日期命名唷。雖然還是有其他的名字

③教育

阿茲特克的小孩子，從小就不許遊玩，必須從早到晚幫忙家裡做各種工作。

父母會對孩子施以嚴格的教育，不許孩子養成偷懶的習慣。

男孩子就做簡單的搬運工作或跑腿。

女孩子從五、六歲起就做針線活。

針線活是全阿茲特克女性的基本工作。

一旦偷懶或說謊，會被施以嚴厲的體罰，像是：

拿棍棒來打、

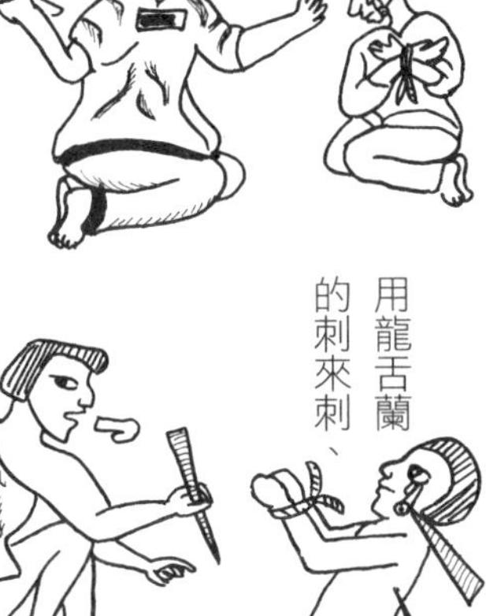

綁起來丟著不管，

圖畫均引用自《曼多撒抄本》

用龍舌蘭的刺來刺、

或是逼孩子吸辣椒薰出來的煙。

女生必須成為一個謙恭有禮、貞淑的人。阿茲特克人嚴格倡導男女有別，會教育女生不能與男子交談或對上眼。

孩子們也得上學，而且免費，超棒的！

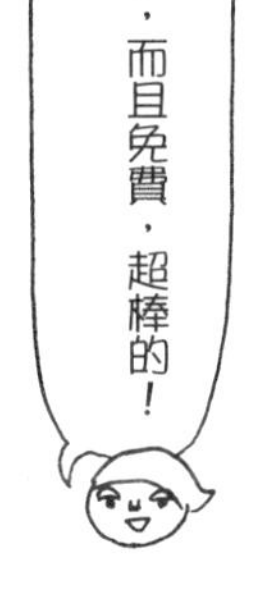

平民男孩在學校裡，會學到的是穀物的栽培、作戰的訓練等實用知識。

在主要由貴族男孩組成的學校裡，除了教導實用知識外，也會向由祭司擔任的老師學習讀寫，以及天文學、建築、歷史、藝術等高層次的東西。

在這個學校裡，就算是平民出身的孩子，只要以成為祭司為志向、成績又優秀的話，都可以入學。

在這裡畢業後，既可擔任祭司，也可以擔任政治、軍事方面的要職。

也有女校的存在。女生也可以當低階祭司。

不過，一般女生大多都會成為家庭主婦。職業僅限於產婆、媒婆等特殊工作而已，頂多只能到市場裡賣賣東西，算是主婦工作的一種延伸。

對阿茲特克人來說，十四歲就是大人了，大概二十歲左右就進入婚姻生活。
孩子結婚時，父母會給他們長篇大論的忠告，把一些自古以來賢人們講過的話告訴他們。
以下精選了一些西班牙人在占領當地時收集到的許多教誨中的一部分。
父親給兒子的忠告
兒子啊，若想平穩度日，就別講人家壞話，因為壞話是侮辱與不和的根源。不要把聽到的事說出口。就讓別人去講，但自己的嘴不要講。如果有人問你，你非得回答時，也要盡可能只講事實；就算是講好事，也不要自己多加油添醋。
無論走到哪裡，都別忘了要保持溫和的眼神。
活在這個世上，會有許多苦難伴隨而來。想取得必要的東西，不是那麼容易的事。
從別人那裡收到的東西再怎麼小、再怎麼沒價值，也不能露出厭惡的表情，或是覺得理所當然，對方應該給更多才對。
不要與不認識的女人扯上關係。我們無法在這世界上再活一次，人生不但短暫，又總有辛苦相隨，要不了多久，一切都將終結，所以要清白乾淨地活。
內容很正經，而且充滿人性。這段話我最有感覺～～雖然這都是一些強調「要低調些，別成為眾矢之的」的心機處世術，但為人父母的心態就是這樣吧。
也讓人覺得根本就是一種厭世的人生觀呢——

母親給待嫁女兒的忠告

女兒啊，對丈夫不能沒禮貌，要好好聽從他講的話。他交代什麼就做什麼，不能露出不滿的表情。

不可以不理丈夫。就算他對你不好，也不可以在意。

還有，如果哪天必須靠你的財產過活，也不能因而輕視丈夫或是對他沒好聲好氣，要記得他的恩惠。

不管在人前還是在兩人獨處時，都不可以侮辱丈夫，或是講一些低俗的話。

如果你這麼做的話，不但你自己會難為情，最後也會變成你自己的恥辱。

如果看到別的女人做事慢吞吞的話，你要機靈一點，過去幫那個女人做好。

這樣的話，其他人就會愛你、喜歡你。

哇～還真是女人公敵

凡事不要都往壞處想。神如果讓別人幸福，也不應該嫉妒。

我知道了

要把這種事拿出來當忠告，是不是代表實際上做太太的不時會瞧不起先生或是責備先生呀～

除了結婚以外，每逢比較重要的場合，我們都會把這種自古流傳下來的教訓，教導給孩子們。

怎麼樣？雖然因為活祭的關係，過去阿茲特克人給人的印象，是一群莫測高深而殘酷的原住民。但看了這些之後，是不是覺得他們親切多了呢——

引用自《新西班牙報告書》，索里達（Alonso de Zorita）著，但句尾等地方略有修改。

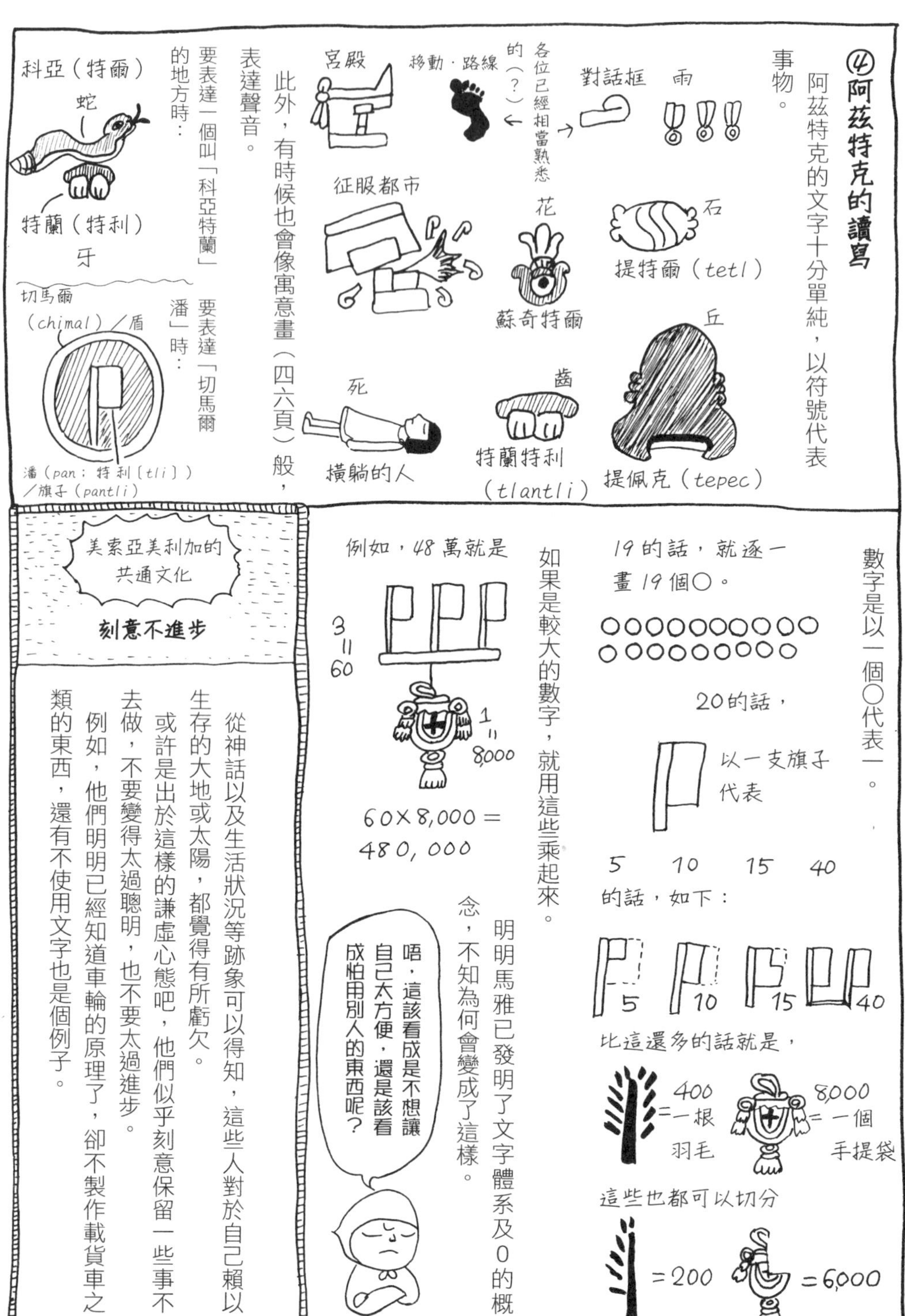
④阿茲特克的讀寫
阿茲特克的文字十分單純，以符號代表事物。
雨
對話框
各位已經相當熟悉的（？）
移動・路線
宮殿
石
提特爾（tetl）
花
蘇奇特爾
征服都市
丘
提佩克（tepec）
齒
特蘭特利（tlantli）
死
橫躺的人
此外，有時候也會像寓意畫（四六頁）般，表達聲音。
要表達一個叫「科亞特蘭」的地方時：
科亞（特爾）
蛇
特蘭（特利）
牙
要表達「切馬爾潘」時：
切馬爾（chimal）／盾
潘（pan；特利〔tli〕）／旗子（pantli）
數字是以一個○代表一。
19的話，就逐一畫19個○。
20的話，
以一支旗子代表
5 10 15 40的話，如下：
5 10 15 40
比這還多的話就是，
400＝一根羽毛
8,000＝一個手提袋
這些也都可以切分
＝200
＝6,000
如果是較大的數字，就用這些乘起來。
例如，48萬就是
3＝60
1＝8,000
60×8,000＝480,000
明明馬雅已發明了文字體系及0的概念，不知為何會變成了這樣。
唔，這該看成是不想讓自己太方便，還是該看成怕用別人的東西呢？
美索亞美利加的共通文化
刻意不進步
從神話以及生活狀況等跡象可以得知，這些人對於自己賴以生存的大地或太陽，都覺得有所虧欠。
或許是出於這樣的謙虛心態吧，他們似乎刻意保留一些事不去做，不要變得太過聰明，也不要太過進步。
例如，他們明明已經知道車輪的原理了，卻不製作載貨車之類的東西，還有不使用文字也是個例子。

⑤市民生活

義務

市民都有納稅、服兵役，以及在建造公共設施時提供勞力的義務。

不過，市民結婚時，也可以免費領到土地唷——
那就太棒啦！

不過，土地一定要好好耕種才行。如果放著兩年沒耕，在接到勸告後依然置之不理，國家會把土地沒收。

戰場是個出人頭地機會很多的好地方。

抓到愈多俘虜，階級升得愈高。

還可以免稅或領到大片土地唷。

刑罰

跟義務相較之下，在刑罰方面，阿茲特克的市民做了什麼壞事差不多都是馬上上死刑台。

強盜或詐欺自不在話下，就連拉皮條、在市場扒竊、侵入女校做壞事等等，也一樣死刑。

還有，對阿茲特克人而言，男同性戀是絕對不可以有的禁忌，一樣是死刑。

阿茲特克了不起的地方在於，身分愈高的人，受的處罰愈重（雖然是仿效自特斯可可的法典），王室成員也不例外。

就算犯的是同一種罪，平民會受的懲罰如果是「下放為奴隸」，貴族就是死刑。

因此，官員接受賄賂，或是盜領公款之類利用權力謀私利的犯罪，都絕對不被允許，有的話馬上判死刑。

還有，「喝醉」也是重罪之一。原則上，貴族與王室成員都是死刑。

平民的話，第一次會把他的頭剃光（對阿茲特克人而言是恥辱）、毀壞他的家（這也是頗為難受的事），但再犯的話就死刑。

哇——真難想像……

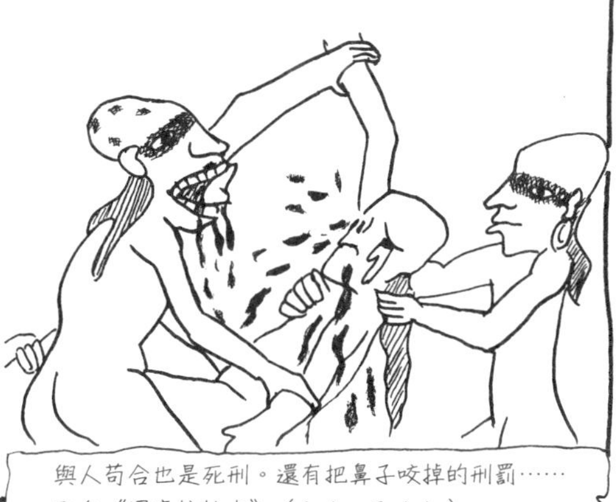

與人苟合也是死刑。還有把鼻子咬掉的刑罰……
取自《圖底拉抄本》（Codex Tudela）

喝醉酒就死刑的圖
取自《曼多撒抄本》

不過，七十歲以上的人，由於已經在漫長的人生中吃過不少苦，因此准許他們可以喝酒喝個過癮。

除此之外，還有一些規定得很細的例外，像是病人、五十歲以上的人，可以拿小杯子喝，最多三杯；祭典或婚禮時，所有人一律可以拿小杯子喝，最多兩杯等等。

盡情喝酒的老人

取自《曼多撒抄本》

年長者受到絕對的敬重，總是會有特別的優待。

還有，對徹底形成階級社會的阿茲特克人來說，極其看重「懂分寸」這件事。

貴族與平民都各有服裝規定，

例如，平民如果穿了棉質的衣服，就是死刑。

雖然阿茲特克的法律這麼嚴格，但只要能賠償受害人的損失，有些（不嚴重的竊盜之類的）罪，是可以一筆勾銷的。

還有，有人親身看過（據狄亞哥·杜蘭所言），就算是殺了人，只要終身當奴隸，竟然也可以沒事。一家之主遭殺害時，殺人者只要為那家人工作、照顧死者留下的家人，就沒關係。

狄亞哥·杜蘭（Diego Duran）

狄亞哥·杜蘭是位傳教士。西班牙人征服當地後不久，年幼的他移民到墨西哥去。他以自己的親身經驗，畫插圖紀錄了當地原住民的歷史與風俗，是為《新西班牙印地安人史》（*The History of the Indies of New Spain*）。很多書現在都還引用他的插圖，不過和薩哈岡相比，他似乎沒有那麼受到重視。

奴隸

阿茲特克人大致可分為貴族、平民、奴隸三種身分（不過那個時代的國家大概也都是如此）。

貴族是擔任政府要職的特權階級，免稅。王室會提供他們奢侈品做為薪水。

至於奴隸，與這個字給人的印象大不相同，其實他們還滿自由的。

他們受到很好的保護，不容許主人虐待他們，也不能隨便轉賣他們。

奴隸可以與平民結婚，而且奴隸身分只限一代，他們的兒女是自由之身。

甚至還有奴隸手頭寬裕到自己還能再雇用奴隸。

雖然也有戰俘淪為的奴隸，或是被他國當成貢品送過來的那種背負著悲慘命運的奴隸，但大部分的奴隸其實都還是阿茲特克國民。

淪為奴隸的原因可能是因為他們還不出債、因為犯了不足以判死刑的小罪，或是對別人造成損害而必須賠償等等，相較之下較單純的因素。

聽我說！明天起我要去當奴隸。

真的假的啊？好遜哦。

那你就多多加油啦。

阿茲特克人和馬雅人一樣，也很喜歡招待別人。

很多人很想舉辦一次盛大的宴會看看，只是為了實現這個願望，就先向人借錢辦宴會、負債後再去當奴隸。

因此，他們只要工作量足以抵消所造成的損害、等到懲罰期間結束後，馬上就恢復自由之身了。

偶爾還會因為國王發布大赦令，而突然釋放所有奴隸。

與其當個高不成低不就的貧困自由人，當個奴隸還比較好咧。三餐有得吃、零用錢有得拿。雖然還是得服兵役，但無論如何還是免稅呀。
原來如此
不會擔心被送去當活祭品嗎？
不會啦。活祭品大多都是由國外來的那些人去當啦，都是早就事先決定好的，不會是我們去當啦——
在阿茲特克，奴隸絕非悲慘人士。
甚至還有國王的母親原本也是當奴隸的唷。
而且不會對我有任何影響！
第四代國王伊茲科亞特爾

此外還有這麼一群人

貿易商人波奇提卡

在貴族與平民之間還有個叫「波奇提卡」（pochteca）的階級，也就是貿易商人。這些人的身分不及貴族，財富倒勝過貴族。

他們會組隊前往遙遠的地方旅行，好帶回準備賣給王室的奢侈品。

在交易的同時，他們還會探察各國的地理狀況、防守狀況、動向等等，再向國王報告。這樣子的探察行為，很受王室看重。

波奇提卡會聚集在一個地方居住，並擁有一種治外法權，像是自己人的事由自己人仲裁等等。還有，這種或許該算是身分的職業，是世襲的。

他們所處的環境與危險經常只有一線之隔。會講流利的多國語言，相當厲害。

在這個不是我殺你、就是你殺我的世界裡，他們是一群靠著處世智慧來去自如的精英人士。

波奇提卡

波奇

提卡

阿茲特克人的購物　市場

在那個時代，應該沒有人像阿茲特克人購物那麼方便的吧。

阿茲特克擁有很大的交易市場，甚至可以斷言在當時是全世界首屈一指。位於特拉提洛爾科（Tlatelolco）的市場，每天聚集兩萬人，每隔五天舉辦一次的特別市集則聚集高達六萬人（只比東京迪士尼樂園一天平均的進場人數略少），感動不已的西班牙士兵還說，「什麼羅馬還是君士坦丁堡，根本無法望其項背」。

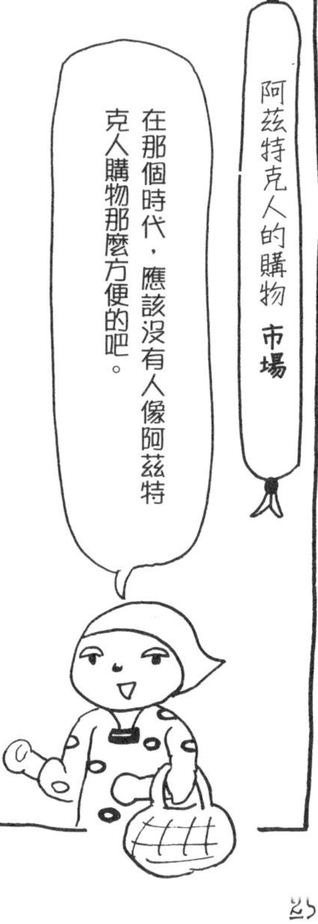

各種東西在市場都有得買。食物與服飾自不在話下，就連家具、工藝品、動物、奴隸都有。在這裡沒有買不到的東西。

購物基本上是採以物易物的方式，但是他們以可可豆充當貨幣，也是很有名的。除了可可豆外，高級斗篷或是美麗的鳥羽毛，也可以充當貨幣。

一顆可可豆可以買一個大番茄，一百顆可可豆可以買火雞或兔子（不過各國的規定不盡相同）。還有人不是做偽鈔，而是做偽可可豆（把土塞進很像可可豆的豆子裡）。

插個題外話，「番茄」這個字也是源自於納瓦特爾語唷。

⑥國王的生活

阿茲特克的國王有「特拉圖阿尼」（Tlatoani，「講話者」之意）的稱號，王位並非一代一代由國王的長子世襲。繼位者中固有兒子，但也有國王的兄弟、侄兒，甚至還有回過頭來由叔叔繼位的例子。總之，會由一些位居高位者組成選拔會，從當時的王室中挑出最有能力的某個人繼位。

在成為國王前，必須立下軍功，或是發揮身為祭司的能力，以別人能夠認同的實力推銷自己才行。

當上國王後，就對任何事都有決定權。國王之下的議會固然可以對國王的提案說「不」，但如果國王四度提出同樣的提案，就必須執行。

「4」出現啦

除了特拉圖阿尼外，還有一個重要職位叫「西瓦科亞特爾」（蛇女）。

對於西瓦科亞特爾，各方看法不一。有人認為，這個職位可以和國王匹敵，與特拉圖阿尼構成雙王制度；但也有人認為，西瓦科亞特爾算是總理等級的人物。

無論如何，西瓦科亞特爾毫無疑問就是第二把交椅。阿茲特克的改革家特拉卡耶雷爾（二一六頁）當時就擔任此一職務。國王（即特拉圖阿尼）的權威，在莫克提斯馬二世時大幅提升。

在那之前的國王，都沒有那麼高高在上。

至於莫克提斯馬二世究竟是如何提高國王的個人魅力，並無具體資訊可以得知，不過他成為國王時，先王時期服務的官員、官僚、隨從等等，他全數開除，在所有職位上都安排了自己人。

甚至有人說，那時還不只是開除而已，而是要肅清異己。

或許就是透過這樣的恐怖政治，偽裝成國王很有魅力的樣子——

還有，莫克提斯馬二世似乎很討厭變化。

一些職位都由固定人士擔任。這樣的做法，剝奪了那些想要藉由戰功出人頭地的人的機會。

大家把莫克提斯馬二世當成是半人半神一樣，不能直視著他的臉，都只能低著頭說話。

他經常會坐轎子出門，下轎步行時，道路都要掃得乾乾淨淨的，並舖上長長的布，好讓他不會踩到地面。

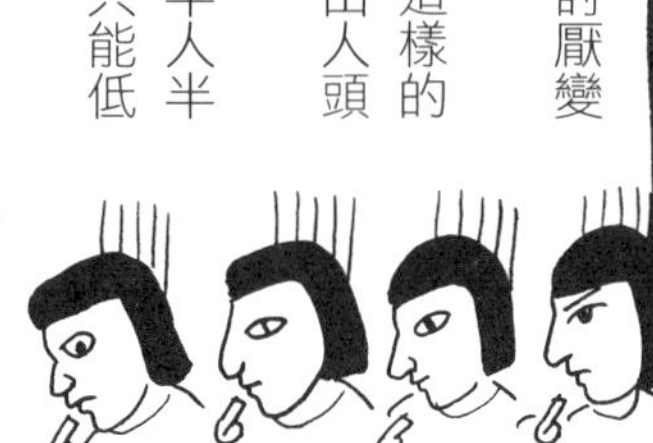
失望透頂的平民們

宮殿裡每天有三千個僕人為國王工作。

而且宮殿的面積很大，某個西班牙士兵曾經四度從早到晚進入宮殿內探險，直到精疲力竭，都還無法完全逛完。

國王每天要換四次衣服，穿過一次的就不會再穿了。

宮殿裡每天會搬來三百盤料理當餐點，每一盤都附有一個小火盆，以防冷掉。餐具也一樣，用過一次就不會再用。

另外也會搬來五十多個裝有巧克力的大缸子。用餐時，由四名美女伺候，還有音樂演奏，以及侏儒和跳舞的少女表演才藝。

國王還擁有動物園與植物園。

動物園養著珍奇的鳥類、美洲虎、美洲獅、狼、蛇等動物。每天都要用上五千隻火雞，當作這些動物的飼料。也有專門負責照顧的獸醫。

巧克力

真真正正發源自這裡的巧克力，是把磨好的可可豆加上水、辣椒、果實、玉米粉等東西混合而成的黏稠飲品。

他們相信巧克力有助於補充營養與強身，只有國王、貴族、有戰功的士兵才能喝。

從高的地方往下倒，形成許多泡泡

西班牙人占領當地時，對巧克力的評價很差，說是：「超難喝！豬喝的東西」。

現在巧克力竟然成了人世間最好喝的東西（個人見解）……真的很感謝最先加砂糖進去的人（似乎是西班牙修女）。

這些奢侈品，全都是阿茲特克征服的國家所獻上的貢品。他們還仔仔細細留下了納貢表，把哪個國家獻過多少貢品，全都鉅細靡遺紀錄下來。以一年來算的話，光日用品就有腰布四十萬條、棉布料兩百萬匹、龍舌蘭織品三十萬件、糧食數萬噸……還有許多像這樣讓人發暈的統計數字。除此之外，還有鳳尾綠咬鵑的羽毛、翡翠、金、銀、綠松石等奢侈品，以及武器、活祭品用的奴隸等等，收藏了大量你可以想像得到的物品。

戰鬥服啦、盾啦

20

服飾

400

這是納貢表的其中一頁，是某地所獻貢品之統計（詳細物品、代表都市名稱的圖畫文字，我就不介紹了）。

好可愛——！
好像早年可以換衣服的紙娃娃書唷～不過，可愛的背後可就……

阿茲特克雖然將領地交由各藩屬國自治，但各國還是有義務要向阿茲特克繳交貢品。
藩屬國因為不想遭到阿茲特克討伐，也不想再發生戰爭，只好被迫言聽計從繳交貢品（大約半年一次），但阿茲特克不會給他們任何保證……
這種只有付出，沒有回報、只有鞭子，沒有胡蘿蔔的強硬作法，使得各國都對阿茲特克甚感不滿。
特諾奇提特蘭就以這些國家的一肚子怨氣做為養分，順利地發展為一個美麗耀眼的地方。西班牙人到來時，這裡已建起幾十座高塔以及大型建築物，成為一個有秩序的水上都市。
於是繁華也接近了尾聲……
往提佩雅克（Tepeyac）
往特拉科潘（塔庫巴）
特拉提洛克
面積約16平方公里的小島，據稱在這個時代人口約為20到30萬人。
特諾奇提特蘭
大神廟
（實際上是朝向西方）
往查普爾特佩克
莫克提斯馬神廟
往伊斯塔帕爾帕
（Iztapalapa）
這座都市有多條堤道（黑線部分）連結陸地。據科爾特斯所言，堤道「寬到足以讓八組騎兵一字排開，隨處都架著可卸下的橋，以防敵人來襲」。
從一區到另一區是以水路移動。美洲大陸上也存在過如威尼斯般的都市。

第九章

西班牙人、入侵

唉～～沒有分寸的那群人，終於來了

（公元一五一九年～）

渴望取得龐大的財富

一五一九年二月十日，科爾特斯率領了十一艘帆船，從古巴的港口出發。

34歲

成員
士兵553人、船員100人。全都是一些在西班牙本國不得志，想要大撈一票而參加的人。此外還有黑奴1名、馬16匹、很多狗。大砲有14座。

自哥倫布發現新大陸，即抵達聖薩爾瓦多島（San Salvador Island）以來，西班牙人就擅自把加勒比海的諸島當成自己的囊中物，整天逼迫當地原住民幫他們淘金。

他們把金子淘走，帶回自己居住的城市從事開發，當地的人民卻因為過勞與傳染病而幾乎死光。

因此，確保奴隸充當勞動力，成了他們的當務之急。

當時的古巴總督貝拉斯克斯（Velázquez）以「發掘新土地」這個冠冕堂皇的藉口，派出了探險隊到外地淘金。

西班牙人的想法根本就是大錯特錯！正常來說不是該帶著點心盒去問候原本住在那裡的人才對嗎?!他們的父母到底是怎麼教的，怎麼會想征服當地，要那裡的人幫他工作?!

科爾特斯在此之前，已經被派遣過兩次了。兩次他都帶回了黃金，也在當地得知仍有許多黃金存在，因此第三次派遣科爾特斯的探險隊，最重要的目的還是在於黃金。

第一批探險隊

由科爾多巴（Córdoba）擔任隊長。發現猶加敦的榮耀要算是他的。他騙走了放在馬雅神廟的黃金製品，帶回古巴去。

在和馬雅人的作戰中身受重傷，回到古巴後死亡。

第二批

由格里哈爾巴（Juan de Grijalva）擔任隊長。

他們在現今的韋拉克魯斯（Veracruz）附近，透過以物以物的方式，騙取了許多黃金製品回到古巴。雖然是以物易物，但以價值而言，交易比例大約是對方每得到一、我方就得到三百，已經和不勞而獲沒什麼兩樣了。

這個探險隊最遠推進到墨西哥灣沿岸頗為北部的地帶。

科爾特斯

他是西班牙征服阿茲特克的主角，出身自貧困的下級貴族。他在西班牙最古老的名門大學薩拉曼卡大學（Salamanca University）修過兩年法律，但覺得自己待在西班牙頂多也只能當個翻不了身的小官員，因此退學前往看得到希望的新世界——西印度群島。

他很喜歡希臘、羅馬的英雄故事，英雄的生存方式影響他很深，讓他殷切期盼冒險。

我希望能活得像凱薩、漢尼拔、亞歷山大那樣。

埃爾南・科爾特斯（Hernán Cortés）

他加入了前往古巴的征服隊，在征服當地後成為貝拉斯克斯的祕書。

科爾特斯與貝拉斯克斯這兩個人的關係，很像是彼此憎恨又離不了婚的夫妻一樣。

貝拉斯克斯眼中的科爾特斯是個可愛的知識分子，對於凡事都會細心注意，工作也都很俐落地完成，是個可以信賴的男子。

不過，科爾特斯也是個讓他討厭的存在。

我總覺得他很瞧不起我耶～

貝拉斯克斯先生→

他們就這樣時而失和、時而合作，不斷重覆著這樣的過程。

說到當時科爾特斯的缺點，在於對女人不檢點。他曾經在玩弄貝拉斯克斯朋友的妹妹後想要一走了之，還因此被盛怒的貝拉斯克斯關入大牢。後來他負起責任和對方結婚，才總算解決這件事。

雖然他獲選為遠征隊的隊長，還是很擔心不知何時會突然被貝拉斯克斯解除職務。因此，科爾特斯就像逃走般地離開了古巴。

果不其然，他出航後，召回命令馬上就來了。

但他無視命令，照樣前進。

不過他還是寫了一封討好貝拉斯克斯的信做為回應。

阿基拉爾

科爾特斯的探險隊伍，先是在科蘇美島登陸。

他們從那裡的馬雅人得到一項情報：在猶加敦的馬雅人中，居然住著一個西班牙男子。

古巴
奇琴·伊察
猶加敦
科蘇美島

那個男子阿基拉爾原本是個傳教士，在八年前要橫渡加勒比海時，所坐的船翻覆了，他和十八名夥伴改搭小船漂流了兩個星期，最後好不容易抵達猶加敦（這群人是最早踏上猶加敦的西班牙人）。

抵達時就有同伴餓死（七個人），倖存者也都被馬雅人給抓了。接下來就是極其嚴酷的考驗了：當活祭品！

他們每天都有夥伴依序被挖出心臟，在五個人成為犧牲品後，

剩下的人好不容易逃走了。

但是，又碰到了馬雅人，

瞪

嚇

萬事休矣。

本來以為慘了，結果這群人和前面那群馬雅人之間彼此為敵。他們很同情阿基拉爾一行人的處境，給予保護。但由於是作為奴隸整天操勞，除了阿基拉爾和一個叫葛瑞羅（Gonzalo Guerrero）的人之外，全都生了病，很快就死了。

不過，還有人比他們還慘的……

在前面講到的逃走情節上演時，有人逃到一半就被抓了。當時那人頭上被斧頭砍了個大洞，但他沒死。

由於那些馬雅人覺得他裂開的頭很有趣，因此到他死亡為止的三年間，都讓他以丑角的身分活著。

經過長達八年的歲月，阿基拉爾為馬雅人工作，還每天算著日子，渴望有一天能夠回到西班牙。

科爾特斯拜托馬雅人，馬上把那個西班牙人帶來。聽到消息的阿基拉爾，向照顧他的國王道謝後（重情義的個性），馬上飛奔過去。

但等到他抵達時，已經晚了一步。西班牙探險隊等了他八天，他都沒來，以為他已經死了，就開船走了。

他可真幸運哪。

沒想到船隊中，有艘船撞上了暗礁，因為需要修理而回來了！

阿基拉爾總算與懷念的西班牙人碰面了。

哇～一想到當時那種失而復得的狀況，真的教人嚇出一身冷汗。
你說得對。

雖然科爾特斯請馬雅人也把另一個西班牙人葛瑞羅帶來，但是，

因此，就沒有把他帶回西班牙了。

正如阿基拉爾所言，葛瑞羅身心都已經奉獻給馬雅，在西班牙軍前來征服馬雅的時候，他仍是以馬雅戰士的身分與西班牙軍作戰。

戰後，大家在馬雅戰士的屍堆中找到了他的遺體，確認了他的死亡。

科爾特斯找到了馬雅語的口譯，如獲至寶，十分滿意地繼續前進。

馬雅人視為英雄的葛瑞羅先生（這也是當然的）。在多處都立有他的銅像。

瑪琳切

由於前兩次探險隊在猶加敦北部都遭受到馬雅人的猛烈攻擊，有這樣的前例，他們便跳過當地，往西而去。

第二探險隊曾建議他們到塔巴斯科去，因為「那裡是個豐饒之地，人們也很友善」。

但一到那裡，他們卻突然遭到攻擊，雙方進入戰爭狀態。

原本應該很友善的塔巴斯科，之所以揮軍相向，是因為上次沒和西班牙軍作戰，反而親切以對，周遭的國家都罵該國懦弱使然。

西班牙軍贏了最初的這場勝利，塔巴斯科國王為了修補關係，提供黃金、高級布匹以及二十個女孩給他們。

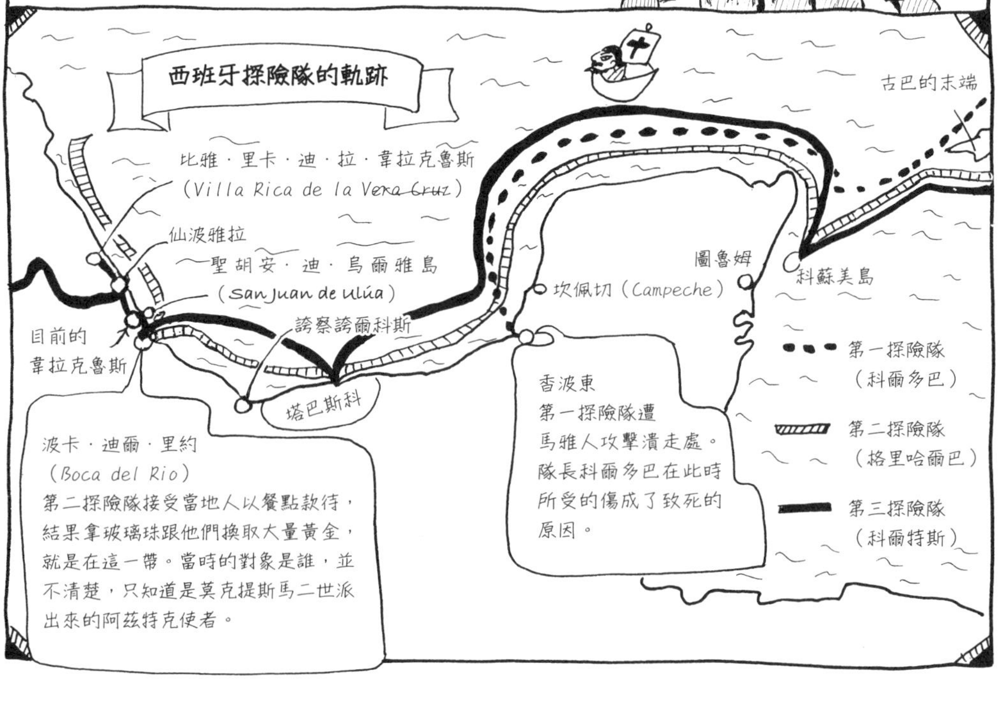

西班牙探險隊的軌跡

古巴的末端

比雅．里卡．迪．拉．韋拉克魯斯
（Villa Rica de la Vera Cruz）

仙波雅拉

聖胡安．迪．烏爾雅島
（San Juan de Ulúa）

目前的
韋拉克魯斯

誇察誇爾科斯

塔巴斯科

坎佩切（Campeche）

圖魯姆

科蘇美島

波卡．迪爾．里約
（Boca del Rio）
第二探險隊接受當地人以餐點款待，結果拿玻璃珠跟他們換取大量黃金，就是在這一帶。當時的對象是誰，並不清楚，只知道是莫克提斯馬二世派出來的阿茲特克使者。

香波東
第一探險隊遭馬雅人攻擊潰走處。隊長科爾多巴在此時所受的傷成了致死的原因。

第一探險隊（科爾多巴）

第二探險隊（格里哈爾巴）

第三探險隊（科爾特斯）

在送來的二十個女孩中，有個叫瑪琳切的女孩，為科爾特斯帶來了關鍵性的好運。

瑪琳切原本是誇察誇爾科斯一帶（地點見右下地圖）、納瓦特爾語圈某個國家的公主，過著自由自在的生活。

然而，在父親死後，瑪琳切的命運就整個亂了調。再婚的母親與新丈夫間又生了個兒子，於是想要疏遠她，就把她當奴隸賣掉了。

自那時起，她輾轉流離，最後變成塔巴斯科國王的奴隸。她在塔巴斯科學會了馬雅語，因此會講兩種語言。科爾特斯再次取得了「語言」的後盾。

瑪琳切的出身有如童話世界的女主角般，卻來到了現實世界，

那時她十七歲。

與塔巴斯科的溝通交給阿基拉爾就行，但進入阿茲特克圈時，就必須由阿基拉爾把科爾特斯的西班牙語翻成馬雅語，再由瑪琳切翻成納瓦特爾語。

在這樣的方式下，他們毫無阻礙地與當地人取得溝通。

而且，幹練的瑪琳切還學會了西班牙語，後來只要靠她一個人包辦所有口譯就行了。

她總是緊緊跟隨在科爾特斯身旁，是負責交涉的核心人物。

取自《特拉斯卡拉之布》

她和科爾特斯間也生了孩子。

託瑪琳切的福，科爾特斯漸漸地知道了許多事：

此起的廣大土地，是由一個叫阿茲特克的強大國家所統治的；他們的首都叫作特諾奇提特蘭；那裡有許多黃金；

他們的國王莫克提斯馬二世握有絕對的權力等等……

與阿茲特克的第一次接觸

科爾特斯一行人離開塔巴斯科，再往西進。他們停泊在聖胡安・迪・烏爾雅島（由第二探險隊的隊長格里哈爾巴所命名）時（一五一九年四月二十一日），莫克提斯馬二世所派遣的使者馬上前來問候。

科爾特斯告訴使者想要前往特諾奇提特蘭的用意後，使者多次往返特諾奇提特蘭與該島之間，不斷送來禮物。

★有「真實的十字架的富足城市」之意。在目前的韋拉克魯斯再往北邊一點的地方。此起均以「韋拉克魯斯」簡稱之。

禮物當中，有如馬車車輪一樣大的黃金圓盤，以及動物的黃金塑像等等。明明是自己不知道底細的對手，卻表現出超乎常理的豪氣。

這些豪華而細密的藝術品，看過實物的人似乎都相當驚豔（畫家杜勒也很興奮），但後來全都熔掉做成金條，已經無法再看到了。

莫克提斯馬二世是以贈送禮物來表達「請你們回去」的意思。

拜託，感受一下背後的用意吧～～

然而，阿茲特克的這種送客方式，反而是在西班牙人征服阿茲特克的慾火上加油。西班牙軍鬥志大增，開始著手建立都市，作為征服阿茲特克的據點（比雅．里卡．迪．拉．韋拉克魯斯★）。

莫克提斯馬二世的苦惱

在西班牙人第一次遠征時，有關他們的傳言，就傳入阿茲特克了。

東邊的海上，出現了高聳的山（指船隻），一群外貌怪異的人乘著它，帶著鹿的怪物（指馬），與馬雅以及岸邊的人們或而作戰、或而親睦……

《佛羅倫斯抄本》中，描述了在西班牙人到來前，就已經存在的不祥徵兆。

流星出沒，

湖水沸騰，

抓到了頭上載著鏡子的謎樣生物，

雙頭人時而出現時而消失，

每晚都有女人的叫聲，

滅亡的時候到啦～

突然燒起來的神殿。

好可怕 好可怕

好糟糕 好糟糕

怎麼辦 怎麼辦

姑且不論上面這些事究竟是不是真的發生過，莫克提斯馬二世確實把西班牙人的到來視為一種不祥的徵兆。他也感受到榮華將盡，因而甚為沮喪，食不下嚥，一直悶悶不樂。

他的願望只有一個：

希望那群來歷不明的人回去。

因此，在第一次有西班牙探險隊的消息傳來時，他便不斷派人探察墨西哥灣沿岸的情形，並做好了萬全的準備，等那群人一來，馬上就送上禮物。

莫克提斯馬二世還派了巫師跟隨使者同去，嘗試要以詛咒的力量讓那群西班牙人生病（後來當然是無效）。

托托納克人來訪

就在阿茲特克人感到戰戰兢兢時，托托納克人的國度香波東（靠近韋拉克魯斯）派遣使者來找西班牙陣營的人過去，款待他們。

托托納克人一面招待他們，一面悲傷地告訴他們，阿茲特克這個國家是如何暴力威脅許多國家、要求大量貢品，把每個國家都逼得走投無路。

這時候，阿茲特克的稅收人員來了。看到他們款待西班牙軍的樣子，稅收人員說：

搞什麼，你們沒有阿茲特克的准許，怎麼可以這麼做？

你們要交出二十個活祭品做為處罰。

科爾特斯暗授機宜。

悄悄話

責任由我來擔。

於是，他把稅收人員抓了起來。

藉此向托托納克人展現自己是可以信賴的。

哇哇

之後，再以交給自己監管為由，帶走了阿茲特克人，在托托納克人看不到的地方幫他們鬆綁，裝作一副好像是自己幫忙斡旋成功，才得以釋放他們的樣子。

托托納克人的行為太過分啦。我會幫你們罵罵他們的。我是阿茲特克的朋友，請你們務必代為向國王問好。

科爾特斯凡事都用這一招，他經常會動腦想策略，四處把「施恩惠」當成第一武器。

不過在這件事情上似乎並沒有太大的效用。

接著，科爾特斯自忖大概已經獲得托托納克人完全的信任後，推倒了神廟裡托托納克人的神像，換成了聖母瑪麗亞像與十字架。

今後別再做出像活祭之類的骯髒事了。

平常很冷靜的科爾特斯，經常會用這種蠻橫的方式亂來，強迫推銷天主教。

對此，後來一個叫拉斯．卡薩斯的神父做了以下的批判。

突然推倒偶像、立上十字架，這些人哪裡會懂呀！

他們信仰了幾百年的宗教，你竟然用這種方式踐踏，也太狂妄自大了吧。這麼做，只不過是把他們的偶像，以十字架或聖母瑪麗亞像這種新的偶像代替而已。

應該要慢慢讓他們理解教義，等到他們真心想要捨棄偶像時，再讓他們自己去毀掉偶像才對，不是嗎？

拉斯．卡薩斯神父（1474-1566）
西班牙征服當地後，馬上憤怒地為原住民的人權與人身保障發聲的人。

科爾特斯破釜沉舟

科爾特斯開始為前往特諾斯提特蘭做準備。首先，他把阿茲特克饋贈的禮物裝到船上，送回去給西班牙國王。

接著，他把剩下的船全都燒了。

他的部下原本多半都覺得，面對這種有幾百個藩屬國的大國，西班牙的人數這麼少，武器又這麼少，根本不是阿茲特克的對手，應該要先回古巴請求援軍才符合實際需求。

但現在科爾特斯把船都燒了，本來反對的部下也只能前進了。

不講別的，活祭品超可怕的。

太過深入這裡會很慘的啊。

半強硬地跑出古巴，又無視於召回令的科爾特斯，一旦回去，就不會再有下次了。行軍前往特諾奇提特蘭，是他僅有的一點成功機會。

暫時鬆了口氣

科爾特斯請七百名左右的托托納克人隨著他們一起去，終於出發了（一五一九年八月十五日）。

順便一提，他派了一百五十位士兵在韋拉克魯斯留守。

特拉斯卡拉國

科爾特斯得知在阿茲特克的宿敵當中，有個國家叫特拉斯卡拉之後，一行人轉往當地，希望也拉攏他們作為夥伴，但是卻突然遭到攻擊。

激戰過後，特拉斯卡拉國馬上就要求和解。

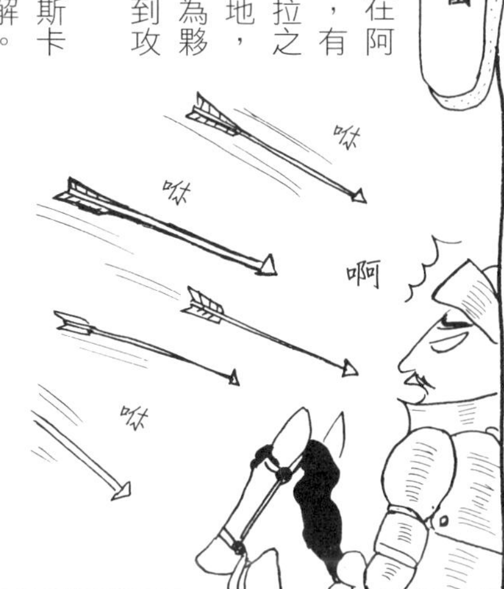

唔，真不好意思。我們以為是阿茲特克設下的陷阱，所以態度那麼不好。阿茲特克的敵人，就是我們的朋友。請務必讓我們同行。

於是，特拉斯卡拉國從這時起一直到最後，始終是西班牙人的堅實盟友，經常成為一大戰力。首先，特拉斯卡拉國安排了五千人同行。

（特拉斯卡拉國登場，一五一九年九月二十三日）

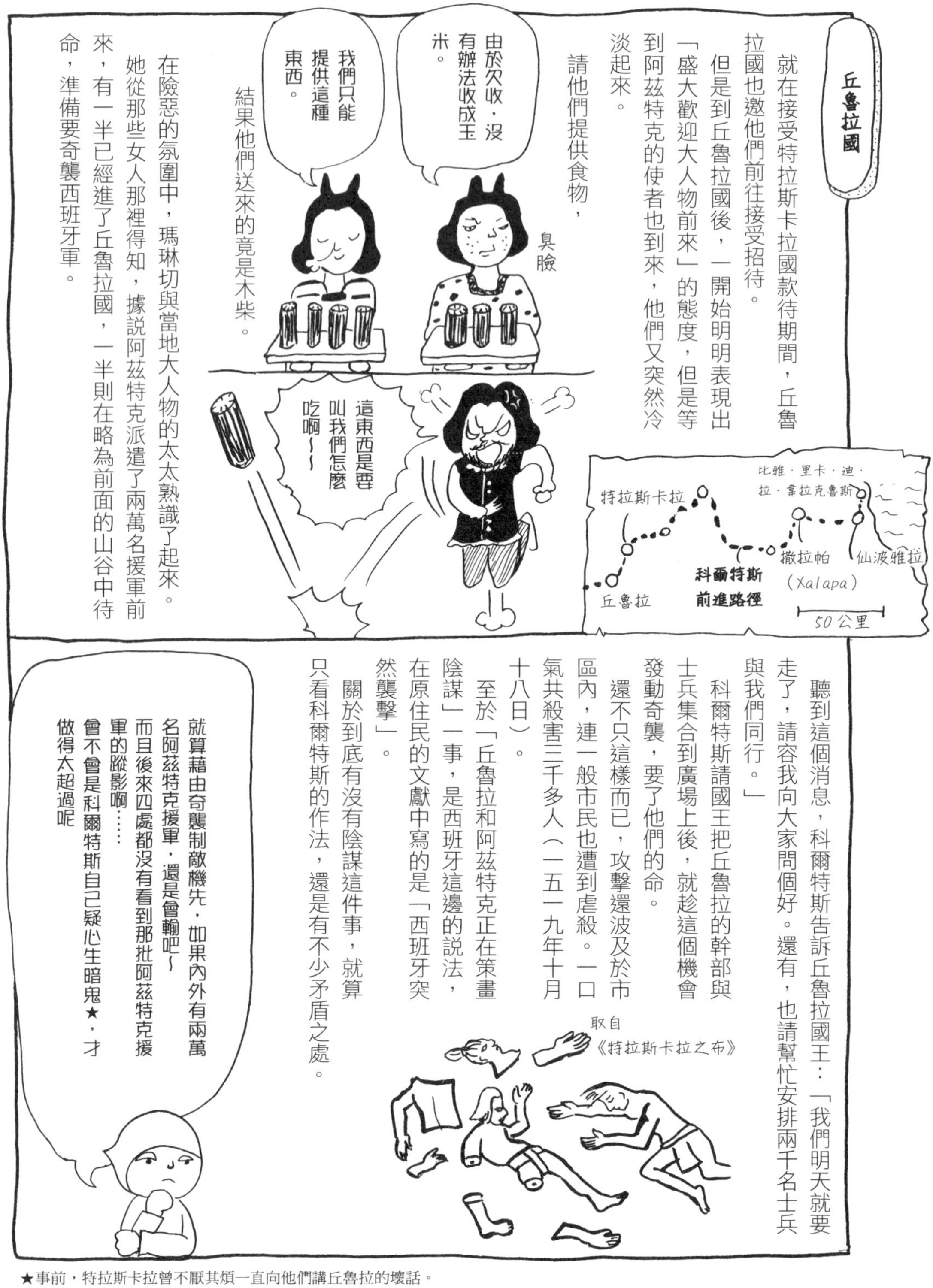

丘魯拉國

就在接受特拉斯卡拉國款待期間，丘魯拉國也邀他們前往接受招待。

但是到丘魯拉國後，一開始明明表現出「盛大歡迎大人物前來」的態度，但是等到阿茲特克的使者也到來，他們又突然冷淡起來。

請他們提供食物，

由於欠收，沒有辦法收成玉米。

臭臉

我們只能提供這種東西。

結果他們送來的竟是木柴。

這東西是要叫我們怎麼吃啊~~

在險惡的氛圍中，瑪琳切與當地大人物的太太熟識了起來。她從那些女人那裡得知，據説阿茲特克派遣了兩萬名援軍前來，有一半已經進了丘魯拉國，一半則在略為前面的山谷中待命，準備要奇襲西班牙軍。

特拉斯卡拉
比雅·里卡·迪·拉·韋拉克魯斯
撒拉帕
(Xalapa)
仙波雅拉
丘魯拉
科爾特斯前進路徑
50公里

聽到這個消息，科爾特斯告訴丘魯拉國王：「我們明天就要走了，請容我向大家問個好。還有，也請幫忙安排兩千名士兵與我們同行。」

科爾特斯請國王把丘魯拉的幹部與士兵集合到廣場上後，就趁這個機會發動奇襲，要了他們的命。

還不只這樣而已，攻擊還波及於市區內，連一般市民也遭到虐殺。一口氣共殺害三千多人（一五一九年十月十八日）。

至於「丘魯拉和阿茲特克正在策畫陰謀」一事，是西班牙這邊的說法，在原住民的文獻中寫的是「西班牙突然襲擊」。

關於到底有沒有陰謀這件事，就算只看科爾特斯的作法，還是有不少矛盾之處。

取自《特拉斯卡拉之布》

就算藉由奇襲制敵機先，如果內外有兩萬名阿茲特克援軍，還是會輸吧~
而且後來四處都沒有看到那批阿茲特克援軍的蹤影啊……
會不會是科爾特斯自己疑心生暗鬼★，才做得太超過呢

★事前，特拉斯卡拉曾不厭其煩一直向他們講丘魯拉的壞話。

後來，丘魯拉國的倖存人民，請西班牙人一人吃一隻火雞，連每匹馬也一樣各一隻火雞。

原住民在某種程度上似乎把馬看成和人類一樣重要。後來，原住民把西班牙人當活祭品時，還將人類的頭骨與馬的頭骨並排在一起。

對西班牙軍而言，馬的重要性也等同於人類，甚至每個人都能單憑記憶，講出每匹馬的特徵以及飼主的名字。

馬非常昂貴，起先的兩次遠征隊都沒有帶去。第三次遠征時，科爾特斯預計可以用馬來嚇唬沒看過馬的原住民，才首度把馬帶去。

結果被他猜中了，原住民的反應正如他的預期。

進入特諾奇提特蘭

科爾特斯軍又繼續前進。

順便一提，這時同行的特拉斯卡拉士兵共一千人（帶著阿茲特克的敵軍前去，畢竟會給人不好的印象，因此減少了人數）。

托托納克人則是，很害怕進入阿茲特克境內，在此撤退。

抵達特諾奇提特蘭前，也順便前去另外幾個城市。每一處都請他們吃好料、提供住宿，還送他們禮物。

這個部分的情節讓我感到非常不爽。（詳情不細談）從塔巴斯科到特諾奇提特蘭，大多數城市都抱持著款待旅客的心，以不求回報的親切態度對待這些外觀和自己不同的人。（事後再回頭來看這一段，還真是看不下去！）

可是西班牙軍不但對此完全沒有覺得不好意思，反而還當成理所當然般接受，一直都是高高在上的態度。

真的是「神經遲鈍的人最無敵」啊。

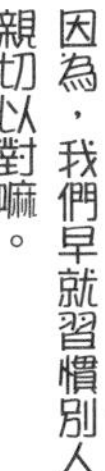

一路上，一直到他們抵達之前，阿茲特克的使者又多次帶來許多禮物，還說了這樣的話：
現在就算到敝國來，也因為欠收而缺少食物，沒辦法好好款待你們。
國王的身體狀況不太好。
只要你們回國去，要多少禮物我們都會送過去。
道路崎嶇，你可能忍受不了旅途的勞累。
敝國浮在湖面上，得要搭船才能前往，很不方便。
雖然阿茲特克人一面保持低姿態、一面恭敬地找各種想得到的藉口懇求他們「請不要來」，科爾特斯還是，
我們的造訪絕對不會對你們帶來壞處，反而會帶來很多好處。
以一副事不關己的態度打斷他們的話，繼續前行。
吼~~~！
低姿態的戰法行不通的啦！對方只會乘機不斷得寸進尺而已啊！
而且，一旦採取了低姿態，就很難再恢復強硬的態度了啊！
我也是因此吃了苦頭啊！
終於，他們來到特諾奇提特蘭了——！
這個浮在水面上的都市之壯麗，使得一行人為之茫然。
（一五一九年十一月八日）
西班牙士兵打從心底感嘆，這不會是在作夢吧。
在世界各地看過那麼多地方，卻沒有一個地方像這裡一樣
By 貝爾納・迪亞斯（Bernal Díaz）
我一點也不覺得壯麗，也因此或多或少感到有點不安。

★貝爾納・迪亞斯（Bernal Díaz del Castillo）

他是三次遠征全都參加過的士兵。

他在晚年表示，「現在市面上出版的關於征服墨西哥的書，全都是照著科爾特斯講的而已，真相其實是這樣的」，於是寫了一本很長的作品《征服新西班牙信史》（*The Truthful History of the Conquest of New Spain*），鉅細靡遺地把事情都寫出來。

這本他從頭到尾帶著誠意、用心以客觀角度撰寫的書，是目前最好的歷史資料。

書中，他重現了現今已無緣得見的阿茲特克首都那如夢幻般極盡奢華之能事、絢爛豪華的世界，當成遊記來看的話也很有趣。

還有，他似乎對於科爾特斯的小氣行徑甚為不滿，文中不時會夾雜抱怨，這個部分是我最喜歡的地方。而且他不愧是親身體驗過的人，無論是戰爭的臨場感，還是處於極限狀態的士兵們的恐懼心態，都如實地傳達到讀者的心中，令人很有感覺。

他沒有身為貴族的父母，是個孑然一身的小兵，這樣的悲哀，也給我很深的感受。

莫克提斯馬二世異常客氣

西班牙軍在堤道上與出來迎接的莫克提斯馬二世碰面了。

他提供先王的宮殿給西班牙軍住宿、安排豪華的食物後，這麼說道：

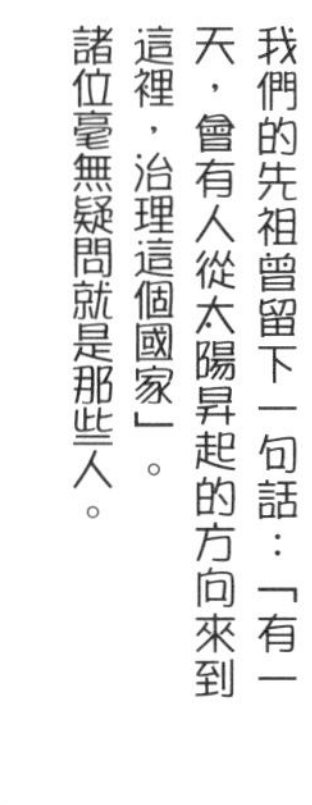

我們的先祖曾留下一句話：「有一天，會有人從太陽昇起的方向來到這裡，治理這個國家」。
諸位毫無疑問就是那些人。
這時候52歲

莫克提斯馬二世的這番話，是什麼意思？

這是貝爾納・迪亞斯所紀錄下來的。

科爾特斯寫下來的紀錄則是彷彿催促般的一番話，「所以，請趕快著手治理我們國家。」

根據某個廣為人所知的說法。

傳説中，圖拉的奎茲爾科亞特爾國王離開國家時，曾經留下讓人感受很不好的一番話，「我會在1－葦之日回來。到時候，也會一併帶來破壞吧。」

而且，也有傳説指出，奎茲爾科亞特爾是個白皮膚、留著小鬍子的人，因此莫克提斯馬二世應該是誤以為，科爾特斯是奎茲爾科亞特爾重返這裡了。

事實上，科爾特斯軍前來的那一年，在阿茲特克曆中是「1－葦」之年，這個故事也就煞有介事地流傳了下來，每一本書都會寫到它。

該看成只是純粹的巧合嗎？事實變得比小說更離奇，過去的傳說變成了真實的悲劇，西班牙人就這麼幸運地被阿茲特克人誤認。

怎麼會這麼剛好可以湊在一起，而且又很有戲劇性？我原本也感到很興奮。

後來我才知道，那竟然是「事後才編出來的故事」。

首先，在原住民的任何抄本中，壓根就沒寫到誰講過什麼「會在1－葦之年回來」之類的事。

雖然說，如果從故事的演變以及角色的設定來看，這番話放進去一點也不奇怪。

同樣的，奎茲爾科亞特爾是白皮膚、有小鬍子的記載，似乎也只出現在西班牙人的書裡而已。

不過，在收集了原住民故事的《佛羅倫斯抄本》等文獻中，確實寫著「莫克提斯馬二世認為是奎茲爾科亞特爾回來了，十分害怕」。

咦咦咦～～?! 怎麼又這樣啊？真是的！這樣的話就沒有什麼可以相信了啦。

可惡——紀錄這東西怎會這樣?!

雖然有人認為，那是原住民捏造的（見下方）。

但如果相信原住民的文獻的話，就算他們沒把西班牙人當成是奎茲爾科亞特爾本人，（一開始）應該也誤以為他們是奎茲爾科亞特爾國王的後代，或是奎茲爾科亞特爾國家的人，才會害怕發生對方希望要回王位的麻煩事（事實上也有人這麼認為）。

前一頁講到的莫克提斯馬二世的那番話，也讓人有這樣的想像。

★「原住民捏造內容」說

原住民的自尊心太高，不容許他們把輸掉的理由歸因為「自己的戰力或勇氣不如人」，才會希望歸因為「早已有人預言會輸掉了，命運早已決定了」。

人類學家蘇珊・葛列斯皮（Susan Gillespie）

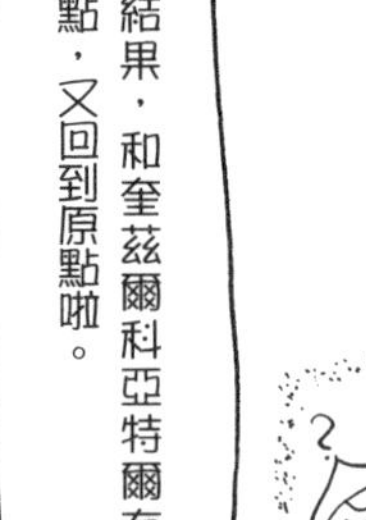

就算與奎茲爾科亞特爾無關，他們終究還是抱持著末世思想的一群人。

在莫克提斯馬二世四代之前的國王莫克提斯馬一世有個傳說，他曾派部下前去找尋傳說之地阿茲特蘭（根據狄亞哥・杜蘭的記載）。

這只是個幻想的虛構故事，大致在說他的部下們平安找到了阿茲特蘭，也見到了維齊洛波奇特利的母親。暫且不管它的真實性，這裡要介紹到的是，在那個傳說中，

負責帶路的老人曾經，

現在的阿茲特克人沉浸在奢華中，已經變弱了。墮落之至！

這樣說了。

還有，維齊洛波奇特利的母親也，

阿茲特克就要被征服了，就像它過去對其他國家所做的那樣。

說出了這樣的預言。

從這個例子，以及太陽神話的例子中可以看出，阿茲特克經常都會受到自己良心的呵責，他們很擔心已經擁有的富貴榮華無法長久持續。

唉，這樣也就不難理解，為什麼在他們處於最繁榮的時期，一群外貌前所未見的人蜂擁而至、拉了其他國家當夥伴、一步步進逼，會讓他們聯想到「這是王國滅亡的訊號」。

西班牙軍再次從莫克提斯馬二世那裡收到許多禮物，在六天的期間內接受了最盛大的款待。

哈哈

哈哈

希望你們滿意我的安排，然後適可而止回去吧～

此時傳來消息，在韋拉克魯斯留守的西班牙士兵遭到阿茲特克軍襲擊。

科爾特斯以此為由，軟禁了莫克提斯馬二世。

真是抱歉，我們無法信任你。
欸～？不要這樣，你們可以拿我女兒當人質，不要抓我。

莫克提斯馬講了這樣的話，他的父母心已蕩然無存。

莫克提斯馬二世成了人質，但是他在宮廷裡的生活並未改變，仍以國王的身分過著奢華的生活，也沒有中止對西班牙人的款待。

西班牙士兵很喜歡這個國王，因為他很豪爽一直送禮物，沒有架子。

或許是莫克提斯馬二世不願相信，像自己這樣被當成神崇敬的人，竟然會受到如此過分的對待，也或許是他在這個時點依然相信，只要維持有禮貌的表情，對方應該遲早會回國去的。

科爾特斯抓準這一點，一下要求他宣誓效忠西班牙國王，一下還命令他，要求阿茲特克統治的所有國家，也要繳稅給西班牙人。這些行徑讓身為國王的莫克提斯馬二世丟盡了臉，把他逼到走投無路。

於是，莫克提斯馬二世決定來個最後的賭注。

他打開阿茲特克的藏寶庫，交出所有財產。據說那真的是一座讓人難以言喻、好像只有在童話故事裡才能看到、在這個世界上哪裡都找不到的寶山。翡翠、珍珠、各種寶石、銀，以及黃金。得到這批財富的西班牙人，當時想必覺得幸福到了極點吧。說到這些傢伙，也真是的！原本做工精細、美麗的黃金製品，他們全拿去做成金條。總計起來，據說共有一噸的黃金。

不過，莫克提斯馬二世又錯了。科爾特斯一行人不可能就這樣撤退，反而變本加厲，更加厚臉皮起來，像是在主要的雙神廟那裡設立十字架等等。

悲傷的夜晚

他們待在那裡，已經過了八個月的時間。

這個時候，古巴總督貝拉斯克斯，終於再也受不了科爾特斯一意孤行，派遣了征討科爾特斯的軍隊。科爾特斯軍為與之對峙，前往仙波雅拉。

焦躁
好慢呀!!
焦躁
科爾特斯一行人之所以沒有馬上著手征服當地，是因為在等待西班牙國王下達的征服許可。

又照著來時路往回走（大約250公里）

特諾奇提特蘭

仙波雅拉

真是麻煩！！

這場戰役，對科爾特斯而言就像捏死一隻螞蟻般容易。

他輕鬆打敗阿茲特克的征討軍，還讓所有士兵都加入己方陣營，西班牙軍的總人數，因而達到一千五百人以上（也多了一百匹左右的馬）。

另外，特拉斯卡拉國也加派了兩千人同行。

但就在這段期間，特諾奇提特蘭發生了大事!!在當地留守的，是相當於科爾特斯左右手的阿爾瓦拉多（Pedro de Alvarado）。

阿爾瓦拉多

如果科爾特斯像凱薩，這個男的大概就是馬克·安東尼（Marcus Antonius）了。

他那開朗又歡喜的笑容，吸引著每個人。由於他的帥氣以及光芒，原住民都叫他「托納提烏（太陽）」。

然而，在受人喜愛的外貌背後，他卻是一個離譜而殘忍的粗暴者，完全缺乏體察弱者心情的那種纖細心思。

當時，特諾奇提特蘭正開始舉辦祭典，看到大家陶醉以及狂熱的樣子，阿爾瓦拉多等西班牙人，內心不禁產生了一股恐懼感，就反射性地拔劍出刀、開槍，把毫無防備的阿茲特克人殺掉了。

（據狄亞哥·杜蘭所載，共有八千六百人死亡。這張圖也是杜蘭所繪。）

一直都在忍耐的阿茲特克人，怒氣終於因此爆發、開始反擊。

隨時間經過，阿茲特克人的反擊愈來愈猛烈。

科爾特斯去找莫克提斯馬二世，請他幫忙說服狂怒的阿茲特克人民讓他們冷靜下來。

回到這裡的科爾特斯，痛罵了阿爾瓦拉多。

呃～～不是這樣的啊。是他們想藉著祭典攻擊我們啊。他們手上有武器耶。
語無倫次
哪有這回事！！你破壞了我好不容易才建立的關係。

這時，莫克提斯馬二世總算反抗了。

已經沒用了，我沒有那樣的能力。我原本就已經不想活了。我不想聽你講這些根本做不到的約定。你只是個騙子而已。

★ 根據原住民的文獻，也有另一種說法：由於莫克提斯馬二世已經沒有利用價值，西班牙人就把他殺了。這樣的話就稍微能夠理解。

但他還是心不甘情不願地發表演說。

但正如莫克提斯馬二世原本說的，他講的話已經沒有效力。

國民已擁立他的弟弟庫伊特拉瓦克擔任新國王。

而且，民眾丟的石頭打中了他，莫克提斯馬二世也因而死亡。

莫克提斯馬二世盡可能對西班牙人客客氣氣的，卻遭到科爾特斯的玩弄，財產也全部被搜括一空。

竟然是這般悲哀的下場★……

面對阿茲特克全然不見消退的敵意，西班牙軍終於也不得不撤退了。

這時候他們全亂了手腳，甚至沒有閒工夫再分配從莫克提斯馬二世那裡收到的財寶了。

他們從堤道逃跑，但走到一半的時候，橋就被收起來，大家都跌進了湖裡。

這時候，利欲薰心而拿了許多財寶的人，據說都因為寶物太重而動彈不得，被阿茲特克人抓走。

抵達對岸特拉科潘（塔庫巴）的西班牙人，只剩下四百四十人，不到全軍二分之一；特拉斯卡拉的士兵也只剩下一千人，約為三分之一；馬剩下二十三匹，不到五分之一；許多槍砲也都丟失了。

西班牙人稱那一晚為「悲傷的夜晚」（一五二〇年六月三十日）。

這時候，阿茲特克人正忙著把抓到的西班牙人與特拉斯卡拉人送去當活祭品。
呼，好，下一位。
對於沒有什麼像樣的武器，身上全無食物，連走路都很勉強的西班牙士兵而言，好像永遠都無法走到特拉斯卡拉一樣。他們連死馬的皮都吃個精光，由此可見他們已經陷入何等狼狽不堪的境地了。
不知道是不是因為總算完成了獻活祭的儀式，阿茲特克人最後是在歐頓巴率領大軍埋伏突擊。
在大肆激戰後，阿茲特克因為司令官倒下，才總算撤退。西班牙軍在千鈞一髮之際，好不容易得救了。
每個人身上都帶著傷，科爾特斯也失去了兩根指頭。
這時候如果認真追擊的話，不就能夠把滿身是傷的西班牙軍給打倒了嗎……
很多學者都覺得很可惜。
但那是我們的習慣啊，沒辦法嘛。
再次挑戰
科爾特斯馬上重整旗鼓，
湖面戰得要靠船！我們需要船。
建造了十三艘船。
另一方面，沉醉於勝利喜悅的阿茲特克人雖然很開心，卻也沒有懈怠，著手請求塔拉斯科與特拉斯卡拉與之同盟，為下次戰爭做準備（但這兩國都冷淡地拒絕了）。
不過，這個時候，阿茲特克最大的敵人——傳染病，已經悄悄來到。
因為，在貝拉斯克斯派出來的征討科爾特斯的軍隊中，有個黑奴得了天花。
這種病是從西班牙帶到新大陸來的，對於對它沒有免疫力的原住民而言，它是破壞力最可怕的武器。
加勒比海諸島的原住民也因此滅絕。
倒
倒
西班牙人則完全沒事，沒有任何人因而死亡。
欸？傳染病流行？
有嗎？
算你厲害。真是敗給你們了~

在特諾奇提特蘭（十月底起）的短短兩個月時間內，就有數千人因此喪命，新國王庫伊特拉瓦克也因此死亡，只當了八十天的國王。

大家常說，阿茲特克並非在戰力上輸給西班牙軍，而是輸給了天花。

新任國王由年輕的瓜烏提莫克雀屏中選。

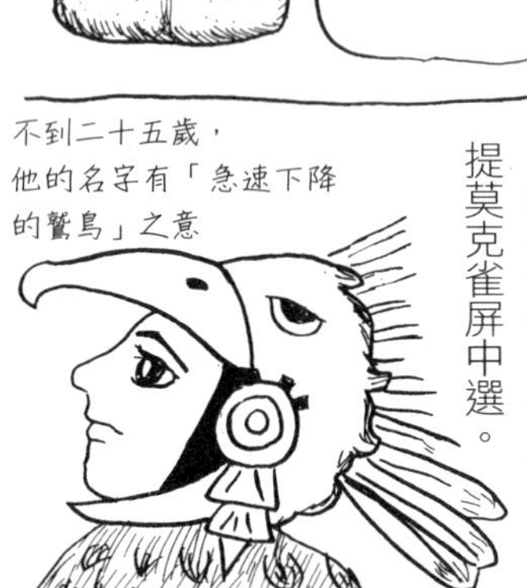

相對的，西班牙軍這邊……

特拉斯卡拉國明明已失去許多自己寶貴的人民，卻仍未停止對西班牙軍的援助。

託他們的福，科爾特斯省下了半年的準備時間。而且還有西班牙船隻不斷出現在韋拉克魯斯（包括前來察看科爾特斯征討軍狀況如何的船隻、殖民用的遠征隊船隻，以及純粹來賣武器給科爾特斯的商船等等），得以補充士兵、武器，以及馬匹。

好了，一切準備就緒，科爾特斯抓準時機，再次挑戰征服阿茲特克！（一五二〇年十二月二十八日，從特拉斯卡拉出發）

這次，西班牙的夥伴大量增加。連阿茲特克的同盟國特斯可可，都變成他們的同夥。

許多憎恨阿茲特克的國家，兵力都集結了過來，據說最後共有達十萬名★以上的援軍（其中，西班牙士兵只有九百人左右）。

★這個數字是把科爾特斯的報告書信中所寫的（至少也有）十五萬以上，再往下減一些而得。況且貝爾納．迪亞斯的說法只有兩萬四千人……

本章中的數字，都是參考科爾特斯的報告書信與迪亞斯的書，再取其中一個數字，或是取二者的中間值。在很多狀況下，雙方的數字都像這樣相去甚遠。

科爾特斯與迪亞斯的看法各有不同，迪亞斯比較傾向於把原住民提供給西班牙的援軍人數寫少，科爾提斯則傾向於寫多。

反之，原住民陣營的死亡人數，迪亞斯會寫得多一些，科爾提斯會寫得少一些。

身為士兵的迪亞斯似乎是想強調「我們以這麼少的兵力就贏得了勝利的榮耀」，科爾特斯則在強調「當地的人們這麼支援我們、期待我們」。

可以清楚看出這兩個人想要炫耀的事項之差異。

不過，如果數字很大，搞不好只是憑感覺算出來的而已。

他們把船開入湖中（四月二十八日），破壞了通往首都的水道，發動總攻擊。

但阿茲特克軍銳不可擋，西班牙士兵被逮、一個個被送去當活祭品。

千鈞一髮之際逃離阿茲特克軍追殺的西班牙士兵，從遠方看到了剛才為止都還在身邊的夥伴慢慢死去的樣子，心裡相當難以接受。

他們的夥伴被戴上了羽飾、被迫跳舞後，心臟被挖了出來。

不要啊～
被迫跳舞是最悲慘的。

不過，獻活祭的儀式也拖住了阿茲特克人。

阿茲特克人到最後都還不放棄活捉敵軍回去當活祭品，西班牙人卻相當明白這是一場戰爭，當下就把敵人殺掉。

相較之下，誰比較有效率，也就不言可喻了。

科爾特斯為了避免這場戰爭拖得太久，便斟酌著在一個對西班牙軍有利的時機，向阿茲特克新國王瓜烏提莫克提出了，「還是可以繼續照常治理阿茲特克」等不錯的條件，迫使對方投降。

但瓜烏提莫克嚴辭婉拒道，「不是我們全死，就是把西班牙人殺個精光，沒有別的選擇。」

然而，在三個月的圍攻下，阿茲特克人沒了水與食物的供給，最後餓到連泥巴都吃，走投無路。

於是在一五二一年八月十三日，特諾奇提特蘭終於淪陷了。

這時，瓜烏提莫克說，

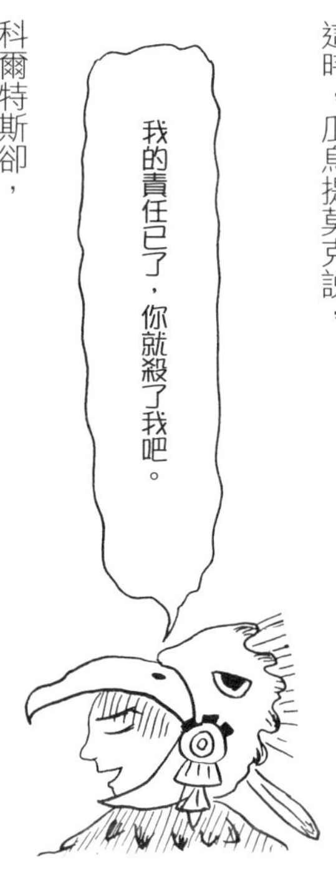

我的責任已了，你就殺了我吧。

科爾特斯卻，

沒有人像你這樣仁至義盡，以國王的身分勇敢地守護這個國家到最後。你沒有什麼做錯的地方，請你一如往常治理國家。

這樣充滿男子氣慨地答道。

但過沒多久，他們卻拷問起瓜烏提莫克來。

西班牙人為了逼問他在「悲傷的夜晚」失掉的財寶究竟流落何方，便在他的腳上潑了油，再用火燻烤。

雖然已經把瓜烏提莫克拷問成這樣，最後西班牙人還是只找到占整體很小一部分的財寶，包括丟在湖裡的部分在內。

而且，不義之財也難長久留在身邊。

雖然財寶數量已經比莫克提斯馬二世一開始交出來的少了許多，科爾特斯還是獲得了相當程度的金銀。

他把四百公斤的黃金送回給西班牙國王，卻全數遭法國海盜尚·佛勒利（Jean Fleury）劫走，黃金全進了法國的國庫。

啊～

但是瓜烏提莫克的苦難還沒有結束。

征服阿茲特克三年後，科爾特斯遠征宏都拉斯時，也帶著瓜烏提莫克同行。

這次的行軍，對於之前因為接受拷問而產生瘸腿後遺症的瓜烏提莫克來說，等於又一次的拷問。

半路上，由於懷疑瓜烏提莫克圖謀叛變，科爾特斯就在沒有審判的情形下，宣告要即刻處他死刑，接著把他吊死在木棉樹上（一五二五年初的事）。

宏都拉斯遠征路線

誇察誇爾科斯

特諾奇提特蘭

特魯希羅（Trujillo）

宏都拉斯

為平定宏都拉斯而派遣出去的部下，和科爾特斯翻了臉，說是想要建立自己的獨立殖民地。發生了這樣的事，科爾特斯才遠征宏都拉斯。

這是當時瓜烏提莫克所講的話。

科爾特斯先生，我老早就知道你是個膚淺只重表面的人了。

為何到現在才殺我，而且是在我沒犯任何罪的情況下？神一定會給你應得的審判。

後來，科爾特斯一直受到良心的呵責。

他每天夜不成眠，還曾經在黑暗中於馬雅神殿遊盪，結果腳一滑，受了重傷。

特諾奇提特蘭淪陷之後，西班牙馬上展開統治。

事實上，科爾特斯一直在等待的西班牙王室認可也下來了，消息傳到墨西哥是一五二三年九月的事。

在那之前，一直都是出於科爾特斯的個人判斷，擅自採取的行動。

勝利了固然沒事，但擅作主張很像是在走鋼索一樣。

該怎麼說呢，就算是滅掉一國、把該國財產吃乾抹淨奪走的小偷行徑，一旦被自己的國家認同，也就堂而皇之變成國家事業了。但這種現象說起來是很奇怪的。

他們厚顏無恥地把這片新土地命名為新西班牙，特諾奇提特蘭也改名為墨西哥市，有三千個西班牙人從古巴移民過來。

西班牙軍隊在阿茲特克的士兵及年輕人額頭上烙上奴隸的印記，據說也烙在嘴唇上。

墨西哥並不是如西班牙人原本想像的那種黃金國度。

那只不過是阿茲特克把幾個國家在河床的三個地方費盡千辛萬苦才採集到的黃金搶奪過來而已，除了阿茲特克擁有的以外，也沒有更多黃金了。

一直扮演忠實友人角色的特拉斯卡拉人，獲得了免稅等特別待遇。

委託監護制

參與征服行動的士兵們，等到的只有失望。他們所分到的錢，遠比自己想像中的要低。

國王分走財寶的五分之一，科爾特斯分走五分之一後，再扣掉所有經費，剩下的才讓士兵瓜分，因此每人只分到大約一百披索左右而已。

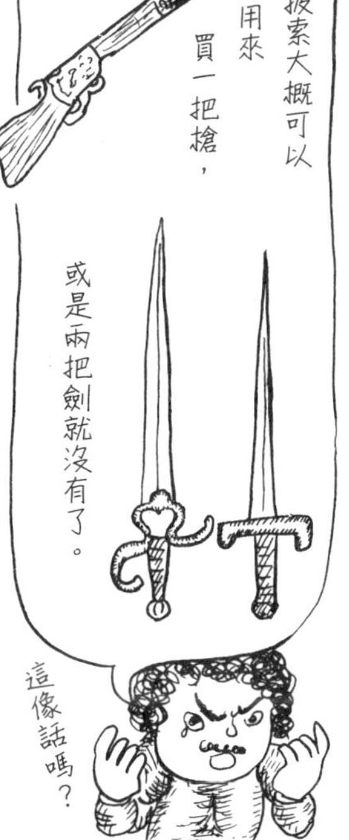

一百披索大概可以用來買一把槍，
或是兩把劍就沒有了。
這像話嗎？

大部分士兵原本就都是社會的底層人士，他們都是為了想要藉此成為大富翁、想要逆轉自己的人生，才忍耐著繼續參與這場冒險到最後。

他們每天都在搏命戰鬥。夥伴有一半以上死亡，很多人都是戰到沒手沒腳的。就算僥倖全身而退，也都是受了多次重傷，差點死掉。

整個過程絕非「科爾特斯幸運地被誤認為奎茲爾科亞特爾，於是就和區區五百名士兵一起，輕輕鬆鬆征服阿茲特克」那麼簡單。

在嚴酷的戰鬥後，還能活著簡直算是奇蹟了，但是換來的代價，卻是這種有等於沒有、跟零用錢一樣的報酬，士兵們當然是無法接受的。

士兵們的抱怨聲四起，為了安撫他們，於是展開了惡名昭彰的「委託監護制」。

所謂的委託監護制，原本是「信託」的意思，代表著「國王把原住民交給你們管理」。每個人分到一定的區域，只要能讓那裡的原住民皈依天主教、保護他們，就有權向原住民徵收稅金、驅使他們勞動。

我來教導你們天主教這種很了不起的東西，但你們必須幫我工作。收入也要全部交出來啊。

這不過是為了西班牙自己的方便而強加實施的，而且還以施惠者身分自居，完全是自私自利的行徑。雖然表面上標榜這不是奴隸制，事實上就是奴隸制。

之前，委託監護制早已在西印度群島的殖民地實施，還導致原住民的滅絕。

西班牙王室因為擔心引來周遭國家的批判而有所顧慮，但最後還是妥協了。

後來的科爾特斯

征服阿茲特克後，科爾特斯感到何等幸福，何等得意。他相信自己的未來充滿光芒，西班牙的每個人都會因為他的功績，而熱烈歡迎他。

然而，西班牙王室的反應很冷淡而且很平靜，只在一開始讓這個為國家開發新領土的男人擔任總督這個最高職位而已。

後來又收回他的地位，隨便找個身分、隨便找一片土地（瓦哈卡一帶）給他充數，不再讓他經營墨西哥。

他被冷凍最重要的原因，是他的政敵在背後活動。

包括恨他出手小氣的人、貝拉斯克斯的親信，甚至純粹只是嫉妒他等各式各樣的人，一直向西班牙王室打他的小報告，不管他是否真的做過那些事。

後來，科爾特斯又繼續遠征與探險了幾次後，在庫耶納瓦卡（Cuernavaca）建了城，經營農園並投資達斯科（Taxco）的銀山等等，賺了大錢。

但他還是無法接受王室如此對待自己，因此回到西班牙，想要直接向國王請求正式領取征服阿茲特克時沒有付給他的錢，以及恢復他遭到貶損的名譽。

然而，這時候，正是征服印加帝國的皮薩羅（Francisco Pizarro）當紅之時，沒有人在意科爾特斯。

王室給了科爾特斯一些很空洞的承諾讓他心懷期待，只是應付他一下而已。

王室的這種行徑，跟當年科爾特斯把士兵以及阿茲特克人害得那麼慘的行徑如出一轍。

得不到滿意答案的他，一心希望國王能夠對自己另眼相看，於是參加了遠征阿爾及利亞的行動，希望一展戰爭長才，卻因為翻船而撤退。年輕人看到他完全未能一展身手就回來了，都嘲笑他「大叔就該乖乖回家睡覺才對」。

一五四七年十二月，在征服阿茲特克後經過二十六年，他去世了，享年六十二歲。

有一說是，他的女兒被一個貴族男子拋棄，導致他腦充血而中風。這樣的事情，像是他在古巴對人家始亂終棄的行為，報應在自己的身上一樣。

遺體依照他本人的意願，葬在墨西哥。

他的遺言中交代了一些事，像是希望國家歸還部分墨西哥的土地及財產、希望妥為對待他土地上的原住民、希望用他的財產建造醫院與修道院，以及自己一直不確定把原住民當成奴隸使用到底對不對，因此希望兒子幫他找到答案等等。

由於科爾特斯對於所謂英雄有著「應該怎樣怎樣做」的確切理想，也深信日後自己會成為一個受後人傳頌的存在，因此他行事總是自許為英雄——重仁義、懂寬恕。例如，他會對於落敗的瓜烏提莫克講出那麼有男子氣慨的話，就是因為這樣。出於對莫克提斯馬二世的責任感，在征服阿茲特克後，他也把對方的女兒嫁給一個西班牙貴族。

只是，科爾特斯自許為英雄的行為，也只限於行有餘力的狀態下而已。一旦牽涉到錢，他就會突然變得卑劣起來，或是經常因為憤怒行事而導致失敗。

他也會幹一些殘酷事：像是無端定瓜烏提莫克的罪、砍斷俘虜的手、施以烤刑，以及對謀反的夥伴也一樣處死、就算不處死也要砍斷雙腿等等。

晚年的科爾特斯（？！）

不過，每次只要無法扮演好英雄的角色，他就會煩惱煩惱這個煩惱那個的。或許他還算是認真的那種人吧～

即便如此，身為一個實現豐功偉業的男人，科爾特斯的名字還是流傳到後世，他的軍事手腕與功績，也獲得很高的評價。

但一個叫勒・克萊喬（Jean Marie Gustave Le Clézio）的人，卻是這麼說的：

「要是這個文明沒有這麼出色，科爾特斯應該不過就是個擔任冒險家集團首領的強盜而已。偉大並不是來自於科爾特斯，也不來自於他那魯莽的行動，而是來自於他熱中於破壞的墨西卡的世界。」

《墨西哥夢》（*The Mexican Dream*）

※勒・克萊喬（一九四〇～）先生是法國小說家，曾獲頒二〇〇八年的諾貝爾文學獎。

後來的瑪琳切

從她的名字誕生了「瑪琳齊斯摩」（Malinchismo，「崇洋媚外」之意）這個字

特諾奇提特蘭淪陷後，瑪琳切仍持續從事口譯工作。在陪伴科爾特斯遠征宏都拉斯時，她在故鄉誇察誇爾科斯，與賣掉自己的母親碰面了。

母親原本以為她要來報復而感到很害怕，但瑪琳切卻原諒了她，說：「你是因為無知，才會把我賣掉的。」還給她不少財寶與禮物，展現出寬容的態度。

後來，她的母親與兒子一起皈依了天主教。

在科爾特斯的建議下，她和遠征隊的一個上尉結了婚，獲贈龐大的領地。

他們在墨西哥市建了氣派的房子，正要好好享受人生時，她卻於一五二七年病死，只有二十五歲。

也太無常了啊……

瑪琳切與科爾特斯所生的兒子馬丁·科爾特斯（Martín Cortés），跟隨著特爾科到西班牙去，也參加了戰爭。後來回到墨西哥後，因為反叛政府而遭逮捕、流放國外。

後來，就行蹤不明了。

馬丁也有兒子，因此血脈依然延續。

後來的阿基拉爾

他在委託監護制下領到土地，留在墨西哥，但是在一五三一年左右，因為某種長腫包的疾病（恐怕是梅毒）而死亡（據迪亞斯所言，是在征服阿茲特克後不久死的）。

這一位實在太可憐了，真不願意相信!!

征服馬雅

攻陷特諾奇提特蘭後，西班牙人一下子忙碌了起來。

雖然攻下了阿茲特克的首都，但並不表示可以就此承接過去所有被阿茲特克統治的國家，必須一個一個征服已成為一盤散沙的國家。

兩年後，等到大致平定這些國家時，才總算要著手征服馬雅。

征服馬雅南部的行動，由引發「悲傷的夜晚」的粗暴男子阿爾瓦拉多負責。

南部由於馬雅人之間的對抗白熱化，各國都為了擺脫對手而來接近西班牙軍。

阿爾瓦拉多選擇與卡克奇克爾人合作攻打其他國家，進行了大規模虐殺，最後也把卡克奇克爾納入統治。

馬雅南部的攻打，總計花了十五個月時間。

接著，西班牙人就一個一個治理起馬雅的各個都市了。

然而，要征服馬雅，比征服阿茲特克還困難。

耶 耶 耶

猫加敦
塔巴斯科
（帕倫克）
（提卡爾）
扎庫流（馬姆人；Mam）
阿爾瓦拉多的進軍路線
烏塔特蘭（基切人）
米修克·別霍
（波克馬姆人；Pokomam）
伊西姆切（卡克奇克爾人）
聖薩爾瓦多（San Salvador）

他們必須把深藏在叢林中的獨立小國，都一個不漏地征服才行。

叢林除了悶熱之外，還會有來自蛇、蟲，以及地方流行病的襲擊。

最重要的是，馬雅戰士比阿茲特克戰士還要勇猛，而且永不放棄。

就算他們一度宣誓服從，還是會不守承諾，一有機會就造反。

征服猶加敦的任務，交給曾待在科爾特斯隊伍中，一個叫蒙帝侯（Francisco de Montejo）的人，以及他的兒子負責。

雖然進攻一度因為無力處理馬雅人的抵抗而中止，但趁著馬雅人之間對立（西烏家族與柯柯姆家族的宿命對決）的時機再度試著征服，終於在一五四六年將猶加敦納入統治（花了二十年時間）。

雖然在莫大的犧牲下才成功征服猶加敦，所得到的卻不成比例，因為猶加敦比馬雅南部還要貧脊。

那裡沒有河川，土質也不好，不但沒有為蒙帝侯父子帶來財富，還因為征服與經營不力，而遭王室剝奪幾乎所有權利。

對蒙帝侯家族而言，感情好是唯一的救贖。

父親

兒子

侄兒

抽到一支下下籤吶～～

在此要介紹傳教士蘭達在戰爭過後，看到聽到的一些西班牙人的蠻橫行徑……

他們把女人吊在樹上，再把小孩子吊到女人腳上殺掉。

在某處有兩個極其美麗的女孩，但為了不使西班牙人之間因為她們而引發爭端，因此將她們殺害，以表示他們對馬雅女人不感興趣。

在發生叛亂的地方，也會把馬雅人身體的各個部分砍下，丟到湖裡去。

★「奇異的果實」（Strange Fruit）是紐約一位猶太教師在1936年發表的詩作，控訴以私刑將黑人吊死於樹上的行徑，後來又譜了曲，成為歌曲。

西班牙人帶著馬雅人移動的時候，只要速度不一致，就會拿劍刺小孩。

如果有人生病或是走得比較慢，因為西班牙士兵懶得鬆開繩子，就直接砍掉他們的頭。

士兵們的藉口是這樣的。

因為我們人數比較少，只能藉由恐懼統治他們。希伯來人在前往應許之地時，也在神的命令下做出了殘忍的行為。歷史上也有很多一樣非這麼做不可的例子。或多或少的犧牲，也是無可奈何的。

竟然把神搬出來用在這種地方～～真是難以原諒。

馬雅最後的都市塔亞薩爾

維持獨立到最後的國家，是伊察人（後古典期猶加敦的主角）的最後一個國家塔亞薩爾（「塔．伊察」〔Ta Itzá〕的土音）。

初次造訪當地的西班牙人，是科爾特斯。

他在遠征宏都拉斯的路上，順便去看看。

伊察人禮貌地歡迎與款待他。他們接受了科爾特斯受了傷的愛馬，馬死後還幫牠做了塑像，當成神崇敬。

後來經過約九十年，都無人搭理塔亞薩爾。

由於動武會導致反抗，因此到了這個時期，西班牙人對待馬雅人的策略，已轉為用言語說服，征服策略修正為柔性訴求：以天主教的愛的力量，打動他們的心。

當時要前往塔亞薩爾十分不便

提卡爾

這一帶

佩登伊察湖

據說就是現在的佛羅列斯（Flores）

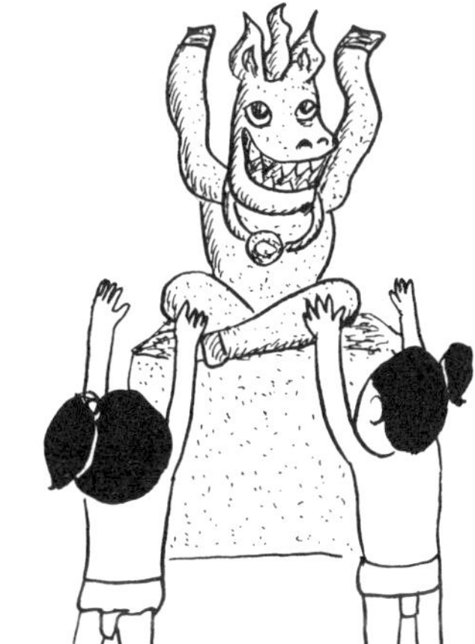

一六一八年，再度造訪此地的西班牙人是兩個傳教士芬沙里達（Bartolome de Fuensalida）與歐魯必達（Juan de Orbita）。

和科爾特斯一樣，兩位傳教士也受到盛大的歡迎。
請務必讓我們信教！不過，要等到時機成熟。
噢～
至於天主教一事，雖然足智多謀的國王拒絕了，但為了讓他們開心，還是講了客套話。
那段時期剛好是變革之年「卡敦8阿哈烏」（不記得這東西的朋友，趕快去看一九〇頁！）。
雙方的互動良好，看起來任務就這樣完成了，但是看到伊察人把馬的塑像當成神一般膜拜時，神父突然本能般地抗拒，一怒之下把它給打碎了。
噢～
結果，神父的衝動引發很大的反感。
然後，他們就逃著回去了。
慌慌張張
慌慌張張
但隔年，沒吃夠苦頭的他們又來了。
笑咪咪
笑咪咪
又來了。
對方的反感變得更強了。
第三次，改由一個叫迪爾加多（Padre Diego Delgado）的神父前往（一六二三年）。這次有軍隊同行。
不要跟著我來！他們的警戒心會變強的！
雖然他不希望軍隊同行，卻未能如願以償。
半路上，軍隊就不被允許再前進了，迪爾加多的心情大好，想要隻身進入塔亞薩爾，但還是被迫至少要帶二十個護衛一起去。
嘖……
真希望可以自由點。

結果，一進入塔亞薩爾，
又來了？我們受不了了!!
竟敢破壞我們馬的塑像。
而且你是想幹嘛?!帶這些亂七八糟的人過來！還帶武器！現在是怎樣，想開戰嗎？
呃、那個不是我……
對方像這樣劈頭就罵。
二十名護衛的士兵遭到殺害，迪爾加多的心臟被挖出來，身體也被砍得肢離破碎。
唉，迪爾加多神父，真是可憐！不管是時機還是其他的，都對他很不利啊！
後來，怒氣難消的伊察人也襲擊了前述的軍隊，殺掉所有士兵。
由於發生了這麼可怕的事，又有七十年左右的時間無人理睬塔亞薩爾。
但信仰的力量是很了不起的。
一六九五年，一個叫阿凡達尼奧（Andrés de Avendaño）的神父，帶著兩個年輕神父進入塔亞薩爾。
這時候，或許是因為塔亞薩爾人連掩飾都懶了，一開始就表現得極為冷淡。
他們以恐嚇的方式，一直表現出自己有多可怕。
但阿凡達尼奧卻說，
我肚子餓了。拿點什麼給我吃吧！

他把對方提供的馬雅食物大口大口吃個精光。

好吃
好吃

由於阿凡達尼奧請對方再提供一份食物之類看起來傻傻的行為太過可愛，塔亞薩爾人如鐵石般的心正漸漸融化了，阿凡達尼奧他們先是成功為小朋友們施洗。

塔亞薩爾人還談到，過一陣子，等到下一個卡敦8阿哈烏的時候，一定會接受天主教。

即便如此，還是有人討厭神父，眼看就要因而沒命的時候，

在國王的指引下，他們連夜逃走。

半路上，由於害怕會有埋伏，他們還走了和來時不同的路，結果在馬雅廣大的叢林中迷路了。

兩個年輕修道士覺得阿凡達尼奧絆手絆腳的，

趁他睡覺時丟下他跑了。

呼

但不知道是不是因為相信神所帶來的力量，阿凡達尼奧靠著一己之力，回到了美利達。

就算以直線距離計算，也有四百五十公里!!

美利達
提卡爾
塔亞薩爾
帕倫克

阿凡達尼奧說，在那段時間裡，他曾經看到一個很大古蹟的遺址。

據說，他應該就是最早看到提卡爾遺址的西班牙人。

好刺激的故事呀!!

就在阿凡達尼奧在差點沒命之下回來時，軍隊也到達塔亞薩爾了。

結果，最後西班牙人還是靠武力壓制。

激戰之後，在一六九七年三月三十日，最後一個馬雅的都市國家塔亞薩爾也被攻陷，大家都皈依了天主教。

那是在距離卡敦8阿哈烏還有四個月時的事。

就這樣，阿茲特克與馬雅，都落入了西班牙人的手裡，被他們統治。

由於神廟與雕像都屬邪教，全遭破壞，成了興建教會與新建築物的地基。

許多阿茲特克與馬雅書籍也遭焚毀。

阿茲特克如夢般美麗的水都被埋了起來，蓋了許多西班牙的建築物，變成歐洲風的平庸街景。

至於早就被置之不理的迪奧狄華肯與阿爾班山，由於沒什麼影響力，依然擺著不管，因此這兩個地方得以免去遭破壞之虞。

在委託監護制帶來的強制勞動、西班牙人帶進來的傳染病以及虐待等行為下，人口減至十分之一。

順便一提，西班牙人對特拉斯卡拉人的優惠也只有一開始而已，後來特拉斯卡拉人也和其他原住民一樣，得要繳稅給西班牙人。

這種征服的行為，以及對原住民的虐待，現代人很容易會覺得這是「時代使然」或是「到處都有這樣的事存在吧」，但在當時並非如此。

那個時代，在西班牙人當中，也有人大力批判西班牙的征服行動，認為「這些行為大錯特錯」，也有很多人向王室提出陳情。

拉斯·卡薩斯先生
（在二六六頁也登場過）
一生為保護原住民奔走

索里達先生
想像圖
行政官。二四六頁的阿茲特克金言，就是取自他的著作

無論什麼時代，都還有那種不隨波逐流、腦筋清楚、想法正派的人存在呢～

像這兩位一樣，大家真的都相當生氣。

不斷遭到壓榨的墨西哥雖然存在著很多問題，但還是在一八二一年從西班牙獨立，距離西班牙人征服阿茲特克王國後，已經有三百年的時間。

結語

讀了美索亞美利加文明的書之後，有一件事讓我很驚訝。原本以為是公認的說法可能是錯的，也可能是對的，說法可能像下黑白棋時一下子就翻盤那樣，不斷變來變去。在研究者當中，有人會很坦白承認「我先前雖然是那樣講的，但現在要改成這樣的看法」，收回或推翻自己過去的說法，整個學會也都採取很有彈性的態度。就是因為已經確定的事還不是那麼多，才會有那麼大的研究空間吧。

每天，就在這樣的狀況下，關於美索亞美利加的資訊，都會因為考古學的新發現或文字的解讀而更新。麥可·柯恐怕是馬雅學目前坐第一把交椅的大師了，他以《馬雅》為題的書，已經七次改版，以《墨西哥》為題、全面談墨西哥文明的書，也已經六度改版。看起來，要公布什麼美索亞美利加的資訊，透過網路可能才是最適切的。

所以，在我魯莽決定寫這本要修改起來會很困難的書之後，馬上就感到後悔了。不過，有很多書雖然是很久之前出的，讀起來卻完全沒有老舊的感覺。就算考古學方面多了新的資訊，一些深植於人類行為中的東西，還是不會改變。就憑著這一點，最後我還是動手寫了。

還有，不光是資訊更新的問題而已，想在一本書裡把美索亞美利加文明講清楚，原本就很亂來。我本來打算把它寫得像是用一本書匯整歐洲文明那樣，因為我覺得，如果拆成多本，就好像有一群兄弟姊妹死了父母，我卻沒有一次全部收養他們，而是分批收養，那會讓我有不舒服的感覺。但是我發現，硬要寫在一本，會超過五百頁，因此我還是把其中一塊談旅行的部分獨立成另一本。那本書中會有遺址的資訊，以及在這本書中未能提及的一些歷史，如果可以的話，請各位務必也讀看看！

這本書多虧很多人的幫忙，才得以完成。首先我要感謝多多良穰先生，他幫忙過目我的原稿、修改錯誤、提供建言、提供資料、誠懇客氣而有耐心地給我指導。身為高中老師的他，依然精力充沛地研究馬雅文明，還在大學擔任講師、發表演講、開設講座，每天都在為推廣馬雅文明的有趣之處而奔走。接著我要感謝設計這本書的清水良洋先生與佐野佳子小姐（Maplu Design 公司）、把我想怎麼寫就怎寫的原稿變成書、送到市面上的大帥哥藤田博總編輯，以及草思社這家帥氣十足的出版社。要是我得了奧斯卡獎，請容我用各位的大名來當做得獎感言。

還有，我最感謝的沒有別人，就是買了這本書的讀者。在嚴重不景氣當中，你們竟然還願意買我這麼個莫名其妙的人所寫、任何人大概都會視而不見、看起來不好讀的書，你們的心地一定是寬大到毫無偏見可言。我很想一一向你們問好，真的很感謝各位。

如果你是不小心在網路買下本書，看了內容後覺得被騙，莫可奈何下才讀它的話，請不要放棄，或許你可以從書中找到不錯的地方唷。

就寫到這裡。

索引

水牛比爾　Buffalo Bill　58
（火神）卡烏義魯　K'awiil　92
火盾　Fire shield　182
牙痛文字　Toothache Glyph　110
丘恩　Chuen　93
丘魯拉　Cholula　9
丘魯恰　Chorcha　137
仙波雅拉　Zempoala　9
匆潘特利　Tzompantli　177
北阿科羅普利斯　North Acropolis　116
卡夫拉　Khafra　52
卡巴　Kabah　8
卡卡希特拉　Cacaxtla　156
卡布拉坎　Cabracan　70
卡克奇克爾　Kaqchikel／Cakchiquel　192
卡利　Calli　244
卡拉克穆爾　Calakmul　8
卡拉酷　Caracol　8
卡哇克天空　Cauac Sky　142
卡哇庫　Cauac　93
卡洛穆鐵　Kaloomte　115
卡庫・伊皮雅忽・強・卡烏義魯 K'ak' Yipyaj Chan K'awiil　5
卡庫・提留・強・約帕特 K'ak' Tiliw Chan Yopaat　142
卡庫帕卡爾　Kak u Pacal　182
卡班　Caban　93
卡馬索茲　Camazotz　83
卡密拉胡育　Kaminaljuyu　8
卡敦　Katun　97
卡斯卡哈爾　Cascajal　39
卡爾・陶貝　Karl Taube　177
卡爾・塔伍貝　Karl Taube　56
卡德納斯　Cardenas　37
古夫　Khufu　52
《古代馬雅文明》　The Maya　106
古庫馬茲　Gukumatz　65
史密斯森研究中心　Smithsonian Institution　36
奴恩・烏赫爾・恰克　Nuun Ujol Chaak　120
尼薩華爾科悠特爾　Nezahualcoyotl　212
巨水獺　Giant beaver；Castoroides ohioensis　22
1 一蘆葦　1-reed　160
6 一天空　Lady Six Sky　124
7 一金剛鸚鵡　7-Macaw　67
7 一灌木　7-bushes　183
18 一兔　18-Rabbit　103
人科　Hominidae　14
力士像　The Wrestler　34
十字建築群　Cross Group　131
亡者大道　Street of the Dead　51
（大地女神）伊修切魯　Ixchel　91
大女神　Great Goddess　58
大地獺　Megatherium　22
大美洲虎爪　Great Jaguar Paw　111
大神廟　Templo Mayor　256
大神廟博物館　Templo Mayor Museum　232
大衛・亞當森　David Grant Adamson　185
大衛・斯圖亞特　David Stuart　144
中美洲（美索亞美利加）　Mesoamerica　4
五個太陽的傳説　"Legend of the Five Suns, The"　171
《切瑪爾波波卡抄本》　Codex Chimalpopoca　104
切馬爾　Chimal　248
切馬爾波波卡　Chimalpopoca　216
切馬爾馬托　Chimalmat　68
切馬爾瑪　Chimalma　160
切馬爾潘　Chimalpan　248
切羅塞琴　Cerro Sechin　48
太陽石　Calendar Stone　229
太陽金字塔　Pyramid of the Sun　51
尤里・科諾洛索夫　Yuri Knorozov　102
巴卡布　Bacab　90
巴克敦　Baktun　97
巴拉赫・強・卡烏義魯　Bajlaj Chan K'awiil　120
（天神）伊札姆納　Itzamna　91
文森・馬姆斯壯　Vincent H. Malmström　94
日耳曼　German　172
月亮金字塔　Pyramid of the Moon　51
月亮廣場　Plaza of the Moon　51
比比爾人　Pipil　154
比雅・里卡・迪・拉・韋拉克魯斯 Villa Rica de la Vera Cruz　262

托拉輝茲卡潘提庫特利　Tlahuizcalpantecuhtli　228
托拉輝茲卡潘提庫特利神廟
Temple of Tlahuizcalpantecuhtli　168
托庫坦的統治者　Lord of Toktan　126
托庫坦　Toktan　126
托納卡提佩特爾　Tonacateptl　224
托納提烏　Tonatiuh　227
托爾特克　Toltec　4
托爾特克．奇奇梅卡史
Toltec-Chichimec History　171
托爾特克特　Toltecat　158
托爾特克特質　Toltecness　158
托爾特克優陀　Toltecayotl　158
米克－佐克　Mixe-Zoque　40
米克特蘭　Mictlan　217
米克特蘭提庫特利　Mictlantecuhtli　217
米奇茲特利　Miquiztli　244
米卻肯　Michoacan　177
米修克．別霍　Mixco Viejo　8
米修科亞特爾　Mixcoatl　159
米格．柯瓦如比亞斯　Miguel Covarrubias　37
米特拉　Mitla　9
米斯特克　Mixtec　4
米斯特科　Mixteco　40
羊駝　alpaca　19
艾伯　Eb　93
艾克．巴藍　Ek' Balam　176
艾克曲　Ek Chuah　92
艾爾米拉朵　El Mirador　8
艾爾．塔印　El Tajin　9
艾爾．瑪納提　El Manatí　9
艾爾．鮑勒　El Baul　8
艾德．甘恩　Ed Gein　58
西方的卡洛穆鐵（大王）　Lord of the West　115
西瓦科亞特爾　Cihuacoatl　224
西伯利亞　Siberia　15
西奇里帕特　Xiquiripat　81
西帕克特利　Cipactli　56
西帕庫納　Zipakna　69
西烏家族　Xiu family　189
西烏提庫特利　Xiuhtecuhtli　243
西特列火山　El volcán Xitle　50
《抄本，戰士與國王》
Scribes, Warriors and Kings　137
伯納狄諾．迪．薩哈岡　Bernardino de Sahagún　171
布拉速魯神父
Charles Étienne Brasseur de Bourbourg　101
札庫亞拉　Zacuala　51
札庫流　Zaculeu　8
瓜地馬拉　Guatemala　8
瓜烏特利　Cuauhtli　244
瓜烏提莫克　Cuauhtémoc　216
瓦克．強．卡烏義魯　Wak Chan K'awii　117
瓦沙屯　Uaxactun　8
瓦沙拉混．烏巴呼．卡烏義魯
Uaxaclajuun Ub'aah K'awiil　140
瓦哈卡　Oaxaca　7
瓦斯特克　Huastec　4
瓦圖爾　Wat'ul　151
白令海峽陸橋　Bering Strait Crossing　16
皮薩羅　Francisco Pizarro　283
石灰岩洞　cenote　147
（死神）阿普切　Ah Puch　92
（自殺女神）伊修塔布　Ixtab　92
伊米修　Imix　93
伊西姆切　Iximche　8
伊西絲　Isis　200
伊克　Ik　93
伊修　Ix　93
伊修巴蘭克　Ixbaranque　67
伊修庇亞庫克　Xpiacoc　66
伊修姆卡涅　Xmucane　66
伊修琪可　Ixquic　73
伊茲科亞特爾　Itzcoatl　211
伊茲庫因特利　Itzcuintli　244
伊茲特拉科利烏奇　Itztlacoliuhqui　228
伊斯塔帕爾帕　Iztapalapa　256
伊達爾哥州　Estado de Hidalgo；State of Hidalgo　167
伊薩帕　Izapa　8
印加　Inca　3
吉貝爾查頓　Dzibilchaltun　8
因紐特人　Inuit　17
多巴胺　Dopamine　3
多以爾　Tohil　87
安東尼　Marcus Antonius　275
托尼納　Toniná　8
托托納克　Totonac　4
托利蘭．托拉帕蘭　Tlilan-Tlapalan　165
托奇特利　Tochtli　244
托拉卡胡耶潘　Tlacahuepan　161

奇米　Cimi　93
奇克強　Chicchan　93
奇奇卡斯德南哥　Chichicastenango　65
奇奇梅卡　Chichimeca　61
奇普　Cib　93
奇琴・伊察　Chichén Itzá　8
奇藍・巴藍之書　Chilam Balam　90
妮妮　Nene　220
姆　Moo　200
委託監護制　Encomienda　281
宙斯　Zeus　233
尚・佛勒利　Jean Fleury　280
帕卡爾　Pacal　120
帕努科　Pánuco　9
帕哇頓　Pauahtun　90
帕倫克　Palenque　8
帕茲卡洛湖　Lake Patzcuaro　9
帖帕提托拉　Tepantitla　51
抬頭蛙　Upended frog glyph　110
拉文塔　La Venta　8
拉布納　Labna　8
拉馬奈　Lamanai　8
拉馬特　Lamat　93
拉莫亞拉　La Mojarra　9
拉斯・卡薩斯　Bartolome de Las Casas　266
拉斯・里馬斯　Las Limas　9
易金・強・卡烏義魯　Yik'in Chan K'awiil　122
法蘭西斯可・席梅內茲　Francisco Ximénez　65
《波杜里尼抄本》　Codex Boturini　203
《波爾波尼庫斯抄本》　Codex Borbonicus　227
波卡・迪爾・里約　Boca del Rio　262
波多雷洛奴耶佛　Potrero Nuevo　24
波克馬姆人　Pokomam　285
波奇提卡　pochteca　252
波波爾・烏　Popol Vuh　65
波南帕克　Bonampak　8
波普・瓦赫　Pop Wuj　87
直立人　Homo Erectus　14
肯納威克人　Kennewick man　17
芬沙里達　Bartolome de Fuensalida　287
芭芭拉・法許　Barbara W.Fash　137
花之戰爭　Flower War　238
金　Kin　97
金星祭壇　Platform of Venus　177
佐諾特　dzonot　184
《佛羅倫斯抄本》　Codex Florentine　171
佛羅列斯　Flores　287
佛羅倫斯　Florentine　171
克丘亞　Quechua　205
君士坦丁堡　Constantinople　252
吼猴　howler monkey　71
坎・巴藍二世　K'inich Kan B'alam II　131
坎・修爾二世
Kan Xul II ／ K'inich K'an Joy Chitam II　132
坎佩切　Campeche　262
坎昆　Cancun　8
宏都拉斯　Honduras　8
希波爾巴　Xibalba　71
希培・托泰克　Xipe Totec　45
希培祭典　Festival of Xipe　241
杜勒　Albrecht Dürer　264
狄亞哥・杜蘭　Diego Duran　250
狄亞哥・迪・蘭達　Diego de Landa　90
男像柱　atlante　178
角鴞　eagle owl　72
貝坎　Becan　60
貝里斯　Belize　8
貝拉斯克斯　Diego Velázquez De Cuéllar　258
貝胡卡爾　Bejucal　112
貝爾納・迪亞斯　Bernal Díaz del Castillo　270
里奧亞述爾　Rio Azul　112
里奧奇基多　Rio Chiquito　24
亞古爾　Yagul　45
亞伯托・魯茲・路易耶勒　Alberto Ruz Lhuillier　127
亞亞哇啦　Yayahuala　51
亞特特爾科　Atetelco　51
亞瑞斯　Ares　233
亞德里安・夏維茲　Adrián I Chávez　87
《征服新西班牙信史》
The Truthful History of the Conquest of New Spain
271
佩提修巴頓　Petexbatún　125
佩登　Peten　112
佩登伊察湖　Lake Peten Itza　112
依哇齊奧　Ihuatzio　9
依薩馬爾　Izamal　8
呼拉坎　Huracan　65
呼納爾　Hunal　136
奇比諾卡克　Dzibilnocac　37

恰爾卡　Chalca　202
恰爾科湖　Lake Chalco　202
查文德萬塔爾　Chavín de Huánta　48
查克莫　Chac Mool　148
查坎普東　Chakanputun　190
查普爾特佩克　Chapultepec　174
查爾丘特利奎　Chalchiuhtlicue　58
柯柯姆家族　Cocom family　188
活祭品之泉　Cenote of Sacrifice　184
盾－美洲虎　Shield-Jaguar　103
科巴　Coba　8
科西赫　Cocijo　7
科亞特利庫耶　Coatlicue　230
科亞特爾　coatl　93
科亞提佩克　Coatepec　230
科茲馬爾瓜帕　Cotzumalhuapa　154
科悠阿坎　Coyoacan　210
科悠爾夏烏奇　Coyolxauhqui　230
科斯卡瓜烏特利　Cozcaquauhtli　244
科爾多巴　Francisco Hernández de Córdoba　258
科爾特斯　Hernán Cortés　259
科亞特蘭　Coatlan　248
科潘　Copan　8
科潘河　Copan River ／ Rio Copan　137
科蘇美島　Isla Cozumel　8
約翰．艾力克．西尼．湯普生
John Eric Sidney Thompson　149
紅色王妃　Lady in Red　137
美利達　Merida　186
美洲大陸的雅典　The Athens of the New World　141
美洲虎神殿　Palace of the Jaguars　51
美洲虎神廟　Temple of the Jaugar　181
美索不達米亞　Mesopotamia　21
耶耶卡特爾　Ehecatl　151
耶納爾　Yehnal　136
瘧疾　Malaria　185
計　zee　93
迪奧狄南哥　Teotenango　156
迪奧狄華肯　Teotihuacan　4
迪爾加多　Padre Diego Delgado　288
韋拉克魯斯　Veracruz　258
飛簷、挑簷　cornice　177
香波東　Champotón　8
埃茲納伯　Etznab　93
夏托坎　Xaltocan　202
金剛鸚鵡　Macaw　135
金塔納羅奧州　Estado de Quintana Roo　38
長鼻浣熊　coati　45
門楣　lintel　134
阿凡達尼奧　Andrés de Avendaño　289
阿卡特爾　Acatl　244
阿卡馬庇奇特利　Acamapichtli　211
阿瓜提克　Aguateca　8
阿克巴爾　Akbal　93
阿拉斯加　Alaska　15
阿肯克　Acancheh　60
阿哈烏　Ahau　93
阿威茲歐特爾　Ahuitzotl　215
阿科爾瓦　Acolhua　202
阿夏雅卡特爾　Axayacatl　216
阿特爾　Atl　244
阿茲卡波查爾科　Azcapotzalco　60
阿茲特克　Aztec　3
阿茲特蘭　Aztlan　203
阿基拉爾　Gerónimo de Aguilar　260
阿梭羅特爾　axolotl　229
阿爾瓦拉多　Pedro de Alvarado　275
阿爾班山　Monte Albán　9
阿爾頓哈　Altun Ha　8
俄羅斯套娃　Matryoshka doll　54
保羅．珍卓普　Paul Gendrop　174
南方古猿　Australopithecus　14
哇卡　Waka　8
哈薩烏．強．卡烏義魯一世
Jasaw Chan K'awiil I　121
奎茲帕林　Cuetzpalin　244
奎茲爾科亞特爾　Quetzalcoatl　7
奎茲爾科帕帕洛特爾神殿
Palace of Quetzalpapalotl　50
威秀欽卡　Huejotzinca　204
威秀欽哥　Huejotzingo　202
威威泰奧特　Huehueteotl　58
威茲　Witz　153
威茲怪　Witz Monster　153
威馬克　Huemac　162
威廉．法許　William L.Fash　137
威濟利維特爾　Huitzilihuitl　216
恰克　Chaac　7
恰帕德科爾索　Chiapa de Corzo　8
恰庫．托克．伊恰庫一世　Chak Tok Ich'aak I　111

特拉圖阿尼　Tlatoani　253
特拉爾提庫特利　Tlaltecuhtli　222
特提托拉　Tetitla　51
特斯可可　Texcoco　202
特斯可可湖　Lake Texcoco　202
特雷斯薩波特斯　Tres Zapotes　9
特魯希羅　Trujillo　280
特諾奇特利　Tenochtli　211
特諾奇提特蘭　Tenochtitlan　210
特蘭　Tlan　170
特蘭特利　tlantli　248
班　Ben　93
紋章文字　Emblem Glyph　110
《納塔爾抄本》　Codex Zouche-Nuttall　7
納瓦特爾　Nahuatl　40
納納瓦欽　Nanauatzin　225
納茲卡　Nazca　3
納蘭赫　Naranjo　8
索西　Tzotzil　64
索里達　Alonso de Zorita　247
索爾．海爾達　Thor Heyerdahl　29
飢餓的土狼　Hungry Coyote　212
《馬里亞貝奇亞諾抄本》
Codex Magliabechiano　240
《馬雅．阿茲提克神話宗教事典》
An Illustrated Dictionary of the Gods and Symbols of Ancient Mexico and the Maya　234
《馬雅文字解讀》　Reading the Maya Glyphs　99
《馬雅文明：征服與探險的歷史》
The ruins of time: four and a half centuries of conquest and discovery among the Maya　185
《馬德里抄本》　Codex Madrid　6
馬丁．科爾特斯　Martín Cortés　285
馬扎特爾　Mazatl　244
馬可　Mak　95
馬尼　Mani　189
馬尼克　Manik　93
馬利納利　Malinalli　244
馬利納爾蘇奇特爾　Malinalxochitl　205
馬里納爾卡　Malinalca　204
馬里納爾可　Malinalco　9
馬姆人　Mam　285
馬修．史特靈　Matthew Stirling　29
馬特拉欽卡　Matlatzinca　204
馬雅　Maya　3
馬雅潘　Mayapan　8
夏托坎湖　Lake Xaltocan　202
夏胡．卡庫　Siyaj K'aK　111
夏胡．強．卡烏義魯二世　Siyaj Chan K'awiil II　116
宮殿　Palace　131
席子．頭　Mat Head　137
席瓦奴斯．莫萊　Sylvanus Griswold Morley　141
席梅內斯神父　Father Ximénez　88
《庫奧蒂特蘭編年史》　Annals of Cuautitlan　171
庫丘馬奇克　Cuchumaquic　81
庫伊庫伊爾克　Cuicuilco　50
庫伊特拉瓦卡　Cuitlahuaca　204
庫伊特拉瓦克　Cuitláhuac　216
庫克．巴藍一世　K'uk' B'alam I　126
庫呼爾．阿哈烏　Kuhul Ahau　139
庫耶卓　Cuello　8
庫耶納瓦卡　Cuernavaca　283
庫庫爾坎　Kukulcan　7
庫爾華肯　Culhuacan　160
旅程連環圖　The Strip Showing the Travels　203
格里哈爾巴　Juan de Grijalva　258
桃樂絲．海登　Doris Heyden　174
浮園耕作法　chinampa　210
海茵里奇．柏林　Heinrich Berlin　110
烏卡納爾　Ucanal　151
烏衣納　Uinal　97
烏希馬爾　Uxmal　8
烏烏基．阿布納爾
Uuc Hab Nal；Uuc Yabnal；Uu Abnal　183
烏基特．圖克　Ukit Took　145
烏塔特蘭　Utatlan　8
《特洛亞諾抄本》　Codex Troano　104
特佩烏　Tepeu　65
特帕涅卡　Tepaneca　202
特拉卡耶雷爾　Tlacaelel　216
特拉艾爾瓜尼　Tlaelquani　235
特拉洛克（雨神）　Tlaloc　7
特拉洛坎　Tlalocan　236
特拉洛奇；小特拉洛克　Tlaloque　174
特拉科潘　Tlacopan　210
特拉索爾提奧特爾　Tlazolteotl　235
特拉提洛克　Tlatelolco　210
特拉提洛爾科　Tlatelolco　252
特拉斯卡拉　Tlaxcala　9
特拉斯卡拉之布　Tlaxcala Cloth　263

提卡爾　Tikal　8
提卡爾之男　Man of Tikal　138
提克帕特爾　Tecpatl　244
提沙潘　Tizapan　207
提佩克　tepec　248
提佩雅克　Tepeyac　256
提庫西斯提卡特爾　Tecuciztecatl　225
提特爾　tetl　248
提納悠卡　Tenayuca　202
提茲卡特力波卡　Tezcatlipoca　161
提梭克　Tizoc　216
敦　Tun　97
敦巴頓橡樹園　Dumbarton Oaks　38
斯拉夫　Slav　172
普克　Puuc　152
普克區　Puuc Zone　176
普雷佩恰　Purepecha　205
欽珍占　Tzintzuntzan　9
猶加敦半島　Yucatan Peninsula　8
《猶加敦見聞錄》　On the Things of Yucatan　90
萊頓板　Leiden Plate　97
雅哈烏　Yajaw　139
雅哈烏・提・基尼奇二世　Yajaw Te' K'inich II　117
雅修　Yax　135
雅修・奴恩・亞義音一世　Yax Nuun Ayiin I　111
雅修・帕薩赫・強・約帕特
Yax Pasaj Chan Yopaat　144
雅修・庫克・摩　K'inich Yax K'uk' Mo'　135
雅修哈　Yaxha　60
雅修納　Yaxuna　176
雅修基蘭　Yaxchilan　8
黃金鈴　golden bells　230
塔・伊察　Ta Itzá　287
塔巴斯科　Tabasco　37
塔卡利克・阿巴赫　Abaj Takalik　8
塔布列洛　talud　59
塔亞薩爾　Tayasal　8
塔拉斯科　Tarascan　4
塔庫巴　Tacuba　210
塔媞亞娜・普洛斯克里亞科夫
Tatiana Proskouriakoff　110
塔塔　Tata　220
塔瑪林度　Tamarindito　122
塔摩安羌　Tamoanchan　224
塔魯　tablero　59
勒・克萊喬　J. M. G. Le Clezio　214
勒普朗根　Augustus Le Plongeon　177
商博良　Jean-François Champollion　102
國立人類學博物館
National Museum of Anthropology　232
基切　Quiche　64
基切馬雅　Quiche Maya　65
基尼奇　Kinich　127
基尼奇・波波爾・霍爾　K'inich Popol Hol　137
基尼奇・阿哈烏　Kinich Ahau　92
基尼奇・雅修・庫克・摩　K'inich Yax K'uk' Mo'　135
基里瓜　Quiriguá　8
基阿烏義特爾　Quiahuitl　244
《梵諦岡抄本 (B)》　Codex Vaticanus B　7
康　Kan　95
康提基號海上飄流記　The Kon-TiKi Expedition　29
捲鼻子面具　hooked-nose monster　152
《曼多撒抄本》　Codex Mendoza　245
曼　Men　93
梅梭羅特爾　mexolotl　229
梭羅特爾　Xolotl　202
混巴茲　Hunbatz　71
混卡滅　Hun-Came　71
混納克・凱爾　Hunac Ceel　188
混納呼普　Hunahpu　67
混混納呼普　Hun Hunahpu　70
混裘恩　Hunchouen　71
畢爾包　Bilbao　154
粒線體　mitochondrion pl. mitochondria　17
荷魯斯　Horus　105
莫克提斯馬一世　Moctezuma I　216
莫克提斯馬二世　Moctezuma II　215
莫克提斯馬神廟　Moctezuma's Temple　256
莫塔瓜河　Rio Motagua　136
蛇女　snake woman　224
蛇山　snake mountain　230
蛇裙女　snake-her-skirt　230
麥可・柯　Michael D. Coe　21
傑洛米・薩博洛夫　Jeremy A.Sabloff　148
凱赫　Ceh　95
喬治・布雷納德　George W. Brainerd　181
媒體素養　media literacy　170
寓意畫　rebus　46
《費耶爾伐里－梅耶抄本》
Codex Féjérváry-Mayer　252

姆斯・伍德　James Woods　193
詹姆斯・邱吉沃德　James Churchward　105
誇察誇爾科斯　Coatzacoalcos　9
賈德・戴蒙　Jared M. Diamong　20
道斯皮拉斯　Dos Pilas　8
達因祖　Dainzu　45
達斯科　Taxco　283
隕石坑　crater　186
雷姆里亞　Lemuria　105
《圖底拉抄本》　Codex Tudela　249
圖坦卡門　Tutankhamun　126
圖拉　Tula　9
圖拉・迪奧狄南哥　Tula Teotenango　170
圖拉・葛蘭迪　Tula Grande　167
圖拉・齊可　Tula Chico　167
圖拉・錫可可提特蘭　Tula Xicocotitlan　160
圖拉・蘇奇卡哥　Tula Xochicalco　170
圖斯特拉山　Tuxtla　9
圖斯特拉塑像　Tuxtla Statuette　39
圖魯姆　Tulum　8
圖蘭　Tulan　170
圖蘭辛哥　Tulancingo　160
旗子　Pantli　248
瑪琳切　La Malinche　262
瑪琳齊斯摩　Malinchismo　284
瑪爾嘎里達　Margarita　136
瑪麗・米勒　Mary Miller　177
瘋狂母雞　Crazy Hen　59
精神輸送管　psyhchoduct　128
綠松石　turquoise　255
《槍炮、病菌與鋼鐵：人類社會的命運》
Guns, Germs and Steel: The Fates of Human Societies 20
維多利亞諾・阿爾瓦雷斯・華瑞斯
Victoriano Álvarez Juárez　89
維京　Vikings　3
維科布・卡奇修　Vucub Caquix　67
維科布卡滅　Vucub-Came　71
維科布混納呼普　Vucub Hunahpu　70
維提納　Wi' Te' Naah　135
維齊洛波奇特利　Huitzilopochtli　161
蒙古人種　Mongoloid　16
蒙帝侯　Francisco de Montejo　286
蒙提・亞托　Monte Alto　8
蒲冬人　Putun　149
塔魯－塔布列洛　Talud-tablero　59
《新考古學與古代馬雅》
The New Archaeology and the Ancient Maya　148
《新西班牙印地安人史》
The History of the Indies of New Spain　250
《新西班牙報告書》
Life and Labor in Ancient Mexico: The Brief and Summary Relation of the Lords of New Spain　247
《新西班牙簡史》
The General History of the Things of New Spain 171
塞依巴爾　Ceibal　8
塞爾特　Celt　172
塞羅戈多山　Cerro Gordo　53
塞羅代拉斯梅薩斯　Cerro de las Mesas　37
奧托米　Otomi　40
奧克　Oc　93
奧修托提特蘭洞穴　Oxtotitlan cave　9
奧馬卡特爾　Omacatl　235
奧梅西華特爾　Omecihuatl　217
奧梅提庫特利　Ometecuhtli　217
奧塞羅特爾　Ocelotl　244
奧爾梅克　Olmec　4
奧爾梅克－錫卡蘭卡　Olmeca-Xicalanca　156
愛斯納　Edzna　8
愛德華・赫伯特・湯普森
Edward Herbert Thompson　184
煙・伊米修　Smoke Imix　137
瑟・阿卡特爾・特庇爾辛・奎茲爾科亞特爾
Ce Acatl Topiltzin Quetzalcoatl　160
瑟弗里卡亞　Sufricaya　112
瑟羅斯　Cerros　8
碑銘神廟　Temple of the Inscriptions　98
聖巴爾多羅　San Bartolo　8
聖泉　Sacred Cenote　184
聖洛倫索　San Lorenzo　9
聖約瑟莫哥特　San José Mogote　9
聖胡安・迪・烏爾雅島　San Juan de Ulúa　262
聖塔瑪麗亞烏修帕南帕　Santa Maria Uxpanapa　34
聖璜河　San Juan river　51
聖餐禮　Holy Communion　240
聖薩爾瓦多　San Salvador　285
聖薩爾瓦多島　San Salvador Island　258
葉十字神廟　Temple of the Foliated Cross　131
葛瑞姆・漢卡克　Graham Hancock　34
葛瑞羅　Gonzalo Guerrero　261
蒂格雷金字塔複合體　Tigre Pyramid Complex　108

雙鳥　Double Bird　117
瓊塔馬雅　Chontal Maya　149
羅沙里拉　Rosalila　137
羅塞塔石碑　Rosetta Stone　101
類人猿　anthropoid　14
蘇奇卡哥　Xochicalco　9
蘇奇米爾卡　Xochimilca　204
蘇奇米爾科湖　Lake Xochimilco　202
蘇奇特爾　Xochitl　244
蘇珊・葛列斯皮　Susan Gillespie　272
蘇圖他　Sotuta　189
蘭比特捷可　Lambityeco　45
蘭丘拉科巴達　Rancho La Cobata　24
蘭達字母表　The Land Alphabet　101
露琪亞　Luzia Woman　18
變身　metamorphose　32
鷺鷥之地　Land of the heron　203
蒲冬馬雅　Putun Maya　149
蜘蛛猴　Spider Monkey　71
赫梅尼茲・莫雷諾　Jimenez-Moreno　173
鳳尾綠咬鵑　Resplendent Quetzal　58
鳳尾綠咬鵑・美洲虎　Quetzal Jaguar　126
齊可莫茲托克　Chicomoztoc　203
墨西哥吉娃娃　Mexican Chihuahua　22
墨西哥無毛犬　Mexican Hairless Dog　22
《墨西哥夢》　The Mexican Dream　214
墨西哥蠑螈　axolotl　229
墨西特利　Mexitli　206
摩洛哥　Morocco　29
撒拉帕　Xalapa　268
暴風雨天空　Stormy sky　116
歐其金・卡洛穆鐵　Ochk'in Kaloomte　139
歐帕茲；古代超文明遺物 Out-Of-Place Artifacts；OOParts　29
歐林　Ollin　244
歐修金托克　Oxkintok　176
歐索馬特利　Ozomahtli　244
歐頓巴　Otumba　276
歐魯必達　Juan de Orbita　287
壁畫　Fresco　180
戰蛇　Waxaklahun Ubah Kan　56
澳洲原住民　Aborigine　18
穆路克　Muluc　93
錫卡蘭哥　Xicalango　8
錫可　Xico　202
頭巾　turban　139
駱馬　lama　19
龍舌蘭　maguey thorn　225
龍舌蘭酒　pulque　161
龜頭　Lady Penis-head of Xultun　103
鍶　strontium　55
隱喻　Metaphor　89
叢林熱　Jungle Fever　185
擲矛器貓頭鷹　Spearthrower Owl　113
薩克・庫克　Sak K'uk'　130
薩奇拉　Zaachila　45
薩拉曼卡大學　Salamanca University　259
薩波特克　Zapotec　4
薩波特科　Zapoteco　40
薩爾瓦多　El Salvador　8
雙胞金字塔複合體　Twin Pyramid Complexes　122

漫畫圖解・不可思議的馬雅古文明（還有阿茲特克）
古代マヤ・アステカ不可思議大全

作　　者——芝崎みゆき
譯　　者——江裕真
封面設計——萬勝安
執行編輯——洪禎璐
責任編輯——劉文駿
行銷業務——王綬晨、邱紹溢
行銷企劃——曾志傑、劉文雅
副總編輯——張海靜
總 編 輯——王思迅
發 行 人——蘇拾平
出　　版——如果出版
發　　行——大雁出版基地
地　　址——台北市松山區復興北路 333 號 11 樓之 4
電　　話——（02）2718-2001
傳　　真——（02）2718-1258
讀者傳真服務—（02）2718-1258
讀者服務 E-mail— andbooks@andbooks.com.tw
劃撥帳號 19983379
戶　　名 大雁文化事業股份有限公司
出版日期 2021 年 8 月 初版
定　　價 399 元
ISBN 978-986-06627-8-8

國家圖書館出版品預行編目資料

漫畫圖解・不可思議的馬雅古文明（還有阿茲特克）／
芝崎みゆき著；江裕真譯. – 初版. – 臺北市：如果出版：
大雁出版基地發行, 2021. 08
面；公分
譯自：古代マヤ・アステカ不可思議大全
ISBN 978-986-06627-8-8（平裝）

1. 文明史 2. 古代史 3. 漫畫

713. 1　　　　110009995